易经入门

占·卦·解·卦

傅佩荣 著

湖南文艺出版社
HUNAN LITERATURE AND ART PUBLISHING HOUSE

博集天卷
CS-BOOKY

图书在版编目（CIP）数据

易经入门 / 傅佩荣著. —长沙：湖南文艺出版社，
2010.11（2022.10 重印）
　ISBN 978-7-5404-4670-3

　Ⅰ.①易…　Ⅱ.①傅…　Ⅲ.①周易—通俗读物
Ⅳ.① B221-49

中国版本图书馆 CIP 数据核字（2010）第 207813 号

上架建议：**畅销书·国学普及**

易经入门

作　　者：傅佩荣
出 版 人：刘清华
责任编辑：薛　健　丁丽丹
监　　制：于向勇
策划编辑：楚　静
营销编辑：王　凤
封面设计：蒋宏工作室　利　锐
版式设计：利　锐
出　　版：湖南文艺出版社
　　　　　（长沙市雨花区东二环一段 508 号　邮编：410014）
网　　址：www.hnwy.net
印　　刷：三河市天润建兴印务有限公司
经　　销：新华书店
开　　本：700×980　1/16
字　　数：325 千字
印　　张：26
版　　次：2011 年 1 月第 1 版
印　　次：2022 年 10 月第 12 次印刷
书　　号：ISBN 978-7-5404-4670-3
定　　价：68.00 元

若有质量问题，请致电质量监督电话：010-59096394
团购电话：010-59320018

目　录

第三部分　解卦手册

第四部分 解卦案例与启示

写在前面

《易经》是探讨"变化"的书，内容有义理与象数两部分。义理提醒我们如何做人处事；象数则可用来占卜，揭示变化发展的趋势。这么特别的经典，当然值得花一点时间研究。本书兼顾义理与象数，尤其在占卦解卦方面提供了实用的具体材料。

《易经》的占卜，所依据的是"有意义的偶然"，要在同时出现的事象中寻找相关的线索。它与心电感应有些类似，但又有明确的卦象可供参详。表面看来，它与各种测知未来的算命方法差不多，总是用一些模棱两可的语句来引发占问者的心理投射作用。不同的是，《易经》还有清楚的"文本"，相传至今已三千多年，历代学者也使用了三千多年。

研习《易经》文本与应用这些资料来占卦及解卦，有时形成两条平行的线。现在我们要将两者合而为一，使《易经》的价值充分彰显出来。按照标准的占法，需要五十根蓍草（今日称为筹策），依照一定程序，在二十分钟内得出六个数字，由此形成一个六爻卦，再看有无变爻来决定占验之辞何在。所谓占验之辞，是指某一问题的答案在于某一句卦辞（共有六十四句卦辞），或某一句爻辞（共有三百八十四句爻辞）。

因此，所谓占卦，就是：先得出数，再由数字取得卦象；有了卦象，再找出某一句卦辞或爻辞。然后，剩下的是如何解卦的问题了。本书介绍了标准的筹策占法，以及解卦原则（主要参考朱熹的见解）。

有时为了方便，可以使用数字卦，在一分钟之内就可以测知某一问题的结果将会如何。这话听来未免神奇，是否有效，一试便知。

本书包括四部分，一、"《易经》入门"：是为初学者所做的扼要介绍，即使是从未接触过《易经》的朋友，也很容易由此掌握门径。二、"《易经》占卦"：在介绍筹策与数字两种占法的同时，也说明有关占卦的正确心态与基本概念。三、"解卦手册"：这将是大家最常参看的部分。不过，自古以来，解卦并无定法，所以还请读者逐渐培养自行解卦的能力。四、"解卦实例与启示"：列出一百零一则案例，都是我近几年占卦的验证，我的心得是"确实不可思议"。至于六十四卦各卦的启示部分，则可帮助读者对于《易经》文本有更完整也更深刻的认识。

自从研习《易经》，匆匆已过十年，所得成果几乎都展示于本书之中。我由《易经》得到义理与象数两方面的帮助实在太大了，一点心得公诸同好，希望得到各位指教。"学然后知不足，教然后知困。"这句话用在有关《易经》的研究上，正是最佳写照。

傅佩荣

易 经 入 门

◎ 一、《易经》是什么?

《易经》是一本最古老的书,被称为"群经之首""文化之源"。不过,现代人听到《易经》所想到的可能是:它可以用来算命吗?没错,《易经》确实教人如何占卦,但是占卦不等于算命;并且,除了占卦之外,《易经》还谈做人处世的道理。

翻开《易经》,我们看到总共有六十四个卦图,这些卦图都是由下而上六条横线所组成的。横线分两种,一条不断的称为"阳爻"(一),另一条断为两半的称为"阴爻"(--)。

阳爻代表主动力,阴爻代表受动力。有主动也有受动,两者配合才使变化一直持续下去。《易经》的"易"字,首先就指"变化"而言。西方人翻译《易经》,大都将它译为《变化之书》(*The Book of Changes*)。任何变化都是由阳与阴两种因素的消长造成的。"爻"这个字代表"效",在仿效或描述变化时,阳与阴不可或缺。至于"卦",则是指"挂"而言,有如挂在我们眼前的自然现象。当大自然出现变化时,人类要如何因应?要如何趋吉避凶?要如何修养自己以求安居乐业?这些都是《易经》所要回答的难题。

《易经》本身的材料很少,只有六十四个卦图,这代表六十四卦。每一卦有一句卦辞,说明此卦的占验(如元亨利贞,利涉大川等);并且,每一爻有一句爻辞,说明此爻的处境与后果(如潜龙勿用,亢龙有悔等)。因此,原始的《易经》包括:六十四卦,六十四句卦辞,以及三百八十四句爻辞。用今天的方式来印刷,大概只有二三十页。

然而,为什么我们眼前的《易经》却有几百页呢?这是因为加上了《易传》。古代有"易历三圣"之说。首先画出基本的八卦,再将其重叠为六十四卦的是伏羲氏(在《系辞传》称为包牺氏)。到了姬昌(后称周文王),他被商纣王囚禁在羑里达七年之久,就在牢中写下卦辞与爻辞。也有学者认为这一部分的作者包括周文王之子周公，或西周后期的某一位卜官。到了春秋时代末期的孔子（551—479B.C.），特别用心探讨了《易经》。

孔子说："加我数年，五十以学《易》，可以无大过矣。"（《论语·述而》）司马迁《史记·孔子世家》也说："孔子晚而喜《易》，序彖、系、象、说卦、文言。读《易》，韦编三绝。""韦编三绝"是说绑在竹简边上的绳子多次断裂，由此可见他用功之勤。孔子对《易经》的贡献，在于他开始撰述《易传》。这一部分的工作应该有后代弟子的合作才得以完成。《易传》又称"十翼"，有如十篇辅助的说明，其内容为：《彖传》（解释卦辞），《象传》（解释卦象的称为《大象传》，解释爻辞的称为《小象传》）。这两部分都依《易经》分为上下（前三十卦为上经，后三十四卦为下经），如此就有了四篇。接着是《系辞传》，由于内容较长，也分上下。然后是《文言传》（只谈到乾坤二卦），《说卦传》（有如小字典，介绍基本八卦的各种象征），《序卦传》（解释六十四卦的排列顺序），以及《杂卦传》（扼要就卦名综述其旨，可视为附录）。

自汉代以来，学习《易经》的人是经传合并一起念，所以今日所谓的《易经》，包含《易传》在内。此外，还有"易学"一词，那就无所不包了，是汉代以来学者将《易经》应用到各个领域的成果，如天文、地理、医药、兵法、养生等。至于与占卜有关的部分更是发展得多姿多彩。

简单说来，《易经》有两大系统：一为"义理"，要由观察自然现象的变化，体会出做人的道理，此时强调的是德行、能力与智慧。另一则为"象数"，要由卦象与数字的搭配，经由特定的运算程序，而得出某一疑难之事的解答。换言之，象数即指占卦而言，确实可以预测某一抉择的后果。但是，"占卦容易解卦难"一语正好提醒我们：理性思维依然是人生的光明大道，学会《易经》不能靠神秘直觉，而是需要长期认真用功的。

◎ 二、《易经》的基本概念

《易经》是一套符号系统，用卦象来代表具体事物或特定状态，然后借卦象的组合与变化，指涉未来的发展。

《易经》又名《周易》，意即周朝的《易经》。据说古代夏朝有《连山易》，商朝有《归藏易》，但皆已失传，无法考究其内容。"易"字所指，除了"变易、变化"，还有"不易"与"易简"。所谓"不易"，是说变化的规则是不变的，譬如"穷则变，变则通，通则久"这句话所描述的规律是不变的。又如四季不断运行变迁，但其春夏秋冬的顺序是不变的。

至于"易简"，则以易为时间，简为空间。易为乾卦，充满无穷的生命力，在时间中生生不已；简为坤卦，具有无限的包容力，在空间中完成一切。这"变易、不易、易简"三个词是对《易经》的初步理解。

由阳爻与阴爻所组成的三条横线，就构成了基本的八卦。为何需要三爻？因为它们象征了"地、人、天"。后来组合为六爻卦时，则由下而上每两爻代表这三才之一。要特别注意"由下而上"，这是《易经》画卦的规则。做人处世不也是如此吗？底下的结构不稳，又怎能往上建设？

基本八卦是：乾（☰），坤（☷），震（☳），艮（☶），离（☲），坎（☵），兑（☱），巽（☴）。这八卦的名称是专门术语，必须记住。古代有个背诵口诀：乾三连，坤六断，震仰盂，艮覆盌，离中虚，坎中满，兑上缺，巽下断。这八卦称为"经卦"，表示基础之意。我们即将看到的"先天八卦图"与"后天八卦图"，都是由这八卦所组成，只是排列位置不同而已。

基本八卦（八经卦）口诀

☰ 乾(天)三连，　☷ 坤(地)六断
☳ 震(雷)仰盂，　☶ 艮(山)覆盌，
☲ 离(火)中虚，　☵ 坎(水)中满，
☱ 兑(泽)上缺，　☴ 巽(风)下断。

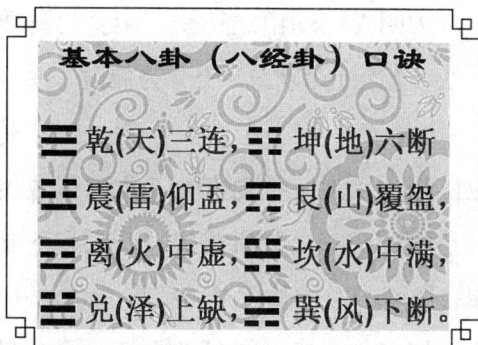

真正出现在《易经》书中的是六十四卦。八经卦两两相重，就形成六十四卦，又称"重卦"，每卦有六爻。这些才是《易经》的主体。以乾卦（☰）为例，六爻皆阳，在读法上，由下而上要念成"初九，九二，九三，九四，九五，上九"。"初，二，三，四，五，上"代表位置。"九"代表阳爻。再以坤卦（☷）为例，由下而上读成"初六，六二，六三，六四，六五，上六"，"六"代表阴爻。

《易经》六十四卦卦象

横排上卦＼竖排下卦	☰ 天	☱ 泽	☲ 火	☳ 雷	☴ 风	☵ 水	☶ 山	☷ 地
☰ 天	乾卦	夬卦	大有卦	大壮卦	小畜卦	需卦	大畜卦	泰卦
☱ 泽	履卦	兑卦	睽卦	归妹卦	中孚卦	节卦	损卦	临卦
☲ 火	同人卦	革卦	离卦	丰卦	家人卦	既济卦	贲卦	明夷卦
☳ 雷	无妄卦	随卦	噬嗑卦	震卦	益卦	屯卦	颐卦	复卦
☴ 风	姤卦	大过卦	鼎卦	恒卦	巽卦	井卦	蛊卦	升卦
☵ 水	讼卦	困卦	未济卦	解卦	涣卦	坎卦	蒙卦	师卦
☶ 山	遁卦	咸卦	旅卦	小过卦	渐卦	蹇卦	艮卦	谦卦
☷ 地	否卦	萃卦	晋卦	豫卦	观卦	比卦	剥卦	坤卦

注：1. 上表中两单卦合二为一，成六十四卦，如上卦"天"，下卦"地"，合成"否卦"；上卦"火"，下卦"风"，合成"鼎卦"。

2. 其中，八种自然现象又代表八个经卦，即分别为乾（天）、兑（泽）、离（火）、震（雷）、巽（风）、坎（水）、艮（山）、坤（地）。

九为阳爻，六为阴爻，理由之一是：阳爻为奇数，主动，而九为动之极（一、三、五、七、九）。阴爻为偶数，主静，而六居偶数之中，为静之极（二、四、六、八、十）。理由之二是：在五个生数（一、二、三、四、五）之中，奇数相加为九，偶数相加为六。

由于六爻卦是由两个三爻卦所组成，所以有下卦（内卦）与上卦（外卦）之分。这两卦合成的六爻，代表六个位置，其中以"二、五"为佳，因为它们居于下卦与上卦的中位。居中则前有屏障后有靠山，也表示言行适中，较为合理。此外，阳爻若在刚位（初、三、五），阴爻若在柔位（二、四、上），则较有利。这是"当位"的考虑。

此外还有"乘承比应"。"乘"是上对下，"承"是下对上，阳上阴下较为稳当。"比"是比邻，指邻近二爻的关系。"应"则是指下卦三爻与上卦三爻的对应位置，如"初与四，二与五，三与上"若是一阴一阳则为正应，两者同为阴或同为阳，则是敌而不应。正应可以互相支持，较为理想。

《易经》六十四卦，可以分为三十二组。每一组都是相连的两卦（如乾与坤），它们之间的关系是"非覆即变"。"覆"是全卦由下而上整个翻过去，又称"综卦"；"变"是全卦六爻皆变（阳变阴，阴变阳），又称"错卦"。

不仅如此，每一卦的中间四爻还形成了两个"交互卦"，或皆称"互卦"。譬如谦卦（䷎）的交卦是震卦（九三、六四、六五），互卦是坎卦（六二、九三、六四）。于是一卦共有四个经卦（上下卦与交互卦），在解释每一爻的"时"与"位"方面皆可提供参考。

总之，这些术语与各项细节都是为了帮助我们理解卦辞与爻辞，从而明白自己在占卦中应采取的合宜态度。

◎ 三、先天八卦图

我在比利时鲁汶大学担任讲座教授时，经常光顾一家中国餐馆。老板得知我教的是哲学，就请我为他看看他为改善生意而摆在大门上的一幅八卦图。他想借此挡住路冲，但似乎不太有效。当时我对《易经》并无研究，也不知道八卦图是否有如此神奇的功效。

我到大门一看，见上面挂的是"先天八卦图"，但是左下角与右下角的两个卦画反了。我告诉他这个小发现，他口中念念有词，好像在说"难怪没什么作用"。他后来挂上正确的图形之后，是否有效呢？我没有问他，我心中想的是：做生意怎能靠一张图？这不是有些迷信嫌疑吗？

"先天八卦图"据说是伏羲所画，上为乾，下为坤，代表天与地。左为离，右为坎，代表火与水，意即日与月。我们对此四卦并不陌生，如韩国的国旗即是如此。接着，左上角为兑，右上角为巽，代表泽与风。然后，左下角为震，右下角为艮，代表雷与山。中间是个圆形的太极图，白色部分有个黑点，这是阳中有阴；黑色部分有个白点，这是阴中有阳。一般称之为阴阳鱼。黑点与白点都象征鱼的眼睛。黑色与白色之间不是一刀切的二分法，而是互相形成一个圆，彼此有向对方运动进展的趋势。

这个图要以圆形为其核心，亦即为其底部；由底部向外，也即是由下往上。于是，离卦与坎卦好像各有三条竖线，而其实仍是由底向外的三条横线。然后，左下角与右下角不是很容易弄反吗？左下角的震卦是 ☳，右下角的艮卦是 ☶，这样看就正确了。先天八卦图的根据是《说卦传》所云："天地定位，山泽通气，雷风相薄，水火不相射，八卦相错。"意思是：天与地上下定位，山与泽气息贯通，雷与风相互激荡，水与火背道而驰，八卦形成彼此交错的现象。以此而论，这个图所象征的是：

依专家研究，此图是人面向南方，以太阳为坐标系所定出来的八卦方位。我们所站之处为地，上面是天。左手为东方（这与地图上东方在右手边相反），古人以为是太阳升起之处；右手为西方，则是月升之处。依此来看中国地理，则是西北多山，西南多风，东北多雷（地震），东南多湖泊。

先天八卦图与数字搭配，也形成一种特定结构如下。

1	2	3	4	5	6	7	8
乾	兑	离	震	巽	坎	艮	坤

太阳　　　少阴　　　　少阳　　　太阴

阳爻　　　　　　　　　阴爻

太极

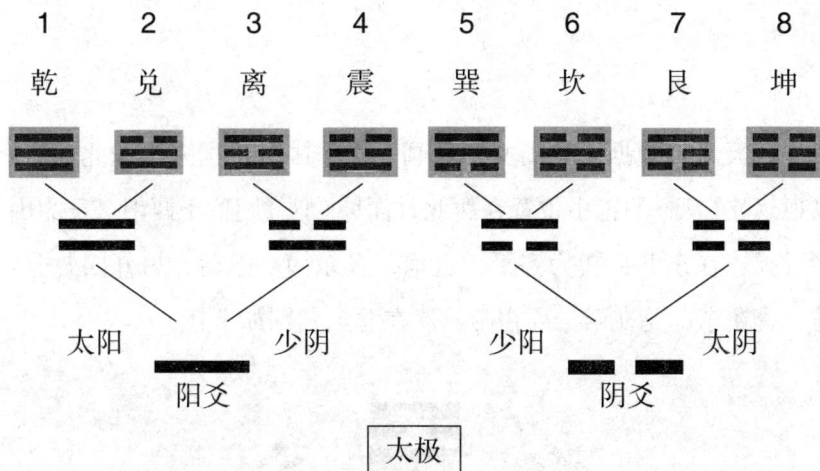

把这个数字写在八卦图的每一个卦上，则可见其对角线皆为九。由乾卦开始往左算是1234，再由右边的巽卦往右算，是5678。这个数字系统应用在"数字卦"（或米卦）上。关于"数字卦"，可参考本书"占卦解卦"部分。

这八个数字中，属于阳性卦的是乾（父）、震（长男）、坎（中男）、艮（少男），其数字为1、4、6、7，其和为十八。属于阴性卦的是坤（母）、巽（长女）、离（中女）、兑（少女），其数字为8、5、3、2，其和也是十八。像这种对称的情况显得有些神奇，促使我们想进一步探讨《易经》的奥秘。相对于先天八卦图，还有后天八卦图，它的应用范围就更为广泛了。

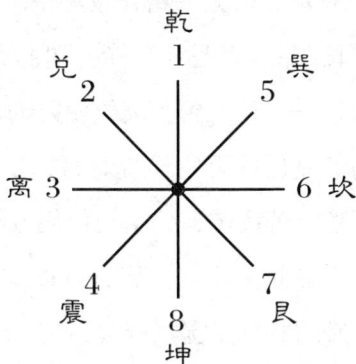

◎ 四、后天八卦图

后天八卦图据说是周文王所画。由于中国位居东半球北部，所以观察乾（天）的正中位置在西北，而坤（地）则位于西南。艮为山，接近天，在东北；巽为齐平，近地，在东南。然后，另外四卦分别是：震在东，兑在西，离在南，坎在北。其图如下：

后天八卦图在《说卦传》有生动的描述。原文是："帝出乎震，齐乎巽，相见乎离，致役乎坤，说言乎兑，战乎乾，劳乎坎，成言乎艮。"意思是：天帝（可指北极星）从震位出发，到了巽位使万物整齐生长，到了离位使万物彼此相见，到了坤位使万物得到帮助，到了兑位使万物愉悦欢喜，到了乾位使万物相互交战，到了坎位使万物劳苦疲倦，到了艮位使万物成功收场。

在此所说的内容，可以配合中国的地理形势来理解，也引申了各卦的特殊状况。接着，进一步说明如下。

"万物出乎震，震东方也。齐乎巽，巽东南也；齐也者，言万物之絜齐（完备而整齐）也。离也者；明也；万物皆相见，南方之卦也；圣人南面而听天下，向明而治，盖取诸此也。坤也者，地也；万物皆致养（得其养育）焉，故曰致役乎坤。兑，正秋也；万物之所说（喜悦）也，故曰说言乎兑。战乎乾，乾，西北之卦也，言阴阳相薄（阴气与阳气在此互相接触与激荡）也。坎者，水也，正北方之卦也；劳卦（劳苦的卦）也，万物之所归也，故曰劳乎坎。艮，东北之卦也，万物之所成终而所成始（万物在此成功结束又重新开始）也，故曰成言乎艮。"

后天八卦图的应用，主要是与"五行"搭配开始。八卦配五行，必有三组六卦重叠。譬如，震与巽为木，离为火，坤与艮为土，兑与乾为金，坎为水。单就东南西北四个方位来说，也代表四季（春夏秋冬）。今天讲方位的人，有一口诀："左青龙，右白虎，南朱雀，北玄武。"震在左，在东为木，其色为青，龙则为其象征的动物。兑在右，在西为金，其色为白，象征为虎。离在南为火，其色为赤（红），象征为雀。坎在北为水，其色为玄（黑），象征为龟与蛇。在此未说的土，在中，其色为黄。

由五行推到五色，自然可以推到五味，依序是：酸（木）、苦（火）、甘（土）、辛（金）、咸（水）。在人身器官，则依序为：肝、心、脾、肺、肾。依此应用类推还有不少。

谈到五行，有所谓"比相生而间相胜"的说法，就是由木开始，对其比邻相生，但隔一个就相克。譬如：木生火，火生土，土生金，金生水，水生木。至于相克，则是：木克土，火克金，土克水，金克木，水克火。

后天八卦也可以排列成数字关系，并且据说这即是所谓的"洛书"："灵龟出乎洛，龟身甲折具四五数。戴九履一，左三右七，二四为肩，六八为足，而五居中。圣人则龟身之折，文书为洛书。"其意如下图：

这个九宫数在数字排列上使对角线皆为十五。不仅如此，无论是直行相加，斜角相加，横行相加，其数皆为十五。这种结构使许多研究数学的人深感兴趣，也使《易经》增加了几分神奇色彩。

<pre>
              离
              9
    巽 4   2 坤

    震 3   5   7 兑

    艮 8   6 乾
              1
              坎
</pre>

自汉代以后所推展的"易学"，就有不少是联系着后天八卦图而应用于各个领域的。我们研究《易经》，将来不妨各凭机缘去深入探讨某一领域。于今之计，还是要先打好基础，就学术上所能提供的材料，在"义理"与"象数"两方面按部就班地去学习。古人智慧博大精深，不是可以拿来就用的。要使自己受益，请先收敛心思，下足功夫。

◎ 五、基本八卦的象征

若想明白卦辞与爻辞在说些什么，就须先知道基本八卦（八个经卦）的象征所指。在《说卦传》最后部分，有一张表列的项目，有如小字典可以让人翻查。现在，我们就其中最常用到的五方面，来加以介绍，就是：自然界、基本性质、家庭成员、身体器官、周遭动物。由此再推及延伸的范围，这个范围几乎涵盖了古人生活的全部经验领域。由于古今在时空上的差异极大，我们在探讨时要充分发挥联想力，如此才能顺利解卦，使其较为合理而准确。

一、乾卦的象征

乾卦（☰）是第一卦，"乾三连"是指乾卦由三条阳爻所组成。阳爻是一条横线，中间不断裂；三条阳爻不是"三连"吗？阳爻代表主动力，是变化的主导因素，形成三阳爻的乾卦之后，又象征什么呢？以下由六方面来描述。

1. 在自然界，乾卦是指"天"。有天有地（地由坤卦来象征），万物才可能在其中生存发展。

2. 基本性质是"健"，就是刚健不已的生命创造力。缺少此一生命创造力，万物无从产生。

3. 在家庭中，乾卦是指"父"。所谓"乾坤生六子"，一家八口，其实是古代的标准家庭结构。

4. 在身体上，乾卦是指"首"（头部），毋庸置疑。

5. 在动物中，乾卦是指"马"，因为马能健行。

6. 延伸所指，乾卦代表了：圆（因为天圆地方），君（作为领袖），金与玉（因为贵重），大赤（大红色，代表正宗），等等。

在上述象征中，有些是一目了然，有些则要稍加思索，而考虑的重点是"古人的世界"。明白这个背景之后，才可以进而发挥想象力，用一个卦来象征今日世界的事物。学习《易经》，是练习增强想象力与理解力的好办法。

二、坤卦的象征

坤卦（☷）是由三个阴爻所组成。阴爻是一条横线，中间断裂，所以坤卦的画法是"六断"。阳爻代表主动力，阴爻自然是受动力了。有主动也有受动，才有变化的可能。有创造也有发展，万物也才可生生不息。谈到坤卦的象征，也可以由六个方面来看。

1.在自然界，坤卦是指"地"。乾为天，坤为地，这二者使万物既有生存空间，又有能量来源。

2.基本性质是"顺"，要顺从天的指引，并且柔顺对待万物，对一切都逆来顺受。

3.在家庭中，坤卦是指"母"，负责养育子女。

4.在身体上，坤卦是指"腹"，可容纳亦可孕育。

5.在动物中，坤卦是指"牛"，因为牛性温顺，又能负重致远。

6.延伸所指，坤卦代表了：众人（相对于君而言），布帛（母亲要织布，并且布可包物），锅（煮饭之用），吝啬（本身只顺承而不创造，必须省俭），大车（可以载重），黑色土地，等等。

若想了解《易经》的道理，首先要充分明白乾坤二卦的象征。它们是纯阳卦与纯阴卦，然后阴阳交错就形成另外六卦了。

三、震卦的象征

震卦（☳）排在第三，因为它代表在父母之后的长男。何以知道是长男？《易经》的八个单卦都由三爻所组成，爻的念法是由下往上。物以稀为贵，爻以少为主；因此在一阳二阴的组合中，阳为主，代表这是个阳性卦。并且阳爻在最底下（亦即第一个位置），所以称为长男。至于其他的象征，则是：

1. 在自然界，震卦是指"雷"。在天地形成之后，要靠雷声来震动及唤醒万物的生机。

2. 基本性质是"动"。阳爻在下，充满动力。

3. 在家庭中则是长男。

4. 在身体上，显然是"足"了，否则如何行动？

5. 在动物中，震卦是指"龙"。龙是古人心目中的三栖动物，充满各种潜能。长男也须接位，未来不可限量。

6. 延伸所指，震卦代表了：青黄色（古代有青龙白虎之说），大路（开阔大道），急躁（行动多而思考少），善鸣马（震为雷鸣，又可行动），反向而生的禾稼（先生根再长枝干），等等。

基本八卦的每一卦都有十个以上的象征。在解卦时，自然形成许多复杂的可能性。若非如此，又怎能用八卦（三爻卦）所形成的六十四卦（六爻卦）来描述人生的际遇与处境呢？

四、巽卦的象征

巽卦（☴）代表长女，因为它由一阴二阳所组成，并且阴爻在最底下的第一个位置。巽卦又象征"风"，因为在三爻中，上面二条阳爻代表充实而不动的天体，底下的阴爻则是空虚而容许空气流动，以致形成了风的现象。关于象征，我们为了各卦整齐起见，还是依序介绍。

1. 在自然界，巽卦指"风"。

2. 基本性质是"入"，因为风就是空气流动，而空气无所不入。一般又把这个"入"描写为顺利，如一帆风顺。

3. 在家庭中，巽卦是指长女。

4. 在身体上，巽卦是指"股"，亦即大腿部分，因为它介于足与上半身之间，可以联系而不能采取行动。

5. 在动物中，巽卦是指"鸡"。古代风神皆为鸟形，而鸡为鸟类。

6. 延伸所指，巽卦还代表：木（可以开花结果），绳直（木干为直），长与高（皆与木有关），进退不定（有如风向不定），没有结果（不定则无结果），白色（木心为白，而风本无色），多白眼（嫌弃别人），近利市三倍（投资顺利，收获可期）。

每一卦的象征有好有坏，有时还自相矛盾，但是人生许多事情不正是换个角度就面貌迥异吗？

五、坎卦的象征

坎卦（）如果竖直起来，就是象形字的"水"，可见《易经》的卦象与古代文字有些关联。坎卦由一阳二阴所组成，所以是阳性卦；并且阳爻在由下往上的第二个位置，所以称为中男。它的各种

象征如下：

1. 在自然界，坎卦是指"水"。

2. 基本性质是"陷"。水深难测，水流危险，有如陷阱。今日还在使用"坎陷"一词。

3. 在家庭中，是指中男。

4. 在身体上，坎卦是指"耳"，因为耳能聚集声音，正如水能聚在低处一般。

5. 在动物中，坎卦是指"豕"，因为大猪喜欢待在潮湿之处。

6. 延伸所指，坎卦还代表：沟渠，隐伏，弓或车轮，月亮，强盗，多忧愁，心病，美脊马，拉车的马，多灾多难的车，坚实多刺的树，等等。

坎卦象征虽多，主要还是指涉困境。《易经》六十四卦中，有所谓四大难卦（屯卦、习坎卦、蹇卦、困卦），皆包含坎卦在内，也是这个缘故。但是，危机也是转机，人在忧患中才会提高警觉，由此

转危为安。

六、离卦的象征

离卦（☲）与坎卦相对，所以代表了"火"。它是一阴二阳，属于阴性卦。阴爻在由下往上的第二位，所以是中女。它的各种象征如下：

1. 在自然界，它是指"火"。

2. 基本性质是"丽"，"丽"是指附丽或依附，亦即火总是依附在木柴或蜡烛上，而不会独自燃烧。

3. 在家庭中，是指中女。

4. 在身体上，离卦是指"目"，因为火代表光明，而光明显然与眼睛有关。

5. 在动物中，离卦是指"雉"。山林中的野鸡，羽毛色彩艳丽，有如火光闪烁。

6. 延伸所指，离卦还代表：日，电（闪电之光），盔甲，戈兵武器（火能防卫，也能伤人），龟（可用以占卜，显示未来），甲壳类，叶子脱落而枯槁的树木，等等。

韩国国旗所取的正是先天八卦图中的四卦。四卦是指乾、坤、离、坎，正好分布于上下左右，代表的是"天地日月"。由此可见，离卦常用以象征日，有如白天大放光明，或色彩斑斓的文明表现。不过，离为火，稍一不慎，火也能造成重大灾害。

七、艮卦的象征

艮卦（☶）的卦象下虚上实，有如我们看山都是注意山的棱线或山峰的曲线。它是一阳二阴，并且阳爻在由下往上的第三位，所以代表少男。它的各种象征如下。

1. 在自然界，它是指"山"。

2. 基本性质是"止"，因为古人遇山则止，无法跨越，并且它是少男，在阳性爻方面到此为止。

3. 在家庭中，艮卦是指少男。

4. 在身体上，艮卦是指"手"，因为人会伸手阻挡别人的侵犯。

5. 在动物中，艮卦是指"狗"，因为狗能看门，阻止陌生人。

6. 延伸所指，艮卦还代表：小路(相对于震卦的大路)，小石(山脚下小石多)，门阙（不让外人进入），守门人，植物果实（终于有了结果），黑嘴禽兽（阳爻在上，有如硬的嘴在外），坚硬多节的树，等等。

一般研究卦象，会特别注意其基本性质，因为六十四卦是由八卦两两相合所形成。任何两个单卦的组合，都会显示两种性质的并列，那么它们会相斥还是相吸？所以，必须熟悉八卦各自的基本性质，才能掌握其含意。

八、兑卦的象征

兑卦（☱）由一阴二阳组成，是阴性卦，并且阴爻位于由下往上的第三位，所以代表少女。它也是基本八卦的最后一个。那么，它有何象征呢？

1. 在自然界，兑卦是指"泽"。沼泽的水是平静安全的，也是人类与其他生物所需要的。

2. 基本性质是"说"。这是喜悦的"悦"字。见到沼泽，对于逐水草而居的古人，自然欣喜有加了。

3. 在家庭中，它是指少女。

4. 在身体上，兑卦是指"口"，因为口能说话唱歌，使人愉悦。

5. 在动物中，它是指"羊"。古人造字时，以"羊大"为"美"。少女亦让人欣赏。

6. 延伸所指，兑卦还代表：口舌是非（说话也可能形成各种风波），毁折（有了缺口），脱落（不完整），巫（可以预言），妾（年轻女子）。

兑卦所象征的口，既有喜悦之意，又有毁折之意。这表示成败皆在于说话。《易经》总是提醒人注意言与行，孔子也劝人"敏于事而慎于言"。言行皆须出于真诚之心。只要心诚，说话自然感人，可以让大家分享喜悦。

◎ 六、古代历史的展开

《系辞传》有一段谈到伏羲氏制作八卦，其中描述了古代历史的展开过程。这是我们学习《易经》的一大收获，因为除了由此得悉古代世界的演进状况，也可以顿悟卦象之原始的理解方式。

那么，这一段资料是怎么说的？伏羲氏是如何着手这个大工程的？《系辞传》说："古代伏羲氏统治天下时，抬头就观看天体的现象，低头就考察大地的规则，检视鸟兽的花纹与地理的特性。就近取材于自己的经验，并且往远处取材于外物，然后着手制作八卦，用以会通神明的功能，比拟万物的实况。"

用符号来代表外物，然后借由符号的组合来比拟万物的变化。近代德国哲学家卡西尔（E.Cassirer）说："人是使用符号的动物。"《系辞传》接着说："他编草为绳并且制成罗网，用来打猎捕鱼，这大概是取象于离卦。"

离卦（☲）的"离"字有"罗网"之象，由此产生具体的效用。但是，离卦原是指"火"，它列为伏羲应用的第一卦，也可以指"火是文明的创始力量"。没有火，人类难以在洪荒世界存在。希腊神话也有普罗米修斯盗火给人的故事，大概基于同样的考虑。

1. 卦象的用意

《易经·系辞传》是一篇独立的论述，畅谈有关《易经》的各种观念。譬如，古代圣人为什么要设计这一套符号系统，其用意何在？我直接以白话来叙述其中道理。

圣人设计卦的图案，观察卦象又附上了解说，用以彰显吉祥与凶祸，借由刚爻与柔爻互相推移而展现变化。因此，吉祥与凶祸，是描写获得与丧失的现象；懊恼与困难，是描写烦恼与松懈的现象；各种变化，是描写推进与消退的现象；刚爻与柔爻，是描写白昼与黑夜的现象。六爻的活动，代表了天、地、人三层次的运行规则。

由此可知，《易经》一卦六爻是为了描述"变化"。变化若与人的愿望配合来看，就有吉凶与悔吝的结果。由于变化一直在进行之中，所以人除了仔细观察各种细节之外，还须培养德行，亦即体认"天道无吉凶"。天道是指六十四卦所构成的万物万象的整体，我们不可能只取某些好的部分而排斥另外那些坏的部分。

事实上，好或坏常常系于主观的认知与意愿。只要节制欲望，任何一卦都有可取的部分。我们常说的"有则改之，无则加勉""止谤莫如自修"等，都是类似的教训。只有在修德方面，可以说"求人不如求己"。

2. 古代历史的第一步

《系辞传》在介绍了伏羲氏之后，接着谈了一段古代历史。原文说："伏羲氏死后，神农氏兴起。他砍削木头制成犁，揉弯木条制成犁柄，取得耕地锄草的便利，再用来教导天下百姓，这大概取象于益卦。"

神农氏代表古代的农业社会阶段，他为了农耕的需要，所参考的是益卦（䷩）。理由是："本卦下震上巽，巽为木，震为足，中间有互艮与互坤，艮为手，坤为地。合之则为手持木器，脚入地而行动，为耕田之象。"这句解说使用了多重象征，值得仔细玩味。

接着，原文说："每天正午开设市集，招来天下的民众，聚集天下的货物，大家相互交换然后散去，让人人都得到所需之物，这大概是取象于噬嗑卦。""噬嗑"一词有"市合"之意，有如市集交易而货畅其流，各得所需而合其心意。由卦象看，噬嗑卦（䷔）："下震上离，离为日，为龟，震为行。中间有互艮与互坎，艮为手，坎为平

（水）。合之则为在太阳下，行人以手易物，公平交易。龟在古代为值钱的货物。"

走到这一步，社会大致稳定，可以逐渐开启文明了。原来这一切都是受了《易经》的启发，真是令人惊讶。

3. 古代历史的展开

《系辞传》在伏羲氏与神农氏之后，接着谈到黄帝与尧、舜。加起来五位圣人，为了建国安邦，一共参考了十三个卦。前面提及离卦与益卦，接着上场的才是乾坤二卦。

原文说："神农氏死后，黄帝、尧、舜相继兴起，会通各种变化，使百姓不会倦怠，以神奇能力化解困难，使百姓适宜生存。《易经》的法则是：穷困就会变化，变化就会通达，通达就会持久。因此，获得上天的助佑，吉祥而无所不利。黄帝、尧、舜让衣裳下垂而天下得到治理，这大概是取象于乾卦与坤卦。"

只要把握"穷则变，变则通，通则久"的原理，自然无往不利。乾卦（☰）象征"衣"，坤卦（☷）象征"裳"，古人服饰为"上衣下裳"，表示上下定位，各得其所，形成"垂衣裳而天下治"的景观，亦即无为而治。并且，乾为天，坤为地，只要天地定位，则万物自化，永保和谐安宁。

不过，人类世界的开展，却不会如此单纯。圣人除了具备超凡的智慧与能力之外，还需要卓越的德行，并且必须教导百姓在人生的各种问题上，明白正确的道理，追求真正的幸福。

（一）社会生活的便利

《系辞传》在乾坤二卦之后，继续描述古代社会如何借由卦象来制作生活必需品与制定行为规范。

原文说："挖凿树干做成船，砍削木头做成桨，船与桨的便利，可以助人渡过横阻的河流，去到远方造福天下的人，这大概是取象于涣卦。"涣卦（䷺）是木在水上，中间互震，震为行，有行船之象。

其次"驯服牛，乘着马，可以拉着重物去到远方"，造福天下的人。这大概是取象于随卦，随卦（䷐）下震上兑，由行动而喜悦，都是为了造福天下人。

然后，"重重门户加上打更巡夜，用心防备凶暴的来者，这大概是取象于豫卦。"豫卦（䷏）下坤上震，坤为关起门来，震为出声示警。

接者，"截断木头做成杵，挖掘平地做成臼，杵与臼的便利，让所有的百姓得到帮助，这大概是取象于小过卦。"小过卦（䷽）下艮上震，下止而上动，为舂米之象。

最后，"揉弯树枝做成弓，削尖树枝做成箭，弓与箭的便利，用以威震天下，这大概是取象于睽卦。"睽卦（䷥）下兑上离，水火背道而驰，需要威镇之。这一切都是为了长治久安。圣人用心良苦可见一斑。

（二）社会规范的形成

《系辞传》最后谈到文化礼俗方面的建设。原文说："上古时代，人们住在洞穴与野外，后代的圣人改变为建造宫室，上有栋梁下有屋宇，用来防御风雨，这大概是取象于大壮卦。"大壮卦（䷡）下乾上震，乾为人，震在东方属木，象征人有遮风避雨的屋子。

接着，"古代埋葬死人，用许多层柴草把人裹起来，埋在荒野中，不堆成坟墓，也不设立标志，服丧也没有固定的期限。后代的圣人改变为用棺椁殓葬，这大概是取象于大过卦。"大过卦（䷛）下巽上兑，巽在下为木，兑在上为反巽，为反盖之木，中间互乾为人，有如人在上下二木之间，为棺椁之象。

最后，"上古时代，用结绳记事的方法来治理，后代的圣人改变为使用文字记事，官员得以治理，百姓得以监察，这大概是取象于夬卦。"夬卦（☰☱）下乾上兑，乾为金，兑为言，合之则为把言语刻在金属上，形成书写的文字，有文字才有法律，也才能记载历史。

以上各文所述的十三卦，是《系辞传》介绍古代圣人的非凡成就时所参考的。这一切都是为了人民的福祉。《易经》在中国古代的重要价值实在是不可取代的。

◎ 七、君子珍惜《易经》

《系辞传》认为，君子应该随时参考《易经》提供的智慧。原文这么写着："因此之故，君子所安心静处的，是《易经》显示的位序；他所乐于玩味的，是卦爻辞的内容。"这里提及的"位序"，似乎与占卜有关。譬如，我占到自己处在乾卦九三，那么就须参考"整天勤奋不休，晚上还戒惕谨慎；有危险，但没有灾难"。

接着，《系辞传》说："因此之故，君子静处时就观察卦爻的图象，并且玩味其中的语词；他行动时就观察卦爻的变化，并且玩味其中的占验。"这句话的含意是《易经》的内容博大精深，好像我们一辈子也研究不完。事实上，《易经》本身是一部书，变化的是我们自己。但是，不论怎么变化，我们都可以在这本书里面找到一些启示。

"闲坐小窗读周易，不知春去已多时。"这句诗所反映的是古代读书人沉潜于《易经》中的心情。人只能活在当下目前的处境，但是天地无限宽广，人生也变化无穷。《易经》卦爻辞的内容充满象征的意义，有如钻石的各个侧面，总是彰显不同的精彩，让人百读不厌。《系辞传》在本段结论说："所以，上天会保佑他，吉祥而没有任何不利。"这与"天助自助者"一语，也有异曲同工之妙。

1.《易经》的四种作用

按照《系辞传》的说法，《易经》在四方面展现了圣人之道：用在言语方面的人，会推崇它的言辞；用在行动方面的人，会推崇它的变化；用在制造器物方面的人，会推崇它的图像；用在卜筮方面的人，会推崇它的占验。

由此可知，古人阅读《易经》，会在"言语、行动、制造器物、卜筮"这几方面得到启发。其中最让人感兴趣的应该是"卜筮"方面。所以原文接着说："因此，君子准备有所作为，准备有所行动时，用言语去询问，它就会接受提问并且像回音一样地答复。无论是远的、近的、幽隐的、艰深的问题，它都可以让人得知未来的状况。"

关于卜筮，另文再谈。《系辞传》在本段最后的结论是："《易经》的卦象，没有思虑，没有作为，寂静不动，一受到感应就能通达天下的道理。"六十四卦摆在那儿，三百八十四爻也不会消失。平常翻阅时，只觉得深奥难解，不知其意思何在；一旦自己遇到具体的状况，就好像有所感应，对某一卦的卦辞，某一爻的爻辞，觉得"心有戚戚焉"，正好说中了自己的心事，然后依其指示的方向去寻思正确的抉择。有时并非《易经》告诉我们应该如何，而是我们由自己内心得到某些暗示，察觉了适当的因应之道。

2．圣人的三项条件

古代经典所谓的"圣人"，各有不同的指涉。《系辞传》提及的圣人是制作《易经》的，他必须具备三项条件，就是：德行、能力与智慧。这种观点符合儒家的立场。

《系辞传》先引述孔子的话："《易经》可以用来做什么？《易经》的哲理可以开发万物，成就功业，涵盖天下的法则，如此而已。"谁能完成这个任务？当然是圣人了。

原文接着说："因此之故，圣人用它来贯通天下人的心意，奠定天下人的事业，裁断天下人的疑问。"若想贯通天下人的心意，则须靠"德行"，因为只有德行完美才可能使天下人心悦诚服。若想奠定天下人的事业，则须靠"能力"。能力不足的人又怎能使天下人安居乐业？

最后，比较特别的是"智慧"，因为天下人总是会有各式各样的疑惑。《尚书·洪范》提到"稽疑"（解决疑惑）时，也认为要使用"卜筮"。有些事可以靠深思熟虑，或由集思广益而得到解决办法。但是有些状况让人犹豫不决，难以衡量利弊得失，这时圣人就须发挥他的智慧了。在《易经》中，圣人的智慧总是离不开占卜的神奇作用。占卜的方法并不困难，但是如何解卦才是最大的挑战。《易经》的建议依然是：保持一颗真诚而清明的心，再运用正确的方法。

◎ 八、《易经》的智慧

《系辞传》描写《易经》时，提及那是"衰世"，天下大乱，所以要有"忧患"意识。人在戒惕之中，特别用心体察，由此得见人所未知之事。

原文说："《易经》明白过去并且察知未来，进而探究现象的细微变化，阐发幽隐的内情。解释时，以恰当的名称分辨事物，用准确的言辞来下断语，做到完备的程度。它所使用的名称虽然有限，但是取材的类别却很广大。它的特色是：旨意深远，语词文雅，所说的话委婉而中肯，所说的事直率而含蓄。用这些来辅佐卦象，因而有助于百姓的行动，显示丧失与获得这两种报应。"

百姓最看重的是报应，善有善报而恶有恶报，如此他们才愿意继续走在行善避恶的正途上。由此可见，《易经》的鉴往知来，是出于深刻了解人情世故，人对吉凶祸福的意愿，以及未来变化的大致规律。对有志成为君子的人而言，这一切的关键是修德。六十四卦中，每一卦都有《大象传》，"君子"一词出现于五十三卦中，所谈皆与个人如何修养德行有关。因此，在进一步学习占卦方法之前，必须先明白这一点。德行若是未能改善，即使获得吉祥，又怎能珍惜与持久呢？

1．谨慎忠厚

《系辞传》选择某些卦爻辞来加以发挥。所侧重的都是做人处世的道理。

譬如，大过卦（☱☴）的初六说："用白色的茅草垫在底下，没有灾难。"接着孔子说："就是把祭品摆放在地上也可以啊，底下还要垫一层茅草，这会有什么灾难呢？这是谨慎到了极点。茅草是一种微薄的东西，但是可以产生重大的作用。按照这种谨慎的方法去做事。就不会有什么过失了。"

　　再如谦卦（䷎）的九三说："有功劳而谦卑的君子，有好结果，吉祥。"接着是孔子说："劳苦而不夸耀，有功绩而不自认为有德，真是忠厚到了极点。这是说那些有功绩依然谦下待人的人。德行要讲求盛美，礼仪要讲求恭敬，而谦卑正是使人恭敬以来保存自己地位的坦途。"

　　《系辞传》所谓的"子曰"，照字面意思是指"孔子说"，但是孔子是否真的说过这些话则仍有争议。原则上，这些话既有智慧，又符合孔子教人修德的宗旨，因此我们至少可以视之为代表儒家立场，并且仔细聆听而由之得到启发。一个人谨慎而忠厚，凡事皆求问心无愧，当然是个坦荡君子，又怎么会不吉祥呢？

2. 人生的正路

　　《易经·说卦传》主要是解说基本八卦的性质与象征，其中有一段谈到圣人作《易》的目的。原文说："从前圣人创制《易经》，是要以它顺应本性与命运的道理。因此，确立天的法则，称之为阴与阳；确立地的法则，称之为柔与刚；确立人的法则，称之为仁与义。"

　　天是主动的创造力，以阴与阳为代表；地是被动的顺承力，以柔与刚为象征。人呢？就须靠"仁与义"来完成人生的应行之路了。在《系辞传》有一段相关的资料，原文是："天地最大的功能是创生，圣人最大的宝物是地位。如何守住地位则说是仁德，如何聚集众人则说是财物，因此，经理财物，导正言论，禁止百姓为非作歹，就说是义行。"

　　对百姓来说，圣人居于统治地位，必须展现仁德，并且使百姓在财物上不虞匮乏。至于义行，则是"理财正辞，禁民为非"，要引导百姓行善避恶。人生不是光为了活下去，还须明白活着有何目的。仁德与义行不只是圣人或政治领袖必备的条件，也是每一个人内心最深的愿望。这是儒家人性向善论的立场，值得我们认真省思。离开了仁与义，人生难免陷于迷惑与失望中。

◎ 九、我对占卦的了解

依心理学家荣格（C.G.Jung）所说，占卦所根据的是"共时性原理"，亦即同时发生的事情之间，应该也有相互的关联。为什么你在此时此地想要占卦？为什么你要问的正好是某个问题？这些看似偶然的状况，其实可以用一句术语来描写，就是"有意义的偶然"。我们认为"偶然"的事，并非真的偶然，而《易经》占卦正是要解开此一谜题。

譬如，我用一个十元铜板，正面代表阳爻，背面代表阴爻，然后向上抛掷六次，就得到"由下而上"的六爻，形成一个本卦。我再用一颗骰子一掷，看是几点就代表哪一爻要变（由阳变阴，或由阴变阳），然后出现一个之卦（新成的卦）。这个变爻的爻辞就是我所占问之事的答案。

这种方法实在太容易了，三分钟就算出一件事。但是，正因为太容易而显得有些草率，那么你会接受它的结果吗？大概不会。《系辞传》提及的占卦方法，必须使用五十根蓍草或筹策（竹片），然后按照规矩仔细运作，大概二十分钟可以算出一卦，并且其中的变爻可能从一到六，代表世事难料。

占卦之事，宁拙勿巧。真诚为上，并且要保持客观心境，因为最后决定吉凶的还是个人的智慧与德行。

1. 占卦不是迷信

有一次我在一家直销公司演讲，听众三百多人。讲完之后的讨论中，一位年轻学员问说："我去年算命，算到师卦，请教授帮忙解说。"

我随手在白板上画下师卦（☰☷），然后问他今年几岁，他答二十九。我说："师卦六爻是一阳五阴的格局，九二为主。你二十九岁，正在这个主爻的位置。这代表两个意思，就是师卦象征'众'与'军'，一方面你有很多下线支持你，事业相当顺利；另一方面，你开始遇到强劲的对手，对你颇具威胁。"他听了之后频频点头称是。

我的说法是根据师卦的卦象与卦爻辞，一点也不神秘。平常多研究这些，自然会明白其中道理；至于临场解说，则须靠一些灵感。我不知道他是怎么算到师卦的，因为从《易经》演变出来的占卦方法很多。不过，不论你怎么占，最后出现的都是一个具体的卦。

那么，这位学员的下一步会怎么发展？如果只看一个师卦，他到三十岁就有问题了，因为师卦六三颇为凶险。我只负责解说卦象，没有办法告诉他将来该怎么办。他若开始认真修德，调整价值观，则吉凶再怎么轮流转，又何必太在意呢？《易经》不是迷信，因为它希望你了解自己的处境以及努力的方向。

2. 占卦的原则

《荀子·大略》说："善为易者不占。"意思是：真正精通《易经》的人不必依赖占卦，因为他熟知《易经》的变化规则，明白吉凶祸福在于人的欲望，并且所谓的吉凶祸福也是相伴相随而生的。既然如此，不如认真修养德行。譬如，"无咎"（没有灾难）所要求的是"善补过"（善于补救自己的过错）。知过能改，善莫大焉。

如果真要占卦，则须遵守"三不占"的原则，就是：不诚不占，不义不占，不疑不占。这其中的道理并不复杂。试问：心中缺乏诚意，自然不会相信占卦的结果，那么又何必浪费时间去占卦？其次，"不义"是指缺乏正当性，亦即不是自己应该过问的事，譬如别人的隐私或遭遇等，这些当然不该占卦了。然后，有些事情早已确定无疑，并且合乎常理的发展，那么占卦又是为了什么？

据说孔子在鲁国受到冷落时，曾经占得"旅卦"（☲☶），顾名思义，自然是应该周游列国了，火在山上，所以要顺着时势而知所进退。人生难道不是形同旅行吗？孔子如果不曾十三年周游各地，又如何检验他的学说与理想？因此，占卦并非为了取得某些世俗的利益，而是为了有效完成人生的目的。

◎ 十、为什么要学习《易经》

我曾归纳自己学习《易经》的心得，可以约为三点：第一，不学一定不会；第二，学了不一定会；第三，学会终身受用。

第一，不学一定不会。《易经》与别的学问不同，它有自己的一套符号与术语。如果不先通过这一关，就永远只能在门外徘徊。那么，这一关很难闯过去吗？未必。只要先花一个星期去认识这些符号与术语，并且用心记住朱熹所写的《卦名次序歌》，就是将六十四卦依序熟读成诵。其文如后：

"乾坤屯蒙需讼师，比小畜兮履泰否。同人大有谦豫随，蛊临观兮噬嗑贲。剥复无妄大畜颐，大过坎离三十备。咸恒遁兮及大壮，晋与明夷家人睽。蹇解损益夬姤萃，升困井革鼎震继。艮渐归妹丰旅巽，兑涣节兮中孚至。小过既济兼未济，是为下经三十四。"

背会《卦名次序歌》之后，再根据《易经》的内容，一卦一卦仔细念下去，并且要记住如何画出每一卦。在学习画卦时，口诀根据各卦在自然界的象征，由上往下念，但是画卦时一定要记得由下往上画。这种看似相反的顺序，需要花一点时间，习惯之后就会反应很快了。譬如，有人问我"谦卦"，我心中默念"地山谦"（☷☶），而笔下画的是由下往上的六爻。一听卦名就可以画出来，就算过了第一关。

第二，学了不一定会。这是因为学习《易经》的两大重点是：明白义理，以及使用象数来占卦。在明白义理方面，就是要厘清六十四卦三百八十四爻的卦辞与爻辞在说些什么。这等于是：先写下标准答案，再请你去找充分的理由。至今为止，可能还没有人可以完全说清楚这些卦爻辞。能够懂得八成以上的就算高手了。在解说时，所根据的象征与原则不能太多，否则全书将失去统合性与连贯性。

另外，即使学会了用五十根筹策占卦的方法，事实上半小时就可以学会，但是真正的难题在于"如何解卦"。至今为止，还没有一套普遍认可的解卦方法。我们介绍朱熹在《易学启蒙》所说的解法，是因为较多人使用，并且准确度较高。在解卦时，有些状况需要你抛开卦爻辞，直接由卦象的组合来领悟。这是因为伏羲画卦时，尚未发明文字，我们又怎能完全受限于卦爻辞呢？如此一来，不是"学了不一定会"吗？既然如此麻烦而又缺乏保证，那为何还要学习《易经》呢？理由在于下一点。

第三，学会终身受用。学会了《易经》的义理，就懂得如何做人处世。譬如，要居安思危，谦虚自处，损己利人，持盈保泰，等等。可以得到莫大的帮助。《系辞传》指出，占卦的启示对人而言，是"无有师保，如临父母"，意思是：当一个人年纪大些时（如四五十岁以上），已经没有老师与保护者了，这时占卦就会像父母一样，为他提供既善意又重要的启示。父母年纪大了之后，未必可以告诉我们遇事如何抉择，但他们的善意与爱心是完全可以肯定的。占卦既有这样的心意，同时还有无比的智慧，正是古人留给我们的心灵父母。我们敞开心扉，让这样的父母为我们指点迷津吧！

于是，在义理方面，我们明白人生最重要的自我修炼是：德行、能力、智慧。这三项修炼与时俱进，则将体认"天道无吉凶"，每一卦每一爻都是善意的提醒，就看我们如何反求诸己了。"日日是好日"，其实十分自然。

在象数方面，用之于重大抉择上，占卦将"如响斯应"，或甚至"有求必应"，这个"应"不是让人心想事成，而是让人化解盲点与执着，过一种简约而有效率的生活，以积极主动的精神，面对人生的各种挑战。这时，不仅自助，还可助人。随着年纪增长，我们成为前辈或老一辈，这时我们对家人与亲友的价值也会水涨船高的。如此不是终身受用吗？

易经占卦

◎ 一、《易经》占卦须知

1. 人生有无数的抉择，造成吉凶悔吝。如何抉择可保平安？可以趋吉避凶？《易经》提醒人要注意：德行（因为欲望会造成盲点与执着）；能力（有能力就有自信）；以及智慧（充分运用理性的力量，加上生活经验的配合）。

2. 在"智慧"方面，占卦可以提供协助。所谓"无有师保，如临父母"，以及"人谋鬼谋，百姓与能"（系辞下）。

3. 在理性及经验皆无法明确论断时，可以进行占卦。首先，要遵守"三不占"原则：

① 不诚不占：此乃求教于神明，首重真诚。

② 不义不占：不合乎正当性及合理性的问题，不必占问。

③ 不疑不占：必须是理性难以测度之事。

4. 提问方法：

① 每次一个问题，问题是：现在有一选择，一旦决定则后果如何？譬如小孩可选两个学校，则须分占二次，看其结果何者为宜。或者，欲购某屋，占其是否可行？当然，亦可占个人之时运、经商、婚姻、事业、健康、子嗣等。

② 同一问题，可以换不同方式来占。一旦有了结果，则须过三个月（一季）再占。

5. 占卦最好在清晨，心思清净，意念集中。先拟好问题，准备纸笔。拿出筹策，握于手中，心中默念："假尔泰筮有常，某（自己名字）今以某事，未知可否。爰质所疑于神之灵，吉凶、得失、悔吝、忧虞，唯尔有神，尚明告之。"

6. 然后依占卦步骤，仔细进行。

◎ 二、《易经》占卦方法

《系辞传》上．10

"大衍之数五十，其用四十有九。分而为二以象两，挂一以象三，揲之以四以象四时，归奇于扐以象闰；五岁再闰，故再扐而后挂。乾之策二百一十有六，坤之策百四十有四，凡三百有六十，当期之日。二篇之策，万有一千五百二十，当万物之数也。是故四营而成易，十有八变而成卦。"

　　说明：筮者准备五十根蓍草（今之筹策），取出一根，横放在正前方，代表"太极"，在整个运算过程中保持不动。真正进行运算的，是为四十有九。（大衍之数五十，其用四十有九）

第一次运算：

　　1. 任意分四十九根为两组，甲与乙。（分而为二以象两）

　　2. 从甲组中取出一根，放置于左手二指之间。（挂一以象三）

　　3. 甲组以四除之。（揲之以四以象四时）

　　4. 甲组所余之数，为一或二或三或四，（若无余数，则取出四根）将此余数也放置于左手二指之间。（归奇于扐以象闰）

　　5. 乙组以四除之。（再揲之以四，以象四时）

　　6. 乙组所余之数，为一或二或三或四，将此余数也放置于左手二指之间。

　　7. 将左手二指之间所得之根数置于左斜上角。所余者为四十四根或四十根。

第二次运算：

1. 将所余之四十四根或四十根，任意分为甲乙两组。

2. 重复第一次运算中的2—7，将左手二指之间所得之根数置于左斜上角，但勿与前次的重叠。此时余数应为四十或三十六或三十二。

第三次运算：

1. 将第二次运算所余之数，任意分为甲乙两组。

2. 重复第一次运算中的2—7，将左手二指之间所得之根数置于左斜上角，但勿与前两次的重叠。此时余数应为三十六或三十二或二十八或二十四。

3. 最后留在桌上的余数以四除之，得到九或八或七或六。九与七为阳爻，八与六为阴爻。

经过以上三次运算得到初爻，知其为阴爻或阳爻，并且记下数字（九或八或七或六），如此，再"重复"五次，得到由下往上的五爻。六爻共需十八次运算，是为"十有八变而成卦"。所形成的卦是为"本卦"。九为老阳，七为少阳；六为老阴，八为少阴。（老阳为夏季，老阴为冬季；少阳为春季，少阴为秋季）九、六为可变之爻；七、八为不变之爻。经过九由阳变阴与六由阴变阳，再形成"之卦"。本卦与之卦配合，提供所占之事的线索。

◎ 三、《易经》解卦参考

1. 请遵守"三不占"原则：不诚不占，不义不占，不疑不占。

2. 解卦步骤：

①针对所占问之事，本卦代表当前的处境，之卦（之，往也）代表未来的趋势。要配合心中的疑惑，详细思考两卦的卦辞含义，以求得到启发。这是最重要的一步。

②六爻皆不变者，只有本卦而无之卦，则参考本卦卦辞。

③一爻变者，则参考本卦变爻的爻辞。

④二爻变者，则参考本卦二个变爻的爻辞，但以上爻为主。

⑤三爻变者，则参考本卦及之卦的卦辞，但以本卦为主。

⑥四爻变者，则参考之卦中二不变之爻的爻辞，但以下爻为主。

⑦五爻变者，则参考之卦中不变之爻的爻辞。

⑧六爻皆变者，则参考之卦卦辞。

3. 以上2—8，主要参考朱熹《易学启蒙》之说，但不可忽略解卦所需要的生活经验，以及个人主观的能动力量。

4. 对同一问题，至少隔三个月再占。请记住荀子所云："善为易者不占。"懂《易经》的人要努力经由理性思维与德行修养而主导自己的命运。

◎ 四、数字卦的占法

1. 心中对某事有所疑惑，此时"随机"想到三组三位数字，随手写下来。

2. 第一组三位数以8除之，视其余数，可形成下卦。（若除尽，则余数为8。）第二组三位数以8除之，视其余数，可形成上卦。（若除尽，则余数为8。）第三组三位数以6除之，视其余数，即是变爻。（若除尽，则余数为6。）

3. 前两组的余数所针对的是先天八卦的数字：乾1，兑2，离3，震4，巽5，坎6，艮7，坤8。

4. 确定为某卦之后，再看变爻何在，即可翻查"解卦手册"。

5. 请注意，数字卦可用于较简单的小事。人生大事请用筹策占卦。

◎ 五、念念有词

古人占卦之前，为了表示诚意，还需默念一小段祷词，原文是：

"假尔泰筮有常，某（自己名字）今以某事（想要占问之事），未知可否。爰质所疑于神之灵，吉凶、得失、悔吝、忧虞，惟尔有神，尚明告之。"

意思是：希望凭借伟大占筮所拥有的恒常法则，某现在正在考虑某事，不知可不可行。因此特地将自己的疑惑拿来请教神明的灵验智慧，有关此事的吉与凶，得与失，懊恼与困难，担心与宽心，都希望占筮的神奇功能可以明白告诉我结果。

今天我们占卦时是否需要背诵这段话呢？其实只要记得大意就可以了。如果太过于坚持这样的字句，未免有些形式主义了。我的做法是：让自己心思安静下来，存想所要占问之事约一分钟，再向占筮之神请求指导，然后进行占卦。用筹策或数字占卦时皆是如此。

占卦结果出来之后，还有一大挑战，那就是"如何解卦？"这里涉及对《易经》文本的研究以及个人直觉所得的灵感。换言之，占卦不是算命所谓的铁口直断，而是要求我们运用理智去明白自己的处境与相关位置，然后以合情合理的态度去调整自己的想法。

◎ 六、占卦三不

"不诚不占，不义不占，不疑不占"，这是三不占的原则。

何谓不诚不占？占卦是心中有疑惑，再诚恳请教鬼神之事。此处所说的鬼神，泛指祖先之灵而言。祖先没有不关照子孙的，但子孙首先必须诚心。由于《易经》的重点在于提醒人培养"德行、能力、智慧"，而占卦是特别针对智慧而做的设计。至于这是否涉及迷信的问题，将来再做深入的讨论。

何谓不义不占？你所提的问题必须合乎"正当性"，因此明知一事为错而去占问，将徒劳无功。当然，别人未曾委托的事，你不该问；有关别人的私事，你也不必问。出于真诚又合乎道义，占卦结果才会"如响斯应"。

那么，何谓不疑不占？有些问题依常理常情即可决定其结果，又何必占问？譬如一个学生不用功，你占他考试成绩好坏，不是多此一举吗？真正的疑问依然很多，譬如我想知道自己的"时运"，想知道某项投资是否有利，想知道某次旅行是否平安，想知道亲友生病是否很快痊愈，等等。

谨守"三不占"的原则之后，就可以放心使用占卦来帮助自己做选择了。占卦容易而解卦困难，这一点永远是我们面对的挑战。

◎ 七、不诚不占

有一部电影，取名"非诚勿扰"，意在提醒人们：如果没有诚心，连交朋友也办不到。那么，占卦之事呢？

《易经》系辞传谈到占卦时，有两句话值得注意：一是"无有师保，如临父母"，二是"人谋鬼谋，百姓与能"。

先说第一句话。人到一定年纪（如四五十岁）以后，往往既没有老师也没有保护者（无有师保），这时遇到重大的疑难该怎么办？占卦使人好像面对自己的父母（如临父母），可以得到用心良苦的建议。这是我们智慧上的父母。父母无不爱护子女，子女何不诚心信赖呢？

再看第二句话。占卦是人在想办法，同时也拜托鬼神一起出主意。古人相信"人死为鬼"，这里所说的"鬼"就泛指祖先之灵而言。鬼神不受身体及时空的限制，所以可以预知未来。百姓学会了占卦，就可以预知未来。百姓学会了占卦，就可以"与能"，一起来展现这种特殊能力。

古人采取正式的筹策占卦时，往往选在清晨心思清净、洗净手脸之后；若在白日，有的还会先斋戒沐浴。这些都是为了表示诚意。我们平常向父母、长辈、老师、各种专家请教时，不是也需心怀诚意吗？这种诚意完全排除了心存侥幸的迷信或算命心态。

◎ 八、不义不占

二○○七年九月，金融危机即将来临之前，全球股市还是一片荣景。当时有三个朋友同时占问买卖股票之事，得到的结果都是不好。我缺乏警觉心，没有卖出自己手中的一些股票。后面的发展是戏剧性的，难免让人懊恼。

我买卖股票从不占卦，因为我觉得这有点"胜之不武"。占卦"三不"中，有"不义不占"，这到底要如何界定呢？

"义"有"适宜、适当、正当"之意。其中又以"正当"最为明确。我们小时候背诵过一句话："义是正正当当的行为。"所言极是。

那么，"不义"包含哪些事呢？像违法乱纪、伤风败俗当然在内，像损人利己、探查隐私也在其中。至于买卖股票、投资理财，其实不算什么不义，只是不宜全凭占卦决定。曾有一位朋友占问股票，认为有利可图，但是关于何时买何时卖，反而是个问题。如果连这个也要占卦，不是接近迷信了吗？

我在本书中，对六十四卦的三百八十四爻都做了扼要解说，分由"时运、财运、家宅、身体"四方面加以回答。意思是：这些都是适宜占问之事。其中以时运最重要，这是不言而喻的。而家宅也包含婚姻在内。现代人最常问的感情问题，目前也只能引申说个大概。

◎ 九、不疑不占

在古代，占卦是领导阶层所关心的。他们统治百姓，在决策时该怎么考虑呢?

《尚书·洪范》提及：天子若有重大疑问，要征询五方面的意见。一，"谋及乃心"，君王要自己用心思考该怎么办。二，"谋及卿士"，要与各部门的主管官员商量。三，"谋及庶人"，要知道众多百姓的想法是什么。四，"谋及卜筮"。卜是龟卜，用龟壳占卜；筮是用蓍草占卜，亦即《易经》的占卦。由于卜与筮是两种方法，所以以上共有五方面要征询意见。

在决定时，还须看是针对什么问题，如内政、外交、国防与战争、农耕与收成、迁都、君王健康，等等。不同问题要参考不同的意见组合。这真是十分理性的办法。

我们今天占卦时，别忘了原本我们就有各种以理性来思索的管道。因此，凡是涉及专业问题，不妨先向专家请教。人生的疑难，不妨先向长辈或相关的人请教。孔子谈到交友，分为四个层次"可与共学，可与适道，可与立，可与权"。其中最难得的是"可与权"，就是可以同他一起商量（权衡轻重）的朋友。

这些都尝试过了，还是没有把握，这时就合乎"不疑不占"的要求，而可以诚心占卦，并且由之得到启发。

◎ 十、元亨之意

　　《易经》首卦为乾卦，卦辞是"元亨利贞"，意即：创始、通达、合宜、正固。这四个字在后续各卦的卦辞与爻辞中经常出现，值得多加辨析。先谈元与亨。

　　"元"是创始，因为乾卦六爻皆阳（☰），代表无限的生命力。乾卦《文言传》说："元者，善之长也。"创始，是一切善行的首位。若无创造，则万物无从产生，若无万物，则不可能出现善行。"存在"是最大的善，或者说是一切善行的基础。

　　"元"为首为至大，所以可组成复合词：元吉是上上大吉或为最吉祥；元亨是无比通达。

　　其次，"亨"为通达。万物皆由乾卦产生，由于有共同的根源，所以万物彼此之间可以相通。譬如，牛吃草，消化之后可以生产牛乳；人喝牛乳，消化之后可以工作与思考。因此，万物以各种形式"生成"不息。"落红不是无情物，化作春泥更护花"，也是很好的描述，推而至于庄子所说："通天下一气耳"。

　　《易经》六十四卦的卦辞中，提及"亨"字的有三十八卦，超过一半以上。由此可见，万物固然是相通的，而人生处境也大都可以通达，亦即有路可走，若不见了"亨"字，则需要个人在言行上多加谨慎，不然就在内心想通道理。

◎ 十一、利贞之意

谈过"元亨"之后，再谈"利贞"。

《文言传》说："利者，义之和也。"意即：适宜，是正当作为的协调。我们特别把"利"字译为适宜，因为万物的存在各有其适宜的时空条件与特定模式。鱼在水中优游，鸟在空中飞翔，各适其性。人呢？人所要求的不只是活着，还需在复杂的人间走出一条自己的路。

因此，"利"字到处可见。像乾卦九二的"见龙在田，利见大人"，九五的"飞龙在天，利见大人"。各有其"利"，但所利者则须由卦象与爻位中去界定。

其次，《文言传》说："贞者，事之干也。"意即：正固，是具体行事的骨干。"贞"字不但在卦辞中常见，在爻辞中亦所在多有。有些学者认为贞即是占问，但是如此一来，许多未说"贞"字的就不是占问了吗？

依"贞者，事之干也"以及"贞固，足以干事"二语来看，"贞"字译为"正固"较好，所谓"正固"，亦有二解：一是持守正道并坚持下去，二是依照"贞"字前面所描写的方式坚持下去。第一种解法较为常见。第二种解法常以"贞凶"一词出现，亦即如果你明知有些困难，还要照样这么做，那就有凶险了。

辨明"元亨利贞"四字，对于解卦应有帮助。

解卦手册

1. 乾卦 ䷀

乾。元亨利贞。

象曰：天行健，君子以自强不息。

①**时运**：临事刚健，自强不息。

②**财运**：施比受有福，不利买而利卖。

③**家宅**：积善有余庆；女子过刚宜慎重。

④**身体**：保健有恒。

初九。潜龙勿用。

象曰：潜龙勿用，阳在下也。

①**时运**：培养实力，等待机会。

②**财运**：宜守不宜攻。

③**家宅**：娶妻小心。

④**身体**：保养为宜。

九二。见龙在田，利见大人。

象曰：见龙在田，德施普也。

①**时运**：得贵人之助，有发展机会。

②**财运**：开始涨价，官方采购。

③**家宅**：婚姻大吉。

④**身体**：运动健身。

九三。君子终日乾乾，夕惕若；厉，无咎。

象曰：终日乾乾，反复道也。

①**时运**：功名未显，戒慎免咎。

②**财运**：日夜防范，可脱险获利。

③**家宅**：勤俭保家；不宜攀结高亲。

④**身体**：小心保养。

九四。或跃在渊，无咎。

象曰：或跃在渊，进无咎也。

①**时运**：一举成名。

②**财运**：物价高涨，可保无咎。

③**家宅**：有一时振兴之象。

④**身体**：继续健身。

九五。飞龙在天，利见大人。

象曰：飞龙在天，大人造也。

①**时运**：直上云霄。

②**财运**：五谷之类的贸易，物价飞升，有官府支持。

③**家宅**：富贵之家。

④**身体**：蒙天所召，不吉。

上九。亢龙有悔。

象曰：亢龙有悔，盈不可久也。

①**时运**：由满招损，退而自省。

②**财运**：过盈则必有亏。

③**家宅**：婚嫁不利。

④**身体**：命在旦夕。

2. 坤卦 ䷁

坤。元亨，利牝马之贞。君子有攸往，先迷后得主。利西南得朋，东北丧朋。安贞吉。

　　象曰：地势坤，君子以厚德载物。

　　①**时运**：为人厚道，声名远传。

　　②**财运**：满载而归。

　　③**家宅**：家庭安稳；婚嫁大吉。

　　④**身体**：柔软运动。

初六。履霜，坚冰至。

　　象曰：履霜坚冰，阴始凝也。驯致其道，至坚冰也。

　　①**时运**：由卑而尊，不可躁进。

　　②**财运**：渐积可致富。

　　③**家宅**：阴盛不吉；婚嫁不利。

　　④**身体**：阴寒之症，久则难治。

六二。直方大，不习，无不利。

　　象曰：六二之动，直以方也；不习，无不利，地道光也。

　　①**时运**：功可成，名可就。

　　②**财运**：获利可期。

　　③**家宅**：居家如意；婚嫁顺利。

　　④**身体**：不药而愈。

六三。含章可贞。或从王事，无成有终。

象曰：含章可贞，以时发也；或从王事，知光大也。

①**时运**：待时而发，可保功名。

②**财运**：把握时机，必有利益。

③**家宅**：凝聚向心力。

④**身体**：无可挽回，凶。

六四。括囊，无咎无誉。

象曰：括囊无咎，慎不害也。

①**时运**：收敛为要，但求无过。

②**财运**：落袋为安，不再投资。

③**家宅**：平安是福。

④**身体**：谨慎保养。

六五。黄裳，元吉。

象曰：黄裳元吉，文在中也。

①**时运**：功名大显。

②**财运**：必定获利。

③**家宅**：和乐融融。

④**身体**：病在肠胃。

上六。龙战于野，其血玄黄。

象曰：龙战于野，其道穷也。

①**时运**：穷途末路。

②**财运**：血本无归。

③**家宅**：失序不和。

④**身体**：肝血失调，危险。

3. 屯卦 ䷂

屯。元亨利贞。勿用有攸往，利建侯。

象曰：云雷屯，君子以经纶。

①**时运**：宜守不宜进。

②**财运**：创业维艰。

③**家宅**：修缮住宅；初婚不和。

④**身体**：保存元气。

初九。盘桓，利居贞，利建侯。

象曰：虽盘桓，志行正也；以贵下贱，大得民也。

①**时运**：欲进不进，坚守正道。

②**财运**：不利经商，可任用正人君子。

③**家宅**：安居于贵宅；婚嫁吉祥。

④**身体**：健康无虞。

六二。屯如邅如，乘马班如。匪寇婚媾，女子贞不字，十年乃字。

象曰：六二之难，乘刚也；十年乃字，反常也。

①**时运**：一时未成，十年可成。

②**财运**：售出有困难，颇耗时日。

③**家宅**：是佳偶，但须等待。

④**身体**：保持运动习惯。

六三。即鹿无虞，唯入于林中。君子几，不如舍。往吝。

象曰：即鹿无虞，以从禽也。君子舍之，往吝，穷也。

①**时运**：求宝得利，殊不足取。

②**财运**：恐有损失，不如舍去。

③**家宅**：不循正途求婚嫁，将有困难。

④**身体**：不可纵欲伤身。

六四。乘马班如，求婚媾，往吉，无不利。

象曰：求而往，明也。

①**时运**：顺势而为，大有发展。

②**财运**：明见利益，应有收获。

③**家宅**：婚嫁吉祥。

④**身体**：遵医生嘱咐。

九五。屯其膏，小贞吉，大贞凶。

象曰：屯其膏，施未光也。

①**时运**：无人提拔，暂时无望。

②**财运**：小买卖尚可获利，大买卖则凶。

③**家宅**：聚财伤和气。

④**身体**：初病可治，久病则危。

上六。乘马班如，泣血涟如。

象曰：泣血涟如。何可长也？

①**时运**：前无去路，保命为要。

②**财运**：犹豫不决，尽失良机。

③**家宅**：家道中落。

④**身体**：呕血之症，凶。

4. 蒙卦 ䷃

蒙。亨。匪我求童蒙，童蒙求我。初筮告，再三渎，渎则不告。利贞。

象曰：山下出泉，蒙。君子以果行育德。

①**时运**：蓄积德行，出而用世。

②**财运**：矿山生意，果决则吉。

③**家宅**：君子居吉；婚姻之始。

④**身体**：驱去邪热，可保平安。

初六。发蒙，利用刑人，用说桎梏。以往，吝。

象曰：利用刑人，以正法也

①**时运**：求荣反辱，收敛自己。

②**财运**：避免兴讼，得理即止。

③**家宅**：谨慎持家；可能罢婚。

④**身体**：恐有外伤。

九二。包蒙，吉。纳妇吉。子克家。

象曰：子克家，刚柔接也。

①**时运**：有财有福，子可继业。

②**财运**：广纳财物，售至外地。

③**家宅**：妻贤子孝，可振家业。

④**身体**：柔软体操。

六三。勿用取女，见金夫，不有躬。无攸利。

象曰：勿用取女，行不顺也。

①**时运**：见财忘义，声名破败。

②**财运**：小则破财，大则伤身。

③**家宅**：妻强夫弱，恐有不安；不宜婚嫁。

④**身体**：小心饮食。

六四。困蒙，吝。

象曰：困蒙之吝，独远实也。

①**时运**：远水近火，无济于事。

②**财运**：缺乏资本，难免穷困。

③**家宅**：地处偏僻，生活困苦。

④**身体**：体质虚弱，阴寒之症。

六五。童蒙，吉。

象曰：童蒙之吉，顺以巽也。

①**时运**：功名未成，得良师则吉。

②**财运**：无法独立，须靠人经营。

③**家宅**：幼年定亲。

④**身体**：听人指导锻炼。

上九。击蒙。不利为寇，利御寇。

象曰：利用御寇，上下顺也。

①**时运**：宜守不宜攻，与人和睦。

②**财运**：顺取为宜，买卖相洽。

③**家宅**：妇道贵顺，家道和平。

④**身体**：保养为宜。

5. 需卦 ䷄

需。有孚，光亨，贞吉。利涉大川。

象曰：云上于天，需。君子以饮食宴乐。

①**时运**：时机尚未成熟，耐心等待。

②**财运**：资本未集，无法开张。

③**家宅**：平安是福。

④**身体**：调节饮食，健康有望。

初九。需于郊，利用恒，无咎。

象曰：需于郊，不犯难行也；利用恒，无咎，未失常也。

①**时运**：必须久待，守恒为要。

②**财运**：暂勿投资，货物无损。

③**家宅**：可居郊外。

④**身体**：幽居养病，终无大碍。

九二。需于沙，小有言，终吉。

象曰：需于沙，衍在中也；虽小有言，以吉终也。

①**时运**：流言困阻，最后吉祥。

②**财运**：货运不通，无害商业。

③**家宅**：口舌之争。

④**身体**：心胸宽大，自然吉祥。

九三。需于泥，致寇至。

象曰：需于泥，灾在外也。自我致寇，敬慎不败也。

①时运：难期上达，谨慎自持。

②财运：无法流通，小心受骗。

③家宅：婚事难成，成则怨偶。

④身体：小心外伤。

六四。需于血，出自穴。

　　象曰：需于血，顺以听也。

①时运：用尽心力才可出头。

②财运：投资矿业，有利可图。

③家宅：乔迁之喜。

④身体：调养气血，和顺阴阳。

九五。需于酒食，贞吉。

　　象曰：酒食贞吉，以中正也。

①时运：功成名就，可以宴乐。

②财运：投资饮食业，可获利。

③家宅：婚嫁得宜。

④身体：饮食调理。

上六。入于穴，有不速之客三人来，敬之终吉。

　　象曰：不速之客，敬之终吉；虽不当位，未大失也。

①时运：凭险自守，和解为贵。

②财运：得价则售，不可贮藏。

③家宅：持家有道；少男乃吉。

④身体：病况凶险，不存侥幸。

6. 讼卦 ䷅

讼。有孚，窒惕，中吉，终凶。利见大人，不利涉大川。

　　象曰：天与水违行，讼。君子以做事谋始。

　　①**时运**：功名受阻，不宜树敌。

　　②**财运**：开始谨慎，终可获利。

　　③**家宅**：君子必求淑女。

　　④**身体**：预防胜于治疗。

初六。不永所事，小有言，终吉。

　　象曰：不永所事，讼不可长也；虽小有言，其辩明也。

　　①**时运**：不会久困，终可出名。

　　②**财运**：及时售出，口舌无碍。

　　③**家宅**：有些争议，分辨明白即可。

　　④**身体**：初病可愈，久病则凶。

九二。不克讼，归而逋，其邑人三百户无眚。

　　象曰：不克讼，归逋窜也；自下讼上，患至掇也。

　　①**时运**：退而隐居，可保无害。

　　②**财运**：小有耗损，不必多虑。

　　③**家宅**：不宜婚嫁。

　　④**身体**：在外染病，回家调养。

六三。食旧德，贞厉，终吉。或从王事，无成。

　　象曰：食旧德，从上吉也。

①**时运**：谨守旧业，求仕无成。

②**财运**：固守家产，终可得利。

③**家宅**：不宜另建新居。

④**身体**：按原医师指示为宜。

九四。不克讼，复即命，渝安贞，吉。

象曰：复即命，渝安贞，吉，不失也。

①**时运**：转危为安。

②**财运**：合作不成，反是好事。

③**家宅**：改婚不失其道。

④**身体**：有凶险，改变生活方式则吉。

九五。讼，元吉。

象曰：讼，元吉，以中正也。

①**时运**：以正求进，必可大显。

②**财运**：公平经营，取得正财。

③**家宅**：与富贵人结婚。

④**身体**：吐纳之术保健康。

上九。或锡之鞶带，终朝三褫之。

象曰：以讼受服，亦不足敬也。

①**时运**：患得患失，殊为不值。

②**财运**：不是正财，得不偿失。

③**家宅**：不易安居。

④**身体**：病势时好时坏，恐凶。

7. 师卦 ䷆

师。贞，丈人吉，无咎。

　　象曰：地中有水，师。君子以容民畜众。

　　①**时运**：包容别人，修行待时。

　　②**财运**：有财有库，善自珍惜。

　　③**家宅**：旧亲联姻，可喜可贺。

　　④**身体**：腹胀之症，调气无忧。

初六。师出以律，否臧，凶。

　　象曰：师出以律，失律凶也。

　　①**时运**：失道以求，终受其辱。

　　②**财运**：海运业务，合义则吉。

　　③**家宅**：治家以法，否则必凶。

　　④**身体**：寒多热少，宜早医治。

九二。在师中，吉无咎，王三锡命。

　　象曰：在师中吉，承天宠也，王三锡命，怀万邦也。

　　①**时运**：杰出人才，大受赏识。

　　②**财运**：谋略出众，领导获利。

　　③**家宅**：邻里所重；婚姻吉祥。

　　④**身体**：流动血气，病即舒解。

六三。师或舆尸，凶。

　　象曰：师或舆尸，大无功也。

①**时运**：无德有位，难免于凶。

②**财运**：物耗财损，凶险无比。

③**家宅**：不得安宁，小心为上。

④**身体**：可能归天。

六四。师左次，无咎。

象曰：左次无咎，未失常也。

①**时运**：官运不济，不宜妄想。

②**财运**：次级货物，尚可获利。

③**家宅**：近东，朝西南吉；入赘无咎。

④**身体**：春生气来，疾病可愈。

六五。田有禽，利执言，无咎。长子帅师，弟子舆尸，贞凶。

象曰：长子帅师，以中行也；弟子舆尸，使不当也。

①**时运**：德胜于才，否则凶险。

②**财运**：老成练达，有利可图。

③**家宅**：利于长子；媒妁而成。

④**身体**：跑步健身。

上六。大君有命，开国承家，小人勿用。

象曰：大君有命，以正功也；小人勿用，必乱邦也。

①**时运**：论功行赏，勿做小人。

②**财运**：因富致贵，须防小人。

③**家宅**：家道兴旺；贵人做媒。

④**身体**：正常运动。

8. 比卦 ䷇

比。吉。原筮，元永贞，无咎。不宁方来，后夫凶。

象曰：地上有水，比。先王以建万国，亲诸侯。

①**时运**：众人相贺，荣显之极。

②**财运**：善人相扶，大发利市。

③**家宅**：百年好合。

④**身体**：心腹水肿，宜早求治。

初六。有孚，比之，无咎。有孚盈缶，终来有它吉。

象曰：比之初六，有它吉也。

①**时运**：诚信交往，声名日隆。

②**财运**：信用卓著，利益自来。

③**家宅**：社区和睦；亲事亦谐。

④**身体**：平安无事。

六二。比之自内，贞吉。

象曰：比之自内，不自失也。

①**时运**：实至名归，自然吉祥。

②**财运**：同心协力，获利可期。

③**家宅**：亲上加亲。

④**身体**：心平气和，疾病可愈。

六三。比之匪人。

象曰：比之匪人，不亦伤乎。

①**时运**：交友不正，声名破败。

②**财运**：所托非人，损耗难免。

③**家宅**：戒慎嫁娶，以免遗憾。

④**身体**：改求良医。

六四。外比之，贞吉。

　　象曰：外比于贤，以从上也。

①**时运**：得人赏识，功名可期。

②**财运**：货物流通，利润自来。

③**家宅**：一家和睦；外地定亲，吉。

④**身体**：多做户外运动。

九五。显比，王用三驱，失前禽。邑人不诫，吉。

　　象曰：显比之吉，位正中也。舍逆取顺，失前禽也。邑人不诫，上使中也。

①**时运**：善待别人，后仍有吉。

②**财运**：不贪小利，后有盈余。

③**家宅**：和顺为宜。

④**身体**：服药生效，不必过虑。

上六。比之无首，凶。

　　象曰：比之无首，无所终也。

①**时运**：六神无主，恐有凶祸。

②**财运**：白费心机，一无所获。

③**家宅**：恐丧家主；婚嫁来历不明。

④**身体**：小心头部疾病。

9. 小畜卦 ䷈

小畜。亨。密云不雨，自我西郊。

象曰：风行天上，小畜。君子以懿文德。

①**时运**：平平无奇，受人牵制。

②**财运**：外表不错，内多耗损。

③**家宅**：小康，须防口舌；娶得淑女。

④**身体**：风火之症；小孩吉，大人凶。

初九。复自道，何其咎？吉。

象曰：复自道，其义吉也。

①**时运**：退守自保，无灾无难。

②**财运**：守稳旧业，不宜创新。

③**家宅**：不求于外，家道自亨。

④**身体**：安静休养，可以复原。

九二。牵复，吉。

象曰：牵复在中，亦不自失也。

①**时运**：因人成事，获利大吉。

②**财运**：创业守成，两皆为宜。

③**家宅**：兄弟和睦，家道兴隆。

④**身体**：旧疾复发，小心调养。

九三。舆说辐，夫妻反目。

象曰：夫妻反目，不能正室也。

①**时运**：阴盛阳衰，内外不安。

②**财运**：逆向操作，可以获利。

③**家宅**：家庭不和，婚姻不利。

④**身体**：阴阳不察，慎择良医。

六四。有孚，血去惕出，无咎。

象曰：有孚惕出，上合志也。

①**时运**：切忌争斗，出门远避；升迁靠长官提拔。

②**财运**：利西北，不利东南；邻里相助。

③**家宅**：管理得宜，否则受累。

④**身体**：宽解治之，燥烈之药不宜。

九五。有孚挛如，富以其邻。

象曰：有孚挛如，不独富也。

①**时运**：一时亨通，无往不利。

②**财运**：百货聚积，自有大利。

③**家宅**：既富且贵，惠及邻里。

④**身体**：手足麻痹之症。

上九。既雨既处，尚德载。妇贞厉。月几望，君子征凶。

象曰：既雨既处，德积载也。君子征凶，有所疑也。

①**时运**：长期梦想，终可如愿。

②**财运**：得利则止，切忌过贪。

③**家宅**：前困后亨。

④**身体**：须防营养过多。

10. 履卦 ䷉

履。履虎尾，不咥人，亨。

象曰：上天下泽，履。君子以辨上下，定民志。

①**时运**：依序升进，不可攀缘。

②**财运**：明察货品，待时而售。

③**家宅**：门庭严整。

④**身体**：疏通气血。

初九。素履，往无咎。

象曰：素履之往，独行愿也

①**时运**：等待时机，自有成就。

②**财运**：守好旧业，久必获利。

③**家宅**：门庭吉祥。

④**身体**：慢跑有益。

九二。履道坦坦，幽人贞吉。

象曰：幽人贞吉，中不自乱也。

①**时运**：高尚其志，修身以道。

②**财运**：物价稳定，稍有小利。

③**家宅**：分析财产，小心损耗。

④**身体**：保养眼睛。

六三。眇能视，跛能履。履虎尾，咥人，凶。武人为于大君。

象曰：眇能视，不足以有明也。跛能履，不足以与行也。

咥人之凶，位不当也。武人为于大君，志刚也。

①**时运**：退守为宜，妄动则凶。

②**财运**：被人欺弄，货物滞销。

③**家宅**：暗昧不明，以小凌大。

④**身体**：保养眼睛与脚部。

九四。履虎尾，愬愬，终吉。

象曰：愬愬终吉，志行也。

①**时运**：温和笃实，终可免祸。

②**财运**：不急求售，终获利益。

③**家宅**：平稳持家。

④**身体**：谨慎走路。

九五。夬履，贞厉。

象曰：夬履贞厉。位正当也。

①**时运**：拨云见日，勿忘艰苦。

②**财运**：和衷共济，惜售有利。

③**家宅**：居安思危，可保平安。

④**身体**：由危转安。

上九。视履考祥，其旋元吉。

象曰：元吉在上，大有庆也。

①**时运**：晚运亨通，福寿双全。

②**财运**：往来经营，无不有利。

③**家宅**：积善之家才有余庆。

④**身体**：天年有限。

11. 泰卦 ䷊

泰。小往大来，吉亨。

象曰：天地交，泰。后以财成天地之道，辅相天地之宜，以左右民。

①**时运**：一切顺利，居安思危。

②**财运**：买卖均宜，买入较佳。

③**家宅**：盛但须防衰，婚嫁大吉。

④**身体**：运动合宜。

初九。拔茅，茹以其汇，征吉。

象曰：拔茅征吉，志在外也。

①**时运**：因人成事，逐步升迁。

②**财运**：合伙有成，货财会聚。

③**家宅**：团圆平安。

④**身体**：相约运动。

九二。包荒，用冯河，不遐遗，朋亡，得尚于中行。

象曰：包荒，得尚于中行，以光大也。

①**时运**：功名显达，海外亦宜。

②**财运**：行商有利，国际贸易。

③**家宅**：勿信仆从。

④**身体**：疾病难治。

九三。无平不陂，无往不复。艰贞无咎。勿恤其孚，于食有福。

象曰：无往不复，天地际也。

①**时运：**谨慎保守，逸乐亡身。

②**财运：**眼前失意，后有大利。

③**家宅：**谨守先业。

④**身体：**小孩没事，老人不吉。

六四 。翩翩不富以其邻，不戒以孚。

象曰：翩翩不富，皆失实也；不戒以孚，中心愿也。

①**时运：**朋友同心，诸事可谋。

②**财运：**外强中干，同业相助。

③**家宅：**亲友相助，暂时无虞。

④**身体：**不必担心。

六五 。帝乙归妹，以祉元吉。

象曰：以祉元吉，中以行愿也。

①**时运：**谦虚待人，万事皆吉。

②**财运：**国际贸易，甚为有利。

③**家宅：**有贤内助；远嫁远娶。

④**身体：**必得神佑。

上六 。城复于隍，勿用师。自邑告命，贞吝。

象曰：城复于隍，其命乱也。

①**时运：**谨慎自守，须防小人。

②**财运：**小试手气，等待时机。

③**家宅：**小心守业。

④**身体：**小心摔跤。

12. 否卦 ䷋

否。否之匪人。不利君子贞。大往小来。

象曰：天地不交，否。君子以俭德辟难，不可荣以禄。

①**时运**：诸事不顺，不可妄动。

②**财运**：适宜买入，后可获利。

③**家宅**：勤俭免祸；仳离之象。

④**身体**：气血不通，节制饮食。

初六。拔茅，茹以其汇，贞吉，亨。

象曰：拔茅贞吉，志在君也。

①**时运**：合伙谋事，家有吉祥。

②**财运**：新设商业，用人谨慎。

③**家宅**：亲戚同住，可以照应。

④**身体**：传染之症，但无大碍。

六二。包承。小人吉，大人否，亨。

象曰：大人否，亨，不乱群也。

①**时运**：宽容待人，万事皆吉。

②**财运**：买卖皆利，讼则上诉。

③**家宅**：老人有疾无害。

④**身体**：修身养性。

六三。包羞。

象曰：包羞，位不当也。

①**时运**：谨慎自守，以避羞辱。

②**财运**：用人不当，暗中损耗。

③**家宅**：行为不检，家门有羞。

④**身体**：寒中带热，远求良医。

九四。有命无咎，畴离祉。

象曰：有命无咎，志行也。

①**时运**：好运来到，谋事可成。

②**财运**：打定主意，转亏为盈。

③**家宅**：家运转吉。

④**身体**：体质尚强。

九五。休否，大人吉。其亡其亡，系于苞桑。

象曰：大人之吉，位正当也。

①**时运**：安不忘危，诸事皆吉。

②**财运**：机会尚佳，慎选伙伴。

③**家宅**：祖业深厚。

④**身体**：小心保养。

上九。倾否，先否后喜。

象曰：否终则倾，何可长也？

①**时运**：亨通如意，讼事可结。

②**财运**：秋冬有利，春夏不利。

③**家宅**：迁居大吉。

④**身体**：即可病愈，须防复发。

13. 同人卦 ䷌

同人。同人于野，亨。利涉大川，利君子贞。

象曰：天与火，同人。君子以类族辨物。

①**时运**：朋友支持，升迁顺利。

②**财运**：合资有利，可以进取。

③**家宅**：合家欢喜。

④**身体**：燥热之症，另求良医。

初九。同人于门，无咎。

象曰：出门同人，又谁咎也？

①**时运**：眼前平顺，外出经营。

②**财运**：不宜开店，可以行商。

③**家宅**：家人和睦。

④**身体**：避地调养，可以无碍。

六二。同人于宗，吝。

象曰：同人于宗，吝道也。

①**时运**：相忌者多，未能顺遂。

②**财运**：大宗买卖，留心出纳。

③**家宅**：长子之力，勤俭起家。

④**身体**：魂归宗庙，未可多言。

九三。伏戎于莽，升其高陵，三岁不兴。

象曰：伏戎于莽，敌刚也，三岁不兴，安行也。

①**时运**：潜心三年，再谋其事。

②**财运**：可开山林，三年获利。

③**家宅**：须防盗贼。

④**身体**：不良于行。

九四。乘其墉，弗克攻，吉。

　象曰：乘其墉，义弗克也，其吉，则困而反则也。

①**时运**：退守不动，反而吉祥。

②**财运**：守货不售，将可获利。

③**家宅**：修缮房屋围墙。

④**身体**：虽有凶险，终究无害。

九五。同人，先号咷而后笑，大师克相遇。

　象曰：同人之先，以中直也。大师相遇，言相克也。

①**时运**：辛苦有成，得偿心愿。

②**财运**：小有挫折，终有大利。

③**家宅**：不必惊惶，终于平安。

④**身体**：先危后安。

上九。同人于郊，无悔。

　象曰：同人于郊，志未得也。

①**时运**：闲散之地，诸事无碍。

②**财运**：郊外立业，暂时无利。

③**家宅**：平顺无灾。

④**身体**：恐无生机。

14. 大有卦 ䷍

大有。元亨。

　　象曰：火在天上，大有。君子以遏恶扬善，顺天休命。

　　①**时运**：亨通无比，大放异彩。

　　②**财运**：放手去做，财富自来。

　　③**家宅**：积善之家，子孙保之。

　　④**身体**：虚火上升，小心诊治。

初九。无交害，匪咎，艰则无咎。

　　象曰：大有初九，无交害也。

　　①**时运**：刻苦自勉，等待好运。

　　②**财运**：基业初创，慎始无害。

　　③**家宅**：新富可喜，值得珍惜。

　　④**身体**：健康无虞，讼事宜解。

九二。大车以载，有攸往，无咎。

　　象曰：大车以载，积中不败也。

　　①**时运**：正交好运，一路顺风。

　　②**财运**：国内国际，无不获利。

　　③**家宅**：可以乔迁。

　　④**身体**：出外就医，讼事得胜。

九三。公用亨于天子，小人弗克。

　　象曰：公用亨于天子，小人害也。

①**时运**：显荣之时，取贿必败。

②**财运**：名利并至，勿近小人。

③**家宅**：喜庆宴会，须防仆婢。

④**身体**：饮食小心，不可争讼。

九四。匪其彭，无咎。

象曰：匪其彭，无咎，明辨晰也。

①**时运**：持盈保泰，知足不辱。

②**财运**：利益已足，勿再贪求。

③**家宅**：荣美可观，满则招损。

④**身体**：膨胀之症。

六五。厥孚交如，威如，吉。

象曰：厥孚交如，信以发志也；威如之吉，易而无备也。

①**时运**：众人信服，晚运亨通。

②**财运**：人和为贵，富有不难。

③**家宅**：一家和睦，须防盗贼。

④**身体**：保持门面。

上九。自天佑之，吉无不利。

象曰：大有上吉，自天佑也。

①**时运**：一路好运，事皆吉祥。

②**财运**：百货畅达，自然获利。

③**家宅**：福庆满门。

④**身体**：得神庇佑，或即归天。

15. 谦卦 ䷎

谦：亨，君子有终。

象曰：地中有山，谦。君子以裒多益寡，称物平施。

①**时运**：眼前平顺，步步高升。

②**财运**：物价合理，利益保障。

③**家宅**：近山之居，合家平安。

④**身体**：内郁之症，放宽心胸。

初六。谦谦君子，用涉大川，吉。

象曰：谦谦君子，卑以自牧也。

①**时运**：不与人争，自可无难。

②**财运**：投资航业，有利可图。

③**家宅**：治家以德，平安和睦。

④**身体**：游泳健身。

六二。鸣谦，贞吉。

象曰：鸣谦贞吉，中心得也。

①**时运**：声名传开，颇为得意。

②**财运**：得人呼应，利益自来。

③**家宅**：家有恒产，亦有善名。

④**身体**：用心过劳之症。

九三。劳谦君子，有终，吉。

象曰：劳谦君子，万民服也。

①**时运**：劳苦有成，晚运亨通。

②**财运**：基业已成，永保利益。

③**家宅**：持盈保泰，安居乐业。

④**身体**：劳累过度，可能归天。

六四。无不利，撝谦。

象曰：无不利，撝谦，不违则也。

①**时运**：正当好运，诸事皆吉。

②**财运**：利益甚多，留些余地。

③**家宅**：谦和相处，自无不利。

④**身体**：多多散心，自可痊愈。

六五。不富以其邻，利用侵伐，无不利。

象曰：利用侵伐，征不服也。

①**时运**：振作自强，不可姑息。

②**财运**：防人分取，更生事端。

③**家宅**：择邻而处，守望相助；近邻议婚。

④**身体**：消热去火。

上六。鸣谦，利用行师，征邑国。

象曰：鸣谦，志未得也；可用行师，征邑国也。

①**时运**：大运已过，心意受阻。

②**财运**：有名无实，认真整顿。

③**家宅**：防范邪祟。

④**身体**：调养心志。

16. 豫卦 ䷏

豫。利建侯行师。

象曰：雷出地奋，豫。先王以作乐崇德，殷荐之上帝，以配祖考。

①**时运**：春雷发动，诸事吉祥。

②**财运**：新货上市，必有大利。

③**家宅**：祈神祭祖，可保平安。

④**身体**：祷告静心。

初六。鸣豫，凶。

象曰：初六鸣豫，志穷凶也。

①**时运**：得意忘形，致遭困境。

②**财运**：初可得利，切忌过贪。

③**家宅**：怪异之惊，应防凶险。

④**身体**：颇为不利。

六二。介于石，不终日，贞吉。

象曰：不终日，贞吉，以中正也。

①**时运**：人品高尚，不逐浮华。

②**财运**：自定其志，快速获利。

③**家宅**：严正持家，拒斥小人。

④**身体**：新病可愈，宿疾即亡。

六三。盱豫，悔。迟有悔。

象曰：盱豫有悔，位不当也。

①**时运**：本身不正，因而有悔。

②**财运**：稍纵即逝，快速得利。

③**家宅**：速防窃盗。

④**身体**：立即就医。

九四。由豫，大有得，勿疑，朋盍簪。

象曰：由豫大有得。志大行也。

①**时运**：大运正行，不必担心。

②**财运**：众货聚集，大有利市。

③**家宅**：得福有财。

④**身体**：不必担心。

六五。贞疾，恒不死。

象曰：六五贞疾，乘刚也。恒不死，中未亡也。

①**时运**：性格柔弱，难以振作。

②**财运**：用人不当，致生损失。

③**家宅**：恐被侵占。

④**身体**：带病延年。

上六。冥豫，成有渝，无咎。

象曰：冥豫在上，何可长也？

①**时运**：冬去春来，奋发有为。

②**财运**：改旧从新，将可获利。

③**家宅**：迁居改造为宜。

④**身体**：应有转机。

17. 随卦 ䷐

随。元亨，利贞，无咎。

象曰：泽中有雷，随。君子以向晦入宴息。

①**时运**：明年远行，五年方展。

②**财运**：堆积存货，明春有利。

③**家宅**：防止惊惧。

④**身体**：休养为宜；牢狱之灾。

初九。官有渝，贞吉。出门交有功。

象曰：官有渝，从正吉也；出门交有功，不失也。

①**时运**：交运之时，利于变动。

②**财运**：货物外售，可以得利。

③**家宅**：装修迁居。

④**身体**：改变用药，远方求医。

六二。系小子，失丈夫。

象曰：系小子，弗兼与也。

①**时运**：形势颠倒，最好谨慎。

②**财运**：贪小失大，显然不利。

③**家宅**：家主受累；婚嫁不妥。

④**身体**：顾此失彼。

六三。系丈夫，失小子。随有求，得，利居贞。

象曰：系丈夫，志舍下也。

①**时运**：求财求名，皆为正运。

②**财运**：小往大来，利益可期。

③**家宅**：积蓄有成，关心子女。

④**身体**：大人无妨，小孩不利。

九四。随有获，贞凶。有孚，在道以明，何咎？

象曰：随有获，其义凶也。有孚在道，明功也。

①**时运**：吉凶互见，明年吉祥。

②**财运**：虽有获利，小心意外。

③**家宅**：置屋不宜。

④**身体**：先凶后吉。

九五。孚于嘉，吉。

象曰：孚于嘉吉，位正中也。

①**时运**：正当好运，诸事皆吉。

②**财运**：货物上品，得利不少。

③**家宅**：积善之家；婚嫁可喜。

④**身体**：无须担心。

上六。拘系之，乃从维之；王用亨于西山。

象曰：拘系之，上穷也。

①**时运**：困难重重，难以如意。

②**财运**：稳扎稳打，未能伸展。

③**家宅**：家人抱怨；嫁娶有缘。

④**身体**：诚心祷告；可能归魂。

18. 蛊卦 ䷑

蛊。元亨，利涉大川。先甲三日，后甲三日。

　　象曰：山下有风，蛊。君子以振民育德。

　　①时运：力图振作，可改旧观。

　　②财运：不宜堆积，应即贩卖。

　　③家宅：整顿家风；恐有私情；生育不顺。

　　④身体：蛊毒之症，小心咒诅。

初六。干父之蛊，有子，考无咎。厉，终吉。

　　象曰：干父之蛊，意承考也。

　　①时运：克勤克俭，前途光明。

　　②财运：重整旧业，可以得利。

　　③家宅：改造旧宅；婚嫁可喜。

　　④身体：初无大碍，无子不利。

九二。干母之蛊，不可贞。

　　象曰：干母之蛊，得中道也。

　　①时运：顺势而行，不可草率。

　　②财运：旧债积弊，缓和处理。

　　③家宅：母系擅权，忍耐协调；可得佳妇。

　　④身体：大人寒症，小孩补气。

九三。干父之蛊，小有悔，无大咎。

　　象曰：干父之蛊，终无咎也。

①**时运**：痛改前非，仍有未来。

②**财运**：重立旧业，小损大利。

③**家宅**：改造住宅。

④**身体**：应可痊愈。

六四。裕父之蛊，往见吝。

象曰：裕父之蛊，往未得也。

①**时运**：不可因循，否则自误。

②**财运**：未能除弊，难以获利。

③**家宅**：父业难保。

④**身体**：急救内患，以免不治。

六五。干父之蛊，用誉。

象曰：干父之蛊，承以德也。

①**时运**：自行振作，仍可扬名。

②**财运**：改善旧业，仍然有利。

③**家宅**：努力兴家；嫁娶高亲。

④**身体**：应觅名医。

上九。不事王侯，高尚其事。

象曰：不事王侯，志可则也。

①**时运**：以退为进，较为有利。

②**财运**：不必急售，获利可期。

③**家宅**：住在高处；良缘天成。

④**身体**：大限将至，安其天年。

19.临卦 ䷒

临。元亨利贞。至于八月有凶。

象曰：泽上有地，临。君子以教思无穷，容保民无疆。

①时运：活水流行，好运方来。

②财运：经营有成，获利可期。

③家宅：家业正旺；两姓和合。

④身体：疾病拖延，不致危险。

初九。咸临，贞吉。

象曰：咸临贞吉，志行正也。

①时运：初交好运，守正大吉。

②财运：新货推出，自然获利。

③家宅：吉事临门；佳偶可成。

④身体：初起之病，可保治愈。

九二。咸临，吉，无不利。

象曰：咸临，吉无不利，未顺命也。

①时运：贵人相助，运气正佳。

②财运：一再经营，依然获利。

③家宅：福星高照；婚嫁亦吉。

④身体：并无大碍；讼事未决。

六三。甘临，无攸利。既忧之，无咎。

象曰：甘临，位不当也。既忧之，咎不长也。

①**时运**：知悔改正，后运可期。

②**财运**：糖业有利，其余未必。

③**家宅**：迁徙为宜；婚姻不合。

④**身体**：药不对症，可服苦辛。

六四。至临，无咎。

象曰：至临无咎，位当也。

①**时运**：好运已到，有吉无凶。

②**财运**：买卖得时，无往不利。

③**家宅**：家业正旺；婚嫁合宜。

④**身体**：危险之至，但仍可愈。

六五。知临，大君之宜，吉。

象曰：大君之宜，行中之谓也。

①**时运**：正当好运，又有人助。

②**财运**：了解商情，当然有利。

③**家宅**：五福临门；宜室宜家。

④**身体**：良医诊治，自然可愈。

上六。敦临，吉，无咎。

象曰：敦临之吉，志在内也。

①**时运**：好运已止，忠厚无咎。

②**财运**：贩卖内地，尚有利益。

③**家宅**：忠厚肃穆。

④**身体**：培养元气，自然健康。

20. 观卦 ䷓

观。盥而不荐，有孚颙若。

象曰：风行地上，观。先王以省方观民设教。

①**时运**：出外游览，不易闲居。

②**财运**：贩卖洋货，须防风险。

③**家宅**：供养神佛。

④**身体**：风湿之症，运动调养。

初六。童观，小人无咎，君子吝。

象曰：初六童观，小人道也。

①**时运**：初运未佳，但无大碍。

②**财运**：初登场面，小作即可。

③**家宅**：小心童仆；自由结亲。

④**身体**：小孩没事，大人不利。

六二。窥观，利女贞。

象曰：窥观女贞，亦可丑也。

①**时运**：最好退守，女性有利。

②**财运**：蚕丝有利，余皆不宜。

③**家宅**：妇女主家。

④**身体**：阴寒之症，可愈。

六三。观我生，进退。

象曰：观我生进退，未失道也。

①**时运**：度德量力，少安毋躁。

②**财运**：随买随卖，不致有失。

③**家宅**：守住旧债。

④**身体**：安心静养，可保平安。

六四。观国之光，利用宾于王。

象曰：观国之光，尚宾也。

①**时运**：正当好运，名胜于利。

②**财运**：国际贸易，有利有名。

③**家宅**：喜事临门。

④**身体**：多加小心。

九五。观我生，君子无咎。

象曰：观我生，观民也。

①**时运**：直道而行，无往不利。

②**财运**：我来决定，必可得利。

③**家宅**：我来建宅。

④**身体**：平安无碍。

上九。观其生，君子无咎。

象曰：观其生，志未平也。

①**时运**：大运已过，自省无碍。

②**财运**：买到存货，有利可图。

③**家宅**：老宅生息。

④**身体**：来日无多。

21. 噬嗑卦 ䷔

噬嗑。亨。利用狱。

象曰：雷电噬嗑。先王以明罚敕法。

① **时运**：好运初动，声名直上。

② **财运**：买卖皆成，货物畅销。

③ **家宅**：小心火灾；百年好合。

④ **身体**：须防郁热；失物不保。

初九。屦校灭趾，无咎。

象曰：屦校灭趾，不行也。

① **时运**：须防小灾，慎免大患。

② **财运**：谨慎交易，避开木业。

③ **家宅**：兴工改造；婚嫁不宜。

④ **身体**：足病初发，宜早医治。

六二。噬肤灭鼻，无咎。

象曰：噬肤灭鼻，乘刚也。

① **时运**：才力尚浅，须借人助。

② **财运**：暂时保存，待价出手。

③ **家宅**：老宅不利；婚嫁兴家。

④ **身体**：肌肤有病，小心深入。

六三。噬腊肉，遇毒。小吝，无咎。

象曰：遇毒，位不当也。

①**时运**：气运不佳，反遭人怨。

②**财运**：处置不当，反受损失。

③**家宅**：小有不安。

④**身体**：药不对症，幸无大碍。

九四。噬干胏，得金矢。利艰贞，吉。

象曰：利艰贞吉，未光也。

①**时运**：改旧促新，万事皆吉。

②**财运**：小本大利，自然可喜。

③**家宅**：保家有道；婚嫁勤俭。

④**身体**：难治之症，宜多调养。

六五。噬干肉，得黄金。贞厉，无咎。

象曰：贞厉无咎，得当也。

①**时运**：正当行运，无不如意。

②**财运**：上品货物，自然得利。

③**家宅**：方位合宜。

④**身体**：忌食肉类，小心调养。

上九。何校灭耳，凶。

象曰：何校灭耳，聪不明也。

①**时运**：柔和处世，可保无虞。

②**财运**：得利即止，可无大损。

③**家宅**：须防意外。

④**身体**：眼耳之疾；保养头部。

22. 贲卦 ䷕

贲。亨。小利有攸往。

象曰：山下有火，贲。君子以明庶政，无敢折狱。

①**时运**：上有阻力，不可任意。

②**财运**：经理精明，须防套牢。

③**家宅**：小心火灾。

④**身体**：郁火上升，慎用寒剂。

初九。贲其趾，舍车而徒。

象曰：舍车而徒，义弗乘也。

①**时运**：个性清高，德优于名。

②**财运**：脚踏实地，虽小亦亨。

③**家宅**：勤俭起家，知足不辱。

④**身体**：初起之病，自可痊愈。

六二。贲其须。

象曰：贲其须，与上兴也。

①**时运**：平平淡淡，依人成事。

②**财运**：配合富商，必可获利。

③**家宅**：祖上福泽；婚嫁宜待。

④**身体**：遵照医嘱。

九三。贲如，濡如，永贞吉。

象曰：永贞之吉，终莫之陵也。

①**时运**：名利双收，光华润泽。

②**财运**：财源如水，可保基业。

③**家宅**：可以久居；百年偕老。

④**身体**：游泳健身。

六四。贲如，皤如，白马翰如，匪寇婚媾。

象曰：六四当位疑也。匪寇婚媾，终无尤也。

①**时运**：安分则吉，明年亨通。

②**财运**：早些售出，获利了结。

③**家宅**：先有丧事，后有婚事。

④**身体**：胸中气阻，调节上下。

六五。贲于丘园，束帛戋戋。吝，终吉。

象曰：六五之吉，有喜也。

①**时运**：虽为正运，勤俭为宜。

②**财运**：木材丝绸，皆可获利。

③**家宅**：家风勤俭；贤妇可喜。

④**身体**：园林修养。

上九。白贲，无咎。

象曰：白贲无咎，上得志也。

①**时运**：好运已终，恬淡自适。

②**财运**：直接出售，依然有利。

③**家宅**：清白高尚。

④**身体**：清淡解热；可能归天。

23. 剥卦 ䷖

剥。不利有攸往。

象曰：山附于地，剥。上以厚下安宅。

①**时运**：时运不佳，安心自守。

②**财运**：出口获利，剥人之财。

③**家宅**：不离己宅，寄居可买。

④**身体**：魂不附体，千万小心。

初六。剥床以足，蔑贞，凶。

象曰：剥床以足，以灭下也。

①**时运**：命当剥削，防有足疾。

②**财运**：底部有损，减少损失。

③**家宅**：基础不稳，防备下人。

④**身体**：足部有伤，小心诊治。

六二。剥床以辨，蔑贞，凶。

象曰：剥床以辨，未有与也。

①**时运**：日益低落，哑子黄连。

②**财运**：成本堆积，难以获利。

③**家宅**：宜速变迁。

④**身体**：卧床待医，防其不起。

六三。剥之，无咎。

象曰：剥之无咎，失上下也。

①**时运**：运虽不正，尚能自反。

②**财运**：自行脱售，因而得利。

③**家宅**：旧宅改造。

④**身体**：消除火气。

六四。剥床以肤，凶。

象曰：剥床以肤，切近灾也。

①**时运**：显然不佳，须防受伤。

②**财运**：剥耗过多，意外之祸。

③**家宅**：破败防塌。

④**身体**：颇为凶险。

六五。贯鱼，以宫人宠，无不利。

象曰：以宫人宠，终无尤也。

①**时运**：气运堂皇，事无不利。

②**财运**：利润甚丰，海产犹佳。

③**家宅**：妇女持家。

④**身体**：内亏之症，爱惜身体。

上九。硕果不食，君子得舆，小人剥庐。

象曰：君子得舆，民所载也；小人剥庐，终不可用也。

①**时运**：眼前衰落，一年方起。

②**财运**：卖出尚可，买入必剥。

③**家宅**：忠厚可保，刻薄无屋。

④**身体**：饮食不进，小心调养。

24. 复卦 ䷗

复。亨。出入无疾，朋来无咎。反复其道，七日来复，利有攸往。

　　象曰：雷在地中，复。先王以至日闭关，商旅不行，后不省方。

　　①**时运**：好运初来，静待发动。

　　②**财运**：暂停售物，必可获利。

　　③**家宅**：待春再迁；婚嫁初春可成。

　　④**身体**：有痰上火，冬令宜防。

初九。不远复，无祗悔，元吉。

　　象曰：不远之复，以修身也。

　　①**时运**：好运渐起，一切顺利。

　　②**财运**：赚回所损，不必懊恼。

　　③**家宅**：旧业复兴；婚嫁又成。

　　④**身体**：静养可复。

六二。休复，吉。

　　象曰：休复之吉，以下仁也。

　　①**时运**：择善而从，万事皆吉。

　　②**财运**：与人共利，事业兴旺。

　　③**家宅**：和睦兴家。

　　④**身体**：再请旧医。

六三。频复，厉，无咎。

象曰：频复之厉，义无咎也。

①**时运**：时好时坏，自己把握。

②**财运**：有盈有亏，全在自己。

③**家宅**：迁移不定。

④**身体**：身体屡治屡发，虽危无害。

六四。中行独复。

象曰：中行独复，以从道也。

①**时运**：虽想振作，力有未逮。

②**财运**：谋划虽精，资本不足。

③**家宅**：女多男少；宜从前媒。

④**身体**：宜从初治之医。

六五。敦复，无悔。

象曰：敦复无悔，中以自考也。

①**时运**：宽厚处之，有功无悔。

②**财运**：资本充足，来回获利。

③**家宅**：光大祖业。

④**身体**：精气皆老，不必过虑。

上六。迷复，凶。有灾眚。用行师，终有大败，以其国君凶，至于十年不克征。

象曰：迷复之凶，反君道也。

①**时运**：做事乖张，谨慎免祸。

②**财运**：诸事不顺，难以复业。

③**家宅**：居者不利。

④**身体**：难以保全。

25. 无妄卦 ䷘

无妄。元亨利贞。其匪正有眚,不利有攸往。

象曰:天下雷行,物与无妄。先王以茂对时,育万物。

①**时运**:正当好运,诸事皆宜。

②**财运**:货到财来,自然开心。

③**家宅**:屋运甚旺;门当户对。

④**身体**:保持运动,自可消化。

初九。无妄,往吉。

象曰:无妄之往,得志也。

①**时运**:株守不宜,出而有为。

②**财运**:行商有利,坐贾不宜。

③**家宅**:迁居为宜;婿可入赘。

④**身体**:出外就医。

六二。不耕获,不菑畲,则利有攸往。

象曰:不耕获,未富也。

①**时运**:适得正运,意外之财。

②**财运**:不谋而获,大利到手。

③**家宅**:承继家产;招赘之亲。

④**身体**:自然痊愈。

六三。无妄之灾。或系之牛,行人之得,邑人之灾。

象曰:行人得牛,邑人灾也。

①**时运**：尴尬之期，小心意外。

②**财运**：防备别人，以免耗财。

③**家宅**：外人侵占；远人结亲。

④**身体**：外人传染，小心防治。

九四。可贞，无咎。

象曰：可贞无咎，固有之也。

①**时运**：气运平顺，妄动有咎。

②**财运**：坚守旧业，可以获利。

③**家宅**：保持祖业。

④**身体**：安静调养，下月可愈。

九五。无妄之疾，勿药有喜。

象曰：无妄之药，不可试也。

①**时运**：气运正好，不必介意。

②**财运**：不忧物价，心平气和。

③**家宅**：防备倾倒。

④**身体**：不必担心。

上九。无妄，行有眚，无攸利。

象曰：无妄之行，穷之灾也。

①**时运**：好运已终，不可妄动。

②**财运**：暂时静守，勿再投资。

③**家宅**：慎勿迁移。

④**身体**：年老颐养。

26. 大畜卦 ䷙

大畜。利贞，不家食，吉。利涉大川。

象曰：天在山中，大畜。君子以多识前言往行，以畜其德。

①时运：守静二年，方可展运。

②财运：暂时株守，良机必至。

③家宅：家业日隆；婚姻大吉。

④身体：健康有力。

初九。有厉，利已。

象曰：有厉利已，不犯灾也。

①时运：采取守势，等待援兵。

②财运：等待帮手，方可获利。

③家宅：屋宅忌高；夫顺妻吉。

④身体：有病无虞。

九二。舆说輹。

象曰：舆说輹，中无尤也。

①时运：以退为进，可保无患。

②财运：早些脱手，减少损失。

③家宅：谨慎守业；贵婿大吉。

④身体：腹痛难愈，但无大碍。

九三。良马逐，利艰贞。日闲舆卫，利有攸往。

象曰：利有攸往，上合志也。

①**时运**：临事而惧，马到成功。

②**财运**：买卖合宜，有利可图。

③**家宅**：勤俭兴家；男女合志。

④**身体**：谨慎调养，可保无碍。

六四。童牛之牿，元吉。

象曰：六四元吉，有喜也。

①**时运**：得人赏识，可以升迁。

②**财运**：新货到手，蓄积有利。

③**家宅**：新居有路；少年联姻。

④**身体**：防小儿病。

六五。豮豕之牙，吉。

象曰：六五之吉，有庆也。

①**时运**：不可躁进，定而后动。

②**财运**：得人支持，买卖有利。

③**家宅**：住屋风水；婚姻合宜。

④**身体**：调养节制。

上九。何天之衢，亨。

象曰：何天之衢，道大行也。

①**时运**：青云直上，可喜可贺。

②**财运**：毫无阻碍，大获其利。

③**家宅**：道旁吉宅；天作之合。

④**身体**：健康平安。

27. 颐卦 ䷚

颐。贞吉。观颐，自求口实。

象曰：山下有雷，颐。君子以慎言语，节饮食。

①**时运**：生机显达，谨言慎行。

②**财运**：内外升降，未必流通。

③**家宅**：小心防火；贤妇从夫。

④**身体**：上寒下热，五日乃愈。

初九。舍尔灵龟，观我朵颐，凶。

象曰：观我朵颐，亦不足贵也。

①**时运**：舍己观人，徒慕虚名。

②**财运**：经营不顺，别人获利。

③**家宅**：六神无主；婚姻不谐。

④**身体**：饮食致病。

六二。颠颐，拂经；于丘颐，征凶。

象曰：六二征凶，行失类也。

①**时运**：侥幸得成，终究是凶。

②**财运**：不合常理，难免耗损。

③**家宅**：未得其正；妇道可议。

④**身体**：头昏眼花，小心调养。

六三。拂颐，贞凶。十年勿用，无攸利。

象曰：十年勿用，道大悖也。

①**时运**：无路可走，闭门思过。

②**财运**：久难成事，无利可图。

③**家宅**：家宅不安；十年方婚。

④**身体**：痼疾难治。

六四。颠颐，吉。虎视眈眈，其欲逐逐，无咎。

象曰：颠颐之吉，上施光也。

①**时运**：养精蓄锐，可图功名。

②**财运**：看清市场，买卖获利。

③**家宅**：尚可称正。

④**身体**：少欲则安。

六五。拂经，居贞吉，不可涉大川。

象曰：居贞之吉，顺以从上也。

①**时运**：固守为宜，急进难成。

②**财运**：行商不利，可以坐贾。

③**家宅**：山居较宜；从一为吉。

④**身体**：安居静养，劳累难治。

上九。由颐，厉吉。利涉大川。

象曰：由颐厉吉，大有庆也。

①**时运**：谨慎努力，可以成功。

②**财运**：辛苦经营，才有收获。

③**家宅**：合家平安。

④**身体**：虽危无碍。

28. 大过卦 ䷛

大过。栋桡。利有攸往，亨。

　　象曰：泽灭木，大过。君子以独立不惧，遁世无闷。

　　①**时运**：收敛自省，未可求名。

　　②**财运**：低价高涨，不易把握。

　　③**家宅**：防止倾斜；老少配婚。

　　④**身体**：肝肾皆累，不易治好。

初六。藉用白茅，无咎。

　　象曰：藉用白茅，柔在下也。

　　①**时运**：宽柔待人，一起成功。

　　②**财运**：柔白之货，可以获利。

　　③**家宅**：环境荒芜。

　　④**身体**：病体柔弱，温燥之药。

九二。枯杨生稊，老夫得其女妻，无不利。

　　象曰：老夫女妻，过以相与也。

　　①**时运**：晚年成名，反败为胜。

　　②**财运**：林木生意，应可获利。

　　③**家宅**：枯树开花；老夫少妻，得以生育。

　　④**身体**：虽危得安。

九三。栋桡，凶。

　　象曰：栋桡之凶，不可以有辅也。

①**时运**：刚愎自用，虽成终败。

②**财运**：只靠自己，人财两失。

③**家宅**：栋折难居；婚姻不利。

④**身体**：恐有不测。

九四。栋隆，吉。有它吝。

象曰：栋隆之吉，不桡乎下也。

①**时运**：可担大任，勿图小事。

②**财运**：木材生意，可以得利。

③**家宅**：门户宏伟。

④**身体**：胸胀无碍。

九五。枯杨生华，老妇得其士夫，无咎无誉。

象曰：枯杨生华，何可久也。老妇士夫，亦可丑也。

①**时运**：晚年得意，求其平顺。

②**财运**：小心多情，名利皆失。

③**家宅**：闺房不正；女大男小。

④**身体**：不好不坏。

上六。过涉灭顶，凶，无咎。

象曰：过涉之凶，不可咎也。

①**时运**：下过苦工，赢得声名。

②**财运**：出货谨慎，以免失利。

③**家宅**：小心水灾。

④**身体**：颜面浮肿，可能难治。

29. 习坎卦 ䷜

习坎。有孚，维心亨。行有尚。

　　象曰：水洊至，习坎。君子以常德行，习教事。

　　①**时运**：逐步升迁，随时防患。

　　②**财运**：财如流水，商运亨通。

　　③**家宅**：邻居营造；亲上加亲。

　　④**身体**：水泻之症，虔心祷告。

初六。习坎，入于坎窞。凶。

　　象曰：习坎入坎，失道凶也。

　　①**时运**：侥幸求名，反而受损。

　　②**财运**：贩卖失利，有去无回。

　　③**家宅**：不安之屋；婚姻小心。

　　④**身体**：求医失当，情况危急。

九二。坎有险，求小得。

　　象曰：求小得，未出中也。

　　①**时运**：小试有利，不可图大。

　　②**财运**：小心经营，可有小利。

　　③**家宅**：防止河岸。

　　④**身体**：医治有效，但难全好。

六三。来之坎坎，险且枕，入于坎窞，勿用。

　　象曰：来之坎坎，终无功也。

①**时运**：守住困穷，以待未来。

②**财运**：航行受阻，暂时守成。

③**家宅**：填满坎陷；求婚不成。

④**身体**：不宜过劳。

六四 。樽酒簋贰，用缶，纳约自牖，终无咎。

象曰：樽酒簋贰，刚柔际也。

①**时运**：春风得意，欢宴嘉宾。

②**财运**：造酒之业，颇为顺利。

③**家宅**：节俭持家；婚姻吉祥。

④**身体**：最好祷告。

九五 。坎不盈，祇既平。无咎。

象曰：坎不盈，中未大也。

①**时运**：不可自大，功名有限。

②**财运**：不谈近利，考虑长远。

③**家宅**：景观可喜；门当户对。

④**身体**：平心静气。

上六 。系用徽纆，寘于丛棘，三岁不得，凶。

象曰：上六失道，凶三岁也。

①**时运**：意外之灾，小心牢狱。

②**财运**：纺织生意，三年有成。

③**家宅**：整修家园；良缘须待三年。

④**身体**：不易动弹，安心静养。

30. 离卦 ䷝

离。利贞，亨。畜牝牛，吉。

　　象曰：明两作，离。大人以继明照四方。

　　①**时运**：努力修德，前途光明。

　　②**财运**：与火有关，皆有所得。

　　③**家宅**：贵人之屋；可得继室。

　　④**身体**：热病严重，小心大去。

初九。履错然，敬之，无咎。

　　象曰：履错之敬，以辟咎也。

　　①**时运**：临事而惧，得助而成。

　　②**财运**：暂无大利，但可无咎。

　　③**家宅**：大道之旁。

　　④**身体**：走路小心。

六二。黄离，元吉。

　　象曰：黄离元吉，得中道也。

　　①**时运**：文明在外，功名必显。

　　②**财运**：利在土木，中规中矩。

　　③**家宅**：振起家声；可成佳偶。

　　④**身体**：郁热之症。

九三。日昃之离。不鼓缶而歌，则大耋之嗟，凶。

　　象曰：日昃之离，何可久也。

①**时运**：老大无成，心思涣散。

②**财运**：留连夜市，必伤正业。

③**家宅**：老人不安；难望偕老。

④**身体**：早睡早起。

九四。突如其来如，焚如，死如，弃如。

象曰：突如其来如，无所容也。

①**时运**：为免灾祸，不如隐退。

②**财运**：人财两亡，小心避开。

③**家宅**：逆子之罪；婚姻不吉。

④**身体**：命在危局。

六五。出涕沱若，戚嗟若，吉。

象曰：六五之吉，离王公也。

①**时运**：位高权重，慎谋能断。

②**财运**：辛苦经营，公家生意。

③**家宅**：婚事主贵，先泣后笑。

④**身体**：又哭又叹，但仍无妨。

上九。王用出征，有嘉。折首，获匪其丑，无咎。

象曰：王用出征，以正邦也。

①**时运**：与人为善，必受重用。

②**财运**：上等货品，才可获利。

③**家宅**：旅行在外。

④**身体**：可能归天。

31. 咸卦 ䷞

咸。亨，利贞。取女吉。

象曰：山上有泽，咸。君子以虚受人。

①**时运**：谦虚待人，可保功名。

②**财运**：转运贩卖，必可图利。

③**家宅**：知其所止；两姓和好。

④**身体**：虚弱宜补。

初六。咸其拇。

象曰：咸其拇，志在外也。

①**时运**：捷足先登，一举成名。

②**财运**：货物已办，尚未发行。

③**家宅**：迁居外地；结亲之始。

④**身体**：足疾医治。

六二。咸其腓，凶，居吉。

象曰：虽凶居吉，顺不害也。

①**时运**：退守为要，依人成事。

②**财运**：不宜行商，可以坐贾。

③**家宅**：婚事有变，顺守则吉。

④**身体**：无法步行。

九三。咸其股，执其随，往吝。

象曰：咸其股，亦不处也。志在随人，所执下也。

①**时运**：最好退守，声名不彰。

②**财运**：合资困难，主事不力。

③**家宅**：随人他迁不宜；所适非佳偶。

④**身体**：勿陷情欲。

九四。贞吉悔亡，憧憧往来，朋从尔思。

象曰：贞吉悔亡，未感害也。憧憧往来，未光大也。

①**时运**：功名显达，不正则恶。

②**财运**：见利忘义，争夺不休。

③**家宅**：谨慎交际；须防不贞。

④**身体**：心神恍惚，最好静养。

九五。咸其脢，无悔。

象曰：咸其脢，志末也。

①**时运**：所求未成，稍待时日。

②**财运**：已有感应，不必担心。

③**家宅**：可保平安。

④**身体**：有病将愈，且可增寿。

上六。咸其辅、颊、舌。

象曰：咸其辅颊舌，滕口说也。

①**时运**：口才过人，心存正直。

②**财运**：口舌之祸，不可不慎。

③**家宅**：口角之争；媒人夸张。

④**身体**：胡言乱语，祷之求安。

32. 恒卦 ䷟

恒。亨，无咎，利贞。利有攸往。

　　象曰：雷风恒。君子以立不易方。

　　①**时运**：努力耕耘，不可躁进。

　　②**财运**：贸易之地，不可更改。

　　③**家宅**：方向不改；百年好合。

　　④**身体**：气喘有痰，仍服旧方。

初六。浚恒，贞凶，无攸利。

　　象曰：浚恒之凶，始求深也。

　　①**时运**：安分知足，求荣反辱。

　　②**财运**：得利即售，勿贪高价。

　　③**家宅**：华丽难久；勿求攀结。

　　④**身体**：运动伤害，操之过急。

九二。悔亡。

　　象曰：九二悔亡，能久中也。

　　①**时运**：稳住阵脚，可以免祸。

　　②**财运**：苦撑待变，将可回本。

　　③**家宅**：位置不利，须待十年。

　　④**身体**：尚称平顺。

九三。不恒其德，或承之羞，贞吝。

　　象曰：不恒其德，无所容也。

①**时运**：三心二意，如何成功。

②**财运**：没有恒业，难以获利。

③**家宅**：不利久居；难以偕老。

④**身体**：运动无恒，如何健康。

九四。田无禽。

象曰：久非其位，安得禽也？

①**时运**：不得正位，徒劳无功。

②**财运**：地方不对，如何有利。

③**家宅**：方位不利；配偶不和。

④**身体**：服药谨慎。

六五。恒其德，贞。妇人吉，夫子凶。

象曰：妇人贞吉，从一而终也。夫子制义，从妇凶也。

①**时运**：迷恋感情，因小失大。

②**财运**：只见小利，如何致富。

③**家宅**：女强男弱；女占喜，男占凶。

④**身体**：男女异命。

上六。振恒，凶。

象曰：振恒在上，大无功也。

①**时运**：功名已尽，不可妄动。

②**财运**：不愿结算，无利可言。

③**家宅**：旧宅不改；再娶必凶。

④**身体**：小心保养。

33. 遁卦 ䷠

遁。亨。小利贞。

> 象曰：天下有山，遁。君子以远小人，不恶而严。

①**时运**：最好退隐，君子有吉。

②**财运**：物价涨跌，相去甚远。

③**家宅**：须防作祟；婚姻不宜。

④**身体**：避居吉地。

初六。遁尾，厉。勿用有攸往。

> 象曰：遁尾之厉，不往何灾也？

①**时运**：深藏不露，不会有难。

②**财运**：全部出手，可以免灾。

③**家宅**：早迁为宜；婚姻不合。

④**身体**：走路小心。

六二。执之用黄牛之革，莫之胜说。

> 象曰：执用黄牛，固志也。

①**时运**：虽有才华，功名难望。

②**财运**：守住本金，脱售不及。

③**家宅**：迁移有利；退婚不易。

④**身体**：运动有恒。

九三。系遁，有疾厉。畜臣妾，吉。

> 象曰：系遁之厉，有疾惫也；畜臣妾吉，不可大事也。

①**时运**：急流勇退，可保无害。

②**财运**：当售即售，久留必损。

③**家宅**：急速迁移；娶妻不利。

④**身体**：纵欲伤身。

九四。好遁，君子吉，小人否。

象曰：君子好遁，小人否也。

①**时运**：君子正名，小人盗名。

②**财运**：出货得利，不必迟疑。

③**家宅**：隐居为宜；离婚之忧。

④**身体**：大人可治，小孩危险。

九五。嘉遁，贞吉。

象曰：嘉遁贞吉，以正志也。

①**时运**：功成身退，值得嘉许。

②**财运**：应变得宜，仍可获利。

③**家宅**：高风可尚；志同为婚。

④**身体**：避开阴邪。

上九。肥遁，无不利。

象曰：肥遁无不利，无所疑也。

①**时运**：乐天知命，安享天年。

②**财运**：人弃我取，退可得利。

③**家宅**：利于求财；私奔之虞。

④**身体**：过胖虚脱。

34. 大壮卦 ䷡

大壮。利贞。

象曰：雷在天上，大壮。君子以非礼弗履。

①**时运**：成名不难，不可骄傲。

②**财运**：得价即售，不可过贪。

③**家宅**：小心防火；相敬如宾。

④**身体**：保养脚部。

初九。壮于趾，征凶，有孚。

象曰：壮于趾，其孚穷也。

①**时运**：有勇无谋，功名必卑。

②**财运**：不能慎思，必遭损失。

③**家宅**：不可迁移；防女足疾。

④**身体**：慎择良医。

九二。贞吉。

象曰：九二贞吉，以中也。

①**时运**：中庸处世，受到肯定。

②**财运**：货价合宜，自然获利。

③**家宅**：地位适中；婚姻吉祥。

④**身体**：滋补得宜。

九三。小人用壮，君子用罔，贞厉。羝羊触藩，羸其角。

象曰：小人用壮，君子罔也。

①**时运**：临事而惧，谦退受益。

②**财运**：不必垄断，否则大耗。

③**家宅**：过高易震；夫妻反目。

④**身体**：血气过刚，防有不测。

九四。贞吉悔亡，藩决不羸，壮于大舆之輹。

象曰：藩决不羸，尚往也。

①**时运**：前途无阻，功名亦显。

②**财运**：满载而归，何乐不为。

③**家宅**：赶快整修；不是佳偶。

④**身体**：恐有不测。

六五。丧羊于易，无悔。

象曰：丧羊于易，位不当也。

①**时运**：亡羊补牢，晚年有望。

②**财运**：恐有小失，尚无大碍。

③**家宅**：不宜畜牧；婚礼不成。

④**身体**：不吉之象。

上六。羝羊触藩，不能退，不能遂，无攸利。艰则吉。

象曰：不能退，不能遂，不详也；艰则吉，咎不长也。

①**时运**：早些退休，以免后悔。

②**财运**：原想发财，难以保本。

③**家宅**：艰难自守；先苦后乐。

④**身体**：进退两难。

35. 晋卦 ䷢

晋。康侯用锡马蕃庶，昼日三接。

象曰：明出地上，晋。君子以自昭明德。

①时运：好运新来，步步高升。

②财运：光亮之业，最有利润。

③家宅：阳光之屋。

④身体：自知之明。

初六。晋如，摧如，贞吉。罔孚，裕，无咎。

象曰：晋如摧如，独行正也。裕无咎，未受命也。

①时运：耐心等待，不必急进。

②财运：稍待时日，可获大利。

③家宅：吉屋可居；婚姻缓成。

④身体：宽心解怀。

六二。晋如，愁如，贞吉。受兹介福，于其王母。

象曰：受兹介福，以中正也。

①时运：所求多阻，守正必亨。

②财运：守住低潮，自然受福。

③家宅：迁居与老人同住；婚姻稍待。

④身体：多听老人言。

六三。众允，悔亡。

象曰：众允之志，上行也。

①**时运**：众人悦服，自无懊恼。

②**财运**：双方和睦，买卖皆利。

③**家宅**：气氛和谐；两性融洽。

④**身体**：团体运动；讼事调解。

九四。晋如鼫鼠，贞厉。

象曰：鼫鼠贞厉，位不当也。

①**时运**：守正为宜，耍诈必凶。

②**财运**：贪财必败，见好就收。

③**家宅**：耗失过多；婚姻不正。

④**身体**：疥疮或呕血，皆危。

六五。悔亡，失得勿恤，往吉，无不利。

象曰：失得勿恤，往有庆也。

①**时运**：灾去福来，无意得之。

②**财运**：前有小失，今可大得。

③**家宅**：屋运转好；婚姻吉祥。

④**身体**：已无大碍。

上九。晋其角，维用伐邑。厉吉无咎，贞吝。

象曰：维用伐邑，道未光也。

①**时运**：好运将终，防有事故。

②**财运**：同业纷争，幸可无咎。

③**家宅**：邻里不安；始争终和。

④**身体**：保养头部；罢讼为吉。

36. 明夷 ䷣

明夷。利艰贞。

象曰：明入地中，明夷。君子以莅众用晦而明。

①**时运**：明哲保身，以避灾厄。

②**财运**：明无利润，暗中分红。

③**家宅**：父子分居为宜；不是明媒正娶。

④**身体**：肝大郁积，注意保养。

初九。明夷于飞，垂其翼。君子于行，三日不食。有攸往，主人有言。

象曰：君子于行，义不食也。

①**时运**：未能腾达，善自保全。

②**财运**：资本有损，主人烦言。

③**家宅**：最好迁居；婚姻不谐。

④**身体**：食道有疾，或病在手。

六二。明夷，夷于左股，用拯马壮，吉。

象曰：六二之吉，顺以则也。

①**时运**：贵人相助，幸免于难。

②**财运**：策划不当，难免损失。

③**家宅**：修缮完整；妇有足疾。

④**身体**：左足受伤。

九三。明夷于南狩，得其大首，不可疾，贞。

象曰：南狩之志，乃大得也。

①**时运**：退守南方，可以得志。

②**财运**：耐心经营，终见光明。

③**家宅**：乡里富家；得其佳偶。

④**身体**：南方休养较宜。

六四。入于左腹，获明夷之心，于出门庭。

象曰：入于左腹，获心意也。

①**时运**：出明入暗，出门为宜。

②**财运**：外出经商，称心致富。

③**家宅**：路有阻碍；妇已有孕。

④**身体**：心腹之症，出门求医。

六五。箕子之明夷，利贞。

象曰：箕子之贞，明不可息也。

①**时运**：君子固穷，未来通达。

②**财运**：历经艰难，方可获利。

③**家宅**：亲族失和；罢婚为宜。

④**身体**：精神症状。

上六。不明，晦。初登于天，后入于地。

象曰：初登于天，照四国也；后入于地，失则也。

①**时运**：先好后坏，收敛为宜。

②**财运**：货价宜平，才有信用。

③**家宅**：地势太低；先富后贫。

④**身体**：上火下泄，殊为难治。

37. 家人 ䷤

家人。利女贞。

象曰：风自火出，家人。君子以言有物而行有恒。

①**时运**：旺运当头，言行小心。

②**财运**：囤积货品，后有高价。

③**家宅**：小心火灾；亲上加亲。

④**身体**：痰多气喘，难以根治。

初九。闲有家，悔亡。

象曰：闲有家，志未变也。

①**时运**：好运初来，自我检点。

②**财运**：初做生意，严守商规。

③**家宅**：有规有矩；清白之家。

④**身体**：有病就治，一拖难医。

六二。无攸遂，在中馈。贞吉。

象曰：六二之吉，顺以巽也。

①**时运**：因人成事，尚可如意。

②**财运**：贩运粮食，可以获利。

③**家宅**：妇人当家。

④**身体**：胃口尚好，可以无碍。

九三。家人嗃嗃，悔厉，吉；妇子嘻嘻，终吝。

象曰：家人嗃嗃，未失也；妇子嘻嘻，失家节也。

①**时运：**刻苦有成，逸乐则废。

②**财运：**内外皆齐，尚可自保。

③**家宅：**家规严肃；两姓相从。

④**身体：**凉剂解厄。

六四。富家，大吉。

象曰：富家大吉，顺在位也。

①**时运：**发财保家，正当好运。

②**财运：**利市三倍，其富可知。

③**家宅：**富豪之家。

④**身体：**过于肥胖，减之即愈。

九五。王假有家，勿恤，吉。

象曰：王假有家，交相爱也。

①**时运：**人心感通，自然吉祥。

②**财运：**奉公营商，利润可保。

③**家宅：**高门大宅；嫁入豪门。

④**身体：**肝火过旺，调养心气。

上九。有孚威如，终吉。

象曰：威如之吉，反身之谓也。

①**时运：**万物皆吉，好运将尽。

②**财运：**商道之正，有利有名。

③**家宅：**一乡之望；两姓和睦。

④**身体：**运动健身。

38. 睽卦 ䷥

睽。小事吉。

象曰：上火下泽，睽。君子以同而异。

①**时运**：上下不通，以正处之。

②**财运**：人弃我取，尚有小利。

③**家宅**：迁避为宜；择而娶之。

④**身体**：上火下湿，实在难治。

初九。悔亡，丧马勿逐，自复。见恶人，无咎。

象曰：见恶人，以辟咎也。

①**时运**：好运初至，顺其自然。

②**财运**：不必多虑，后必大亨。

③**家宅**：平顺无咎；耐心等待。

④**身体**：没有大碍。

九二。遇主于巷，无咎。

象曰：遇主于巷，未失道也。

①**时运**：风云际会，勇往直前。

②**财运**：遇到财主，共同经营。

③**家宅**：贵人来访；小心私情。

④**身体**：得遇良医。

六三。见舆曳，其牛掣。其人天且劓，无初有终。

象曰：见舆曳，位不当也；无初有终，遇刚也。

①**时运**：恐有刑伤，苦撑三年。

②**财运**：人和不易，无利可图。

③**家宅**：朝西为宜；先疑后释。

④**身体**：面上有疮，久后自愈。

九四。睽孤，遇元夫。交孚，厉无咎。

象曰：交孚无咎，志行也。

①**时运**：孤僻个性，朋友相助。

②**财运**：进退两难，旧友帮忙。

③**家宅**：四周荒凉。

④**身体**：目疾求医。

六五。悔亡，厥宗噬肤，往何咎？

象曰：厥宗噬肤，往有庆也。

①**时运**：同宗相助，可以放心。

②**财运**：须防合伙，自己端正。

③**家宅**：旧屋可居；亲上加亲。

④**身体**：皮肤毛病，不难治好。

上九。睽孤，见豕负涂，载鬼一车。先张之弧，后说之弧。匪寇婚媾，往遇雨则吉。

象曰：遇雨之吉，群疑亡也。

①**时运**：运转之时，正心诚意。

②**财运**：秋雨之后，方可获利。

③**家宅**：防有作祟；婚姻终和。

④**身体**：因疑成病，解疑无碍。

39. 蹇卦 ䷦

蹇。利西南，不利东北。利见大人，贞吉。

象曰：山上有水，蹇。君子以反身修德。

①**时运**：处于艰困，更加奋勉。

②**财运**：财不流通，难以得利。

③**家宅**：防水冲损；婚姻有悔。

④**身体**：足部有疾，小心保养。

初六。往蹇来誉。

象曰：往蹇来誉，宜待也。

①**时运**：暂时退守，以待好运。

②**财运**：不可冒险，守本为宜。

③**家宅**：迁居不利；婚姻宜待。

④**身体**：有病初起，退而自养。

六二。王臣蹇蹇，匪躬之故。

象曰：王臣蹇蹇，终无尤也。

①**时运**：劳碌不已，避开险难。

②**财运**：中途受阻，人财两失。

③**家宅**：方向不利；夫恐有难。

④**身体**：过劳之厄。

九三。往蹇来反。

象曰：往蹇来反，内喜之也。

①**时运**：前进不易，且先退守。

②**财运**：货物不畅，转销内地。

③**家宅**：团聚之喜；重逢有缘。

④**身体**：多加保养。

六四。往蹇来连。

象曰：往蹇来连，当位实也。

①**时运**：同心协力，可以过关。

②**财运**：客人皆来，当然有利。

③**家宅**：比邻而居；亲上加亲。

④**身体**：久病缠身，一时难愈。

九五。大蹇，朋来。

象曰：大蹇朋来，以中节也。

①**时运**：转危为安，另图发展。

②**财运**：货物太多，不易脱手。

③**家宅**：不宜居家。

④**身体**：众医会诊，才可治好。

上六。往蹇来硕，吉。利见大人。

象曰：往蹇来硕，志在内也；利见大人，以从贵也。

①**时运**：大运将至，名利皆实。

②**财运**：货价高涨，保本获利。

③**家宅**：贵人相助；婚姻主贵。

④**身体**：良医出手。

40. 解卦 ䷧

解。利西南。无所往，其来复吉。有攸往，夙吉。

象曰：雷雨作，解。君子以赦过宥罪。

①**时运**：灾难已解，声名大起。

②**财运**：天时地利，人和为贵。

③**家宅**：祈祷解厄；婚姻吉祥。

④**身体**：药到病除。

初六。无咎。

象曰：刚柔之际，义无咎也。

①**时运**：困难初解，不可妄动。

②**财运**：没有损失，即是幸事。

③**家宅**：平安度日。

④**身体**：一切无恙。

九二。田获三狐，得黄矢，贞吉。

象曰：九二贞吉，得中道也。

①**时运**：避邪归正，功名有望。

②**财运**：努力经营，可得厚利。

③**家宅**：防范作祟；得到正室。

④**身体**：防有邪念邪病。

六三。负且乘，致寇至，贞吝。

象曰：负且乘，亦可丑也；自我致戎，又谁咎也。

①**时运**：素行不端，自取其辱。

②**财运**：小心防盗，以免损失。

③**家宅**：窃盗难防；富而不仁。

④**身体**：乱服成药，自找麻烦。

九四。解而拇，朋至斯孚。

象曰：解而拇，未当位也。

①**时运**：因人成事，才有机会。

②**财运**：获利不多，朋友交心。

③**家宅**：不易安居；有力媒人。

④**身体**：慢跑健身。

六五。君子维有解，吉，有孚于小人。

象曰：君子有解，小人退也。

①**时运**：正运亨通，君子有利。

②**财运**：自然作去，就有利润。

③**家宅**：福宅可居；婚姻吉祥。

④**身体**：恢复正气。

上六。公用射隼于高墉之上，获之无不利。

象曰：公用射隼，以解悖也。

①**时运**：运途顺利，须防小寇。

②**财运**：谨慎防范，有利无损。

③**家宅**：防备窃盗。

④**身体**：户外运动。

41 损卦 ䷨

损：有孚，元吉，无咎，可贞。利有攸往。曷之用？二簋可用享。

象曰：山下有泽，损。君子以惩忿窒欲。

①**时运**：心平气和，才有发展。

②**财运**：和气生财，损己利人。

③**家宅**：地势宜平；夫妇得正。

④**身体**：修身养性。

初九。已事遄往，无咎。酌损之。

象曰：已事遄往，尚合志也。

①**时运**：加紧努力，或仍有望。

②**财运**：判断准确，自有利益。

③**家宅**：早些迁移；即日迎娶。

④**身体**：立即运动。

九二。利贞，征凶。弗损，益之。

象曰：九二利贞，中以为志也。

①**时运**：中庸处世，自有好运。

②**财运**：货物合宜，应可获利。

③**家宅**：守之则吉；门当户对。

④**身体**：平常状态。

六三。三人行则损一人；一人行则得其友。

象曰：一人行，三则疑也。

①**时运**：双月有利，不可贪多。

②**财运**：一人独资，不会损失。

③**家宅**：一家二丁；得偶为吉。

④**身体**：寡欲修身。

六四。损其疾，使遄有喜，无咎。

象曰：损其疾，亦可喜也。

①**时运**：小灾之后，转忧为喜。

②**财运**：减少货物，信之有利。

③**家宅**：阴气过盛，祈祷可安；婚姻可喜。

④**身体**：立即就医，否则堪虑。

六五。或益之十朋之龟，弗克违。元吉。

象曰：六五元吉，自上佑也。

①**时运**：运势大好，意外之助。

②**财运**：利润自来，不必推辞。

③**家宅**：家业兴隆；天作之合。

④**身体**：病愈得财。

上九。弗损，益之，无咎。贞吉。利有攸往，得臣无家。

象曰：弗损益之，大得志也。

①**时运**：一帆风顺，所图可成。

②**财运**：物价平平，获利不少。

③**家宅**：不必改造。

④**身体**：出外求医。

42. 益卦 ䷩

益。利有攸往，利涉大川。

　　象曰：风雷，益。君子以见善则迁，有过则改。

　　①**时运**：得意之时，改旧换新。

　　②**财运**：贸易要快，才有利益。

　　③**家宅**：小心风雷；婚姻好合。

　　④**身体**：肝火太盛。

初九。利用为大作，元吉，无咎。

　　象曰：元吉无咎，下不厚事也。

　　①**时运**：大事可为，无不如意。

　　②**财运**：有人有谋，大利在前。

　　③**家宅**：新宅宽大；婚姻大吉。

　　④**身体**：健康无虞。

六二。或益之十朋之龟，弗克违，永贞吉。王用享于帝，吉。

　　象曰：或益之，自外来也。

　　①**时运**：意外得财，又能守住。

　　②**财运**：如有神助，必得厚利。

　　③**家宅**：安居之家；百年好合。

　　④**身体**：祈祷可愈。

六三。益之用凶事，无咎。有孚中行，告公用圭。

　　象曰：益用凶事，固有之也。

①**时运：** 先苦后甘，讲信修睦。

②**财运：** 欲求富贵，必须冒险。

③**家宅：** 逢凶化吉；苦中成婚。

④**身体：** 有惊无险。

六四 。中行，告公从。利用为依迁国。

象曰：告公从，以益志也。

①**时运：** 眼前有难，暂避为宜。

②**财运：** 改迁他处，另开店面。

③**家宅：** 最好迁移；另找媒妁。

④**身体：** 外地就医。

九五 。有孚惠心，勿问元吉。有孚惠我德。

象曰：有孚惠心，勿问之矣。惠我德，大得志也。

①**时运：** 存心仁厚，实至名归。

②**财运：** 兼顾道义，利益长久。

③**家宅：** 善人之居；非亲即友。

④**身体：** 保养得宜。

上九 。莫益之，或击之，立心勿恒，凶。

象曰：莫益之，偏辞也。或击之，自外来也。

①**时运：** 贪求名位，意外之祸。

②**财运：** 专求己利，必生争端。

③**家宅：** 不可久居；不易偕老。

④**身体：** 无恒之凶。

43. 夬卦 ䷪

夬。扬于王庭。孚号有厉。告自邑，不利即戎，利有攸往。

象曰：泽上于天，夬。君子以施禄及下，居德则忌。

①时运：气运过盛，散财为吉。

②财运：利己利人，财散人聚。

③家宅：须防水患；婚姻不成。

④身体：调养气息。

初九。壮于前趾，往不胜为咎。

象曰：不胜而往，咎也。

①时运：躁进取败，动辄得咎。

②财运：任意经营，伤财害己。

③家宅：地势太低；门户不对。

④身体：小心足疾。

九二。惕号，莫夜有戎，勿恤。

象曰：有戎勿恤，得中道也。

①时运：凡事谨慎，可以无虑。

②财运：货物保险，才可无忧。

③家宅：宜防火灾；婚姻吉祥。

④身体：阴虚火盛，调养可治。

九三。壮于頄，有凶。君子夬夬独行，遇雨若濡，有愠，无咎。

象曰：君子夬夬，终无咎也。

①**时运**：任意独行，受人疑忌。

②**财运**：独自经营，较费时日。

③**家宅**：早些整修；暂时不成。

④**身体**：湿气上升，治之可愈。

九四。臀无肤，其行次且。牵羊悔亡，闻言不信。

象曰：其行次且，位不当也；闻言不信，聪不明也。

①**时运**：心思不定，所谋难成。

②**财运**：错过时机，无利可图。

③**家宅**：四周狭隘；久之可成。

④**身体**：皮肤有病，须防失聪。

九五。苋陆夬夬，中行无咎。

象曰：中行无咎，中未光也。

①**时运**：亲近君子，万事皆吉。

②**财运**：尽速出手，不然有悔。

③**家宅**：整理干净；婚姻合宜。

④**身体**：调节气旺。

上六。无号，终有凶。

象曰：无号之凶，终不可长也。

①**时运**：声名大损，警惕免祸。

②**财运**：再立新约，否则无利。

③**家宅**：寂静不安；媒妁未成。

④**身体**：无声可呼，已至险境。

44. 姤卦 ䷫

姤。女壮，勿用取女。

象曰：天下有风，姤。后以施命诰四方。

①**时运**：正当好运，名扬四海。

②**财运**：到了远方，自可获利。

③**家宅**：小心狂风；婚姻得正。

④**身体**：小心中风。

初六。系于金柅，贞吉。有攸往，见凶。羸豕孚蹢躅。

象曰：系于金柅，柔道牵也。

①**时运**：守成尚可，不宜妄动。

②**财运**：适宜开店，不利行商。

③**家宅**：维护家声；男外女内。

④**身体**：虚弱静养。

九二。包有鱼，无咎，不利宾。

象曰：包有鱼，义不及宾也。

①**时运**：远避小人，自然有利。

②**财运**：货物充足，利在手中。

③**家宅**：女子主持；婚姻可成。

④**身体**：池鱼之殃。

九三。臀无肤，其行次且。厉，无大咎。

象曰：其行次且，行未牵也。

①**时运**：因疑生危，少安毋躁。

②**财运**：犹豫不决，怎能获利。

③**家宅**：修整家宅；迟缓可成。

④**身体**：坐立不安，求医诊治。

九四。包无鱼，起凶。

象曰：无鱼之凶，远民也。

①**时运**：未得正运，开拓心胸。

②**财运**：袋中无粮，无利可图。

③**家宅**：僻处防灾；可能无后。

④**身体**：虚火难治，极为凶险。

九五。以杞包瓜，含章，有陨自天。

象曰：九五含章，中正也；有陨自天，志不舍命也。

①**时运**：心胸开阔，功名自显。

②**财运**：木类产品，应有大利。

③**家宅**：中正之居；婚姻有吉。

④**身体**：热中带寒，速求良医。

上九。姤其角，吝，无咎。

象曰：姤其角，上穷吝也。

①**时运**：功名大显，运已近穷。

②**财运**：仔细计较，获利甚丰。

③**家宅**：谨防屋角；老少夫妻。

④**身体**：头部有疾，就医可治。

45. 萃卦 ䷬

萃。亨，王假有庙。利见大人，亨，利贞。用大牲吉。利有攸往。

象曰：泽上于地，萃。君子以除戎器，戒不虞。

① **时运**：安不忘危，自可无忧。

② **财运**：财聚之象，有聚有散。

③ **家宅**：防水入屋；洁身自爱。

④ **身体**：胸腹水涨，早些调理。

初六。有孚不终，乃乱乃萃。若号，一握为笑。勿恤，往无咎。

象曰：乃乱乃萃，其志乱也。

① **时运**：一顺一逆，得人援手。

② **财运**：聚散不定，可以免咎。

③ **家宅**：不可久居；始乱终弃。

④ **身体**：心神混乱，求医可治。

六二。引吉，无咎。孚乃利用禴。

象曰：引吉无咎，中未变也。

① **时运**：中正之运，得人援引。

② **财运**：合作有利，虔心酬神。

③ **家宅**：祖上积德；婚姻可订。

④ **身体**：勤练气功。

六三。萃如，嗟如，无攸利。往无咎，小吝。

象曰：往无咎，上巽也。

①**时运**：运途平凡，须防小人。

②**财运**：转运他处，可以无咎。

③**家宅**：迁居为宜；怨偶之叹。

④**身体**：胸部不适，注意排泄。

九四。大吉，无咎。

象曰：大吉无咎，位不当也。

①**时运**：虽然大顺，德不称位。

②**财运**：大利当前，收敛为善。

③**家宅**：兴旺平安；门第有差。

④**身体**：外强中干。

九五。萃有位，无咎。匪孚，元永贞，悔亡。

象曰：萃有位，志未光也。

①**时运**：有位有权，更应修德。

②**财运**：虽有利润，须守其正。

③**家宅**：聚族而居；可称贵婿。

④**身体**：心神不宁，最好静养。

上六。赍咨涕洟，无咎。

象曰：赍咨涕洟，未安上也。

①**时运**：年老运退，待人援手。

②**财运**：无利可图，幸有救援。

③**家宅**：家室不安；生离死别。

④**身体**：悲恸致病，放宽心思。

46. 升卦 ䷭

升。元亨。用见大人，勿恤，南征吉。

象曰：地中生木，升。君子以顺德，积小以高大。

①**时运**：大地春回，日益高升。

②**财运**：储蓄积财，可成富人。

③**家宅**：改造大厦；以妾作嫡。

④**身体**：肝火渐旺，早些调养。

初六。允升，大吉。

象曰：允升大吉，上合志也。

①**时运**：名利双收，所求皆遂。

②**财运**：货价涨升，大可获利。

③**家宅**：乔迁之喜；两姓好合。

④**身体**：有病即治，不可拖延。

九二。孚乃利用禴，无咎。

象曰：九二之孚，有喜也。

①**时运**：正当好运，喜事临门。

②**财运**：诚信经营，可保获利。

③**家宅**：必有喜事；阴阳合德。

④**身体**：最好祈神。

九三。升虚邑。

象曰：升虚邑，无所疑也。

①**时运**：越来越好，不必担心。

②**财运**：货物集散，财利可期。

③**家宅**：先虚后实；空房独守。

④**身体**：虚弱之症。

六四。王用亨于岐山，吉，无咎。

象曰：王用亨于岐山，顺事也。

①**时运**：升迁在即，感谢神明。

②**财运**：货物充裕，财神相助。

③**家宅**：祭告宅神。

④**身体**：虔诚祷告。

六五。贞吉，升阶。

象曰：贞吉升阶，大得志也。

①**时运**：大愿可成，功名皆吉。

②**财运**：经营得中，利益不断。

③**家宅**：步步高升；攀结高亲。

④**身体**：病情升高。

上六。冥升，利于不息之贞。

象曰：冥升在上，消不富也。

①**时运**：好运已过，预备退路。

②**财运**：经营困难，人财两失。

③**家宅**：难免中落；难以偕老。

④**身体**：可能归天。

47. 困卦 ䷮

困。亨，贞，大人吉，无咎。有言不信。

象曰：泽无水，困。君子以致命遂志。

①时运：身名皆困，不如安命。

②财运：财乏势危，不如归去。

③家宅：安全第一；女寡之象。

④身体：肾水已亏，险在眼前。

初六。臀困于株木，入于幽谷，三岁不觌。

象曰：入于幽谷，幽不明也。

①时运：渐入逆境，三年才转。

②财运：材木生意，运送不易。

③家宅：来往人少；男家卑微。

④身体：大凶之兆。

九二。困于酒食，朱绂方来，利用享祀。征凶，无咎。

象曰：困于酒食，中有庆也。

①时运：有名有利，反为利用。

②财运：由商起家，往前则凶。

③家宅：富贵祭拜；婚姻即成。

④身体：饮食无度，收心祷告。

六三。困于石，据于蒺藜。入于其宫，不见其妻，凶。

象曰：据于蒺藜，乘刚也；入于其宫，不见其妻，不祥也。

①**时运**：进退不得，身将不保。

②**财运**：财去命弱，下场堪虑。

③**家宅**：悼亡之屋。

④**身体**：无可救药。

九四。来徐徐，困于金车，吝，有终。

象曰：来徐徐，志在下也。虽不当位，有与也。

①**时运**：地位不当，受人所鄙。

②**财运**：货物失去，急救可保。

③**家宅**：慢些入住；事缓可成。

④**身体**：长期劳累，恐得归天。

九五。劓刖，困于赤绂。乃徐，有说，利用祭祀。

象曰：劓刖，志未得也。乃徐有说，以中直也。利用祭祀，受福也。

①**时运**：过刚必折，小心免祸。

②**财运**：货物清理，慢慢售出。

③**家宅**：鼻足之患；先疑后成。

④**身体**：头脚之病，调养祷告。

上六。困于葛藟，于臲卼，曰动悔。有悔，征吉。

象曰：困于葛藟，未当也。动悔有悔，吉行也。

①**时运**：厄运将终，收心努力。

②**财运**：久货可出，方可获利。

③**家宅**：修整旧宅；厘清瓜葛。

④**身体**：心神不安，迁地静养。

48. 井卦 ䷯

井。改邑不改井，无丧无得。往来井井。汔至亦未繘井，羸其瓶，凶。

象曰：木上有水，井。君子以劳民劝相。

①**时运**：木水相生，功名有望。

②**财运**：利大于本，自然可喜。

③**家宅**：修屋防水；阴阳得正。

④**身体**：肾水过胀，立即调治。

初六。井泥不食，旧井无禽。

象曰：井泥不食，下也。旧井无禽，时舍也。

①**时运**：时过运衰，年老无用。

②**财运**：货物陈旧，难以售出。

③**家宅**：荒芜难居；婚姻不成。

④**身体**：旧症不治。

九二。井谷射鲋，瓮敝漏。

象曰：井谷射鲋，无与也。

①**时运**：得小失大，徒有虚名。

②**财运**：贪财失利，得不偿失。

③**家宅**：水不可饮；婚姻不佳。

④**身体**：下漏之症，求医难治。

九三。井渫不食，为我心恻。可用汲，王明，并受其福。

象曰：井渫不食，行恻也。求王明，受福也。

①**时运**：有才无命，须待两年。

②**财运**：贩运不当，无利可图。

③**家宅**：洗井可饮；二年可成。

④**身体**：心神不安，井泉可愈。

六四。井甃，无咎。

象曰：井甃无咎，修井也。

①**时运**：修身立名，可望上达。

②**财运**：整理旧业，应有利润。

③**家宅**：修整为宜；尚须待时。

④**身体**：运动健身。

九五。井冽寒泉，食。

象曰：寒泉之食，中正也。

①**时运**：品行中正，可望进用。

②**财运**：财源长远，可以获利。

③**家宅**：谦让有礼；同甘共苦。

④**身体**：外寒内热，寒剂可解。

上六。井收勿幕，有孚元吉。

象曰：元吉在上，大成也。

①**时运**：功德在世，大受推崇。

②**财运**：利益汇集，可大可久。

③**家宅**：积善旺家；两姓好合。

④**身体**：即日可愈。

49.革卦 ䷰

革。己日乃孚。元亨利贞。悔亡。

　　象曰：泽中有火，革。君子以治历明时。

　　①**时运**：改变之时，顺时而动。

　　②**财运**：消耗过多，迁地贸易。

　　③**家宅**：小心防火；改娶之象。

　　④**身体**：肾水干枯，肝火上升。

初九。巩用黄牛之革。

　　象曰：巩用黄牛，不可以有为也。

　　①**时运**：最好固守，再等几年。

　　②**财运**：先立基础，勿图更张。

　　③**家宅**：新造之屋；待婚三年。

　　④**身体**：中腹胀硬，消积健脾。

六二。己日乃革之。征吉，无咎。

　　象曰：己日革之，行有嘉也。

　　①**时运**：配合吉日，建立功名。

　　②**财运**：择吉开张，生意畅旺。

　　③**家宅**：择日修宅；可称佳偶。

　　④**身体**：即将痊愈。

九三。征凶贞厉。革言三就，有孚。

　　象曰：革言三就，又何之矣？

①**时运**：再三考虑，可免后患。

②**财运**：信用良好，才可获利。

③**家宅**：三迁为宜；三人为媒。

④**身体**：三日可愈。

九四。悔亡，有孚，改命，吉。

象曰：改命之吉，信志也。

①**时运**：转换跑道，好运自来。

②**财运**：重兴旧业，可以得利。

③**家宅**：整建有利；重婚有利。

④**身体**：改求良医。

九五。大人虎变，未占有孚。

象曰：大人虎变，其文炳也。

①**时运**：大运来到，得意非凡。

②**财运**：订好价钱，自可获利。

③**家宅**：不利迁动；须防不贞。

④**身体**：肝火浮动，不药可愈。

上六。君子豹变，小人革面。征凶，居贞吉。

象曰：君子豹变，其文蔚也。小人革面，顺以从君也。

①**时运**：守成为宜，功成身退。

②**财运**：名利兼收，知足常乐。

③**家宅**：居之得安；多求必应。

④**身体**：静养修心。

50. 鼎卦 ䷱

鼎：元吉，亨。

象曰：木上有火，鼎。君子以正位凝命。

①时运：功名日进，贵不可言。

②财运：自然得利，不劳而获。

③家宅：小心火灾；正配内助。

④身体：肝火上冲，顺气以治。

初六。鼎颠趾，利出否。得妾以其子，无咎。

象曰：鼎颠趾，未悖也。利出否，以从贵也。

①时运：因祸得福，荣封之喜。

②财运：小损大利，以商为家。

③家宅：修整有吉；妾生贵子。

④身体：使腹下泻，即可痊愈。

九二。鼎有实，我仇有疾，不我能即，吉。

象曰：鼎有实，慎所之也。我仇有疾，终无尤也。

①时运：功名正盛，小心中伤。

②财运：袋中有财，须防盗窃。

③家宅：富家防窃；不宜娶女。

④身体：实热之症。

九三。鼎耳革，其行塞，雉膏不食。方雨，亏悔，终吉。

象曰：鼎耳革，失其义也。

①**时运**：妄意改变，难免有悔。

②**财运**：目前滞销，须待三年。

③**家宅**：须防突变；可能悔婚。

④**身体**：小心失聪。

九四。鼎折足，覆公餗，其形渥，凶。

象曰：覆公餗，信如何也。

①**时运**：小损大刑，千万小心。

②**财运**：有去无回，小心性命。

③**家宅**：栋折之患；男女足疾。

④**身体**：足上生疮，难保完整。

六五。鼎黄耳金铉，利贞。

象曰：鼎黄耳，中以为实也。

①**时运**：守住大贵，自然吉祥。

②**财运**：信息通达，可获大利。

③**家宅**：富贵之家；联姻贵族。

④**身体**：保护胸耳。

上九。鼎玉铉，大吉，无不利。

象曰：玉铉在上，刚柔节也。

①**时运**：和善待人，无往不利。

②**财运**：美玉待沽，自然有利。

③**家宅**：地位甚高；金玉之盟。

④**身体**：耳痛之症。

51. 震卦 ䷲

震。亨。震来虩虩，笑言哑哑。震惊百里，不丧匕鬯。

象曰：洊雷，震。君子以恐惧修省。

①时运：运势正强，谨慎免咎。

②财运：所积财物，皆得售出。

③家宅：保护宅基，祭祷为宜；佳偶。

④身体：肝火太盛，不宜劳累。

初九。震来虩虩，后笑言哑哑，吉。

象曰：震来虩虩，恐致福也。笑言哑哑，后有则也。

①时运：好运新来，先苦后乐。

②财运：用心经营，得利可乐。

③家宅：谨慎为宜；先忧后喜。

④身体：先危后安。

六二。震来厉，亿丧贝。跻于九陵，勿逐，七日得。

象曰：震来厉，乘刚也。

①时运：患得患失，不必过虑。

②财运：有得有失，危机意识。

③家宅：注意防盗；夫妻不睦。

④身体：病势可忧，七日可愈。

六三。震苏苏，震行无眚。

象曰：震苏苏，位不当也。

①**时运**：加倍谨慎，可以免咎。

②**财运**：销路不佳，另行设法。

③**家宅**：小心地震；门户不当。

④**身体**：由危而安。

九四。震遂泥。

象曰：震遂泥，未光也。

①**时运**：欲振乏力，退而自保。

②**财运**：挥金如土，难有积蓄。

③**家宅**：阳气阻塞；辛苦成家。

④**身体**：腹部积滞，宜泄除之。

六五。震往来厉，亿无丧，有事。

象曰：震往来厉，危行也。其事在中，大无丧也。

①**时运**：患难已过，可成大事。

②**财运**：小损大利，不必多忧。

③**家宅**：祭祷防祟。

④**身体**：修身养性。

上六。震索索，视矍矍，征凶。震不于其躬，于其邻，无咎。婚媾有言。

象曰：震索索，未得中也。虽凶无咎，畏邻戒也。

①**时运**：位高必危，静守为宜。

②**财运**：须防过贪，谨守小成。

③**家宅**：邻居有事；近时媒来。

④**身体**：安心养目。

52. 艮卦 ䷳

艮。艮其背，不获其身。行其庭，不见其人。无咎。

象曰：兼山，艮。君子以思不出其位。

①时运：运势平平，不宜妄进。

②财运：守好本业，不可贪财。

③家宅：不宜改造；命由前定。

④身体：带病延年。

初六。艮其趾，无咎。利永贞。

象曰：艮其趾，未失正也。

①时运：初交好运，退守无咎。

②财运：知足常乐，多行善事。

③家宅：可以长住；百年好合。

④身体：足疾就医。

六二。艮其腓，不拯其随，其心不快。

象曰：不拯其随，未退听也。

①时运：运途受阻，缺少援手。

②财运：止而不售，难免心忧。

③家宅：不宜迁居；避开此婚。

④身体：药石难治。

九三。艮其限，列其夤，厉熏心。

象曰：艮其限，危熏心也。

①**时运**：顺时可成，不可勉强。

②**财运**：闭关自守，难免穷困。

③**家宅**：往来为宜；不拘门户。

④**身体**：血脉不通。

六四。艮其身，无咎。

象曰：艮其身，止诸躬也。

①**时运**：无得无失，保身无咎。

②**财运**：可以保本，另得良机。

③**家宅**：平安无事；婚姻平平。

④**身体**：带病延年。

六五。艮其辅，言有序，悔亡。

象曰：艮其辅，以中正也。

①**时运**：言谈中正，自然可取。

②**财运**：保密为要，商机可成。

③**家宅**：位得中正；慎防巧言。

④**身体**：口能发声，病即可治。

上九。敦艮，吉。

象曰：敦艮之吉，以厚终也。

①**时运**：好上加好，自然吉祥。

②**财运**：上手生意，获利自多。

③**家宅**：世代忠厚；婚姻吉祥。

④**身体**：体质厚实。

53. 渐卦 ䷴

渐。女归吉，利贞。

象曰：山上有木，渐。君子以居贤德善俗。

①**时运**：时来运转，可以得意。

②**财运**：逐渐得利，多行善事。

③**家宅**：君子居之；贤女可妻。

④**身体**：安居调养。

初六。鸿渐于干，小子厉。有言，无咎。

象曰：小子之厉，义无咎也。

①**时运**：初行好运，要有耐心。

②**财运**：有约在先，宜防小人。

③**家宅**：尚无大碍；女长男少。

④**身体**：大人没事，小孩就医。

六二。鸿渐于磐，饮食衎衎，吉。

象曰：饮食衎衎，不素饱也。

①**时运**：嘉宾安乐，名利皆有。

②**财运**：日益增加，稳若磐石。

③**家宅**：和乐相处；百年偕老。

④**身体**：饮食过度之症。

九三。鸿渐于陆，夫征不复，妇孕不育，凶。利御寇。

象曰：夫征不复，离群丑也。妇孕不育，失其道也。利用御寇，顺相保也。

①**时运**：运势不正，须防有祸。

②**财运**：不易得利，防有盗贼。

③**家宅**：不利生产，须防离散。

④**身体**：生产时恐难两全。

六四。鸿渐于木，或得其桷，无咎。

象曰：或得其桷，顺以巽也。

①**时运**：随遇而安，可以免咎。

②**财运**：利润甚微，保本即可。

③**家宅**：可能寡居。

④**身体**：肝火过盛。

九五。鸿渐于陵，妇三岁不孕，终莫之胜，吉。

象曰：终莫之胜，吉，得所愿也。

①**时运**：运势中正，三年必成。

②**财运**：眼前平平，三年大发。

③**家宅**：可以安居；得子稍迟。

④**身体**：三年可愈。

上九。鸿渐于陆，其羽可用为仪，吉。

象曰：其羽可用为仪吉，不可乱也。

①**时运**：大运来到，可以用世。

②**财运**：货美价高，自然获利。

③**家宅**：辉煌可观；婚姻吉祥。

④**身体**：健康活泼。

54. 归妹卦 ䷵

归妹。 征凶，无攸利。

象曰：泽上有雷，归妹。君子以永终知敝。

①**时运**：进不以道，难以持久。

②**财运**：货价尚可，结局未必。

③**家宅**：已婚不宜居母家；勿耽情欲。

④**身体**：大限将至。

初九。 归妹以娣，跛能履，征吉。

象曰：归妹以娣，以恒也。跛能履，吉相承也。

①**时运**：因人成事，乏善可陈。

②**财运**：奉命而行，幸可获利。

③**家宅**：偏屋亦吉。

④**身体**：不良于行。

九二。 眇能视，利幽人之贞。

象曰：利幽人之贞，未变常也。

①**时运**：不必幻想，安心修养。

②**财运**：独到之见，暗中得利。

③**家宅**：适合隐居；偏房为宜。

④**身体**：保养眼睛。

六三。 归妹以须，反归以娣。

象曰：归妹以须，未当也。

①时运：受人抑制，忍耐一时。

②财运：眼前无利，可图未来。

③家宅：不是正宅；不是正娶。

④身体：待时可愈。

九四。归妹愆期，迟归有时。

象曰：愆期之志，有待而行也。

①时运：行运有时，不宜躁进。

②财运：待时而动，自可获利。

③家宅：暂勿迁居；须待时日。

④身体：安心静养。

六五。帝乙归妹，其君之袂不如其娣之袂良。月几望，吉。

象曰：帝乙归妹，不如其娣之袂良也。其位在中，以贵行也。

①时运：谦虚得福，联袂上进。

②财运：后货较优，早售有利。

③家宅：喜事临门；二女同归。

④身体：半月可愈。

上六。女承筐无实，士刲羊无血，无攸利。

象曰：上六无实，承虚筐也。

①时运：诸事不顺，小心为宜。

②财运：本虚货缺，如何得利。

③家宅：须防纷争；婚娶不正。

④身体：虚劳失血，不治之象。

55. 丰卦 ䷶

丰。亨。王假之，勿忧，宜日中。

　　象曰：雷电皆至，丰。君子以折狱致刑。

　　①**时运**：气势正旺，谨慎小心。

　　②**财运**：获利甚丰，须防诉讼。

　　③**家宅**：宜向东南；天作之合。

　　④**身体**：肝火上升，静养为宜。

初九。遇其配主，虽旬无咎；往有尚。

　　象曰：虽旬无咎，过旬灾也。

　　①**时运**：贵人相助，十年好运。

　　②**财运**：货物正巧，十日有利。

　　③**家宅**：可以安居；婚姻宜速。

　　④**身体**：良医十日可愈，久则不治。

六二。丰其蔀，日中见斗。往得疑疾。有孚发若，吉。

　　象曰：有孚发若，信以发志也。

　　①**时运**：坚守正道，逢凶化吉。

　　②**财运**：以诚待人，拨云见月。

　　③**家宅**：明亮为宜；始疑终谐。

　　④**身体**：狭心之症，需要开导。

九三。丰其沛，日中见沫。折其右肱，无咎。

　　象曰：丰其沛，不可大事也。折其右肱，终不可用也。

①**时运**：气运颠倒，须防灾难。

②**财运**：涨跌难测，颇有损耗。

③**家宅**：只可暂居。

④**身体**：右臂受伤。

九四。丰其蔀，日中见斗。遇其夷主，吉。

象曰：丰其蔀，位不当也。日中见斗，幽不明也。遇其夷主，吉行也。

①**时运**：际遇不佳，由暗向明。

②**财运**：走出暗昧，找到买主。

③**家宅**：成败在人；巧遇良缘。

④**身体**：眼疾待良医。

六五。来章，有庆誉，吉。

象曰：六五之吉，有庆也。

①**时运**：实至名归，自然吉祥。

②**财运**：经商有成，利名并至。

③**家宅**：名门正户；天作之合。

④**身体**：名医治之。

上六。丰其屋，蔀其家，窥其户，阒其无人，三岁不觌，凶。

象曰：丰其屋，天际翔也。窥其户，阒其无人，自藏也。

①**时运**：有命无人，不堪设想。

②**财运**：无人经营，一筹莫展。

③**家宅**：没落之家；婚姻不祥。

④**身体**：大限将至。

56. 旅卦 ䷷

旅。小亨。旅贞吉。

象曰：山上有火，旅。君子以明慎用刑而不留狱。

①**时运**：谨慎防灾，升用在即。

②**财运**：出外经营，不可积货。

③**家宅**：小心火灾；即日成亲。

④**身体**：肝火过旺，性命交关。

初六。旅琐琐，斯其所取灾。

象曰：旅琐琐，志穷灾也。

①**时运**：所得有限，修行为宜。

②**财运**：本小利微，小心灾祸。

③**家宅**：谨慎免灾；小户联姻。

④**身体**：病初即治。

六二。旅即次，怀其资，得童仆，贞。

象曰：得童仆贞，终无尤也。

①**时运**：运势中正，名利皆得。

②**财运**：生财有道，作客无忧。

③**家宅**：寄居亦福；富室赘婿。

④**身体**：旅途有恙，受人照料。

九三。旅焚其次，丧其童仆，贞厉。

象曰：旅焚其次，亦以伤矣。以旅与下，其义丧也。

①**时运**：运势颠倒，危难不少。

②**财运**：不必求利，早些防祸。

③**家宅**：小心防火；难以偕老。

④**身体**：孩子或童仆难保。

九四。旅于处，得其资斧，我心不快。

象曰：旅于处，未得位也。得其资斧，心未快也。

①**时运**：一时有困，来年再说。

②**财运**：获利有限，心中不平。

③**家宅**：地位不适；不是正室。

④**身体**：忧郁不欢。

六五。射雉，一矢亡，终以誉命。

象曰：终以誉命，上逮也。

①**时运**：晚运甚佳，值得恭喜。

②**财运**：小失大得，有利有名。

③**家宅**：可称美善；佳偶天成。

④**身体**：殉难受奖。

上九。鸟焚其巢，旅人先笑后号咷。丧牛于易，凶。

象曰：以旅在上，其义焚也。丧牛于易，终莫之闻也。

①**时运**：有失无得，乐极而悲。

②**财运**：小利大损，十分凶险。

③**家宅**：覆巢之险；先喜后悲。

④**身体**：属牛者凶。

57. 巽卦 ䷸

巽。小亨。利有攸往，利见大人。

象曰：随风，巽。君子以申命行事。

①**时运**：运势顺利，诸事皆宜。

②**财运**：随机应变，获利可期。

③**家宅**：可以安居；夫唱妇随。

④**身体**：可能中风，须人扶行。

初六。进退，利武人之贞。

象曰：进退，志疑也。利武人之贞，志治也。

①**时运**：谋事不成，考虑从军。

②**财运**：犹豫不决，无利可图。

③**家宅**：朝西有利；联姻军人。

④**身体**：积极强身。

九二。巽在床下，用史巫纷若，吉，无咎。

象曰：纷若之吉，得中也。

①**时运**：神明保佑，运途顺利。

②**财运**：买卖难决，最好占筮。

③**家宅**：虔诚祷告；卜之则吉。

④**身体**：祭拜免咎。

九三。频巽，吝。

象曰：频巽之吝，志穷也。

①**时运**：位卑志低，受人轻视。

②**财运**：过于卑顺，如何争利。

③**家宅**：贫穷之家；门户低微。

④**身体**：太过疲弱。

六四。悔亡，田获三品。

象曰：田获三品，有功也。

①**时运**：走上正运，出而有功。

②**财运**：皮革羽毛，皆可致富。

③**家宅**：装潢美观；婚礼华丽。

④**身体**：可以痊愈。

九五。贞吉，悔亡，无不利。无初有终。先庚三日，后庚三日，吉。

象曰：九五之吉，位正中也。

①**时运**：中正之位，无往不利。

②**财运**：初有小悔，后得大利。

③**家宅**：坐北朝南；相配得宜。

④**身体**：三日可愈。

上九。巽在床下，丧其资斧，贞凶。

象曰：巽在床下，上穷也。丧其资斧，正乎凶也。

①**时运**：越高越危，有失无得。

②**财运**：因循失利，损耗不小。

③**家宅**：有丧；惧内。

④**身体**：或许告终。

58. 兑卦 ䷹

兑。亨，利，贞。

象曰：丽泽兑。君子以朋友讲习。

①时运：朋友支持，好好珍惜。

②财运：有人扶助，获利不难。

③家宅：友朋同住；因友成亲。

④身体：熟医可治。

初九。和兑，吉。

象曰：和兑之吉，行未疑也。

①时运：以和为贵，诸事皆吉。

②财运：秋实可收，自然有利。

③家宅：和乐融融；室家得宜。

④身体：宽心无忧。

九二。孚兑，吉，悔亡。

象曰：孚兑之吉，信志也。

①时运：上下同心，自然吉祥。

②财运：以信为本，可长可远。

③家宅：与邻共富；阴阳相合。

④身体：疑病得解。

六三。来兑，凶。

象曰：来兑之凶，位不当也。

①**时运**：奔走营求，虽成亦辱。

②**财运**：无信之商，未来堪虑。

③**家宅**：去伪存诚；先合后离。

④**身体**：小心外祸。

九四。商兑未宁，介疾有喜。

象曰：九四之喜，有庆也。

①**时运**：奋斗将成，斟酌行止。

②**财运**：忧心之事，商量解决。

③**家宅**：多疾不安；再三媒说而成。

④**身体**：心神不安，喜事舒怀。

九五。孚于剥，有厉。

象曰：孚于剥，位正当也。

①**时运**：居安思危，常得其昌。

②**财运**：虽有小损，信心仍在。

③**家宅**：诚信为上。

④**身体**：皮肤有疾，速治可愈。

上六。引兑。

象曰：上六引兑，未光也。

①**时运**：靠人扶持，平平之运。

②**财运**：有人指引，稍有小利。

③**家宅**：内忧外患；似非正聘。

④**身体**：化解内邪，才可保全。

59. 涣卦

涣。亨。王假有庙。利涉大川，利贞。

象曰：风行水上，涣。先王以享于帝，立庙。

①**时运**：时来运转，水到渠成。

②**财运**：神明保佑，财源流通。

③**家宅**：祈神得福；自成佳偶。

④**身体**：病情严重，恐难回天。

初六。用拯马壮，吉。

象曰：初六之吉，顺也。

①**时运**：险中得救，必有后福。

②**财运**：同事相助，可以得利。

③**家宅**：新厦可居。

④**身体**：急治为宜。

九二。涣奔其机，悔亡。

象曰：涣奔其机，得愿也。

①**时运**：运势顺利，心想事成。

②**财运**：货物贸易，如愿以偿。

③**家宅**：先散后聚；女长于男。

④**身体**：愁眉不展，良医可治。

六三。涣其躬，无悔。

象曰：涣其躬，志在外也。

①**时运**：勇于赴难，值得尊敬。

②**财运**：重财轻命，自讨苦吃。

③**家宅**：出外免祸；守节之志。

④**身体**：转危为安。

六四。涣其群，元吉。涣有丘，匪夷所思。

象曰：涣其群，元吉，光大也。

①**时运**：大运亨通，脱困成业。

②**财运**：散财济危，自成天地。

③**家宅**：自有可观。

④**身体**：凝聚元气，病体自愈。

九五。涣汗，其大号涣，王居，无咎。

象曰：王居无咎，正位也。

①**时运**：中正之位，诸事皆吉。

②**财运**：言行中庸，利润自来。

③**家宅**：富贵之家；必得贵婿。

④**身体**：大汗可愈。

上九。涣其血，去逖出，无咎。

象曰：涣其血，远害也。

①**时运**：运势通达，无须忧心。

②**财运**：贸易顺利，财源自来。

③**家宅**：避免冲突；远嫁之象。

④**身体**：气血郁积，疏通即治。

60. 节卦 ䷻

节。亨。苦节不可贞。

> 象曰：泽上有水，节。君子以制数度，议德行。

①**时运：** 品行端正，名利自成。

②**财运：** 正派经营，富裕可求。

③**家宅：** 富有之家；婚姻吉祥。

④**身体：** 节制饮食。

初九。不出户庭，无咎。

> 象曰：不出户庭，知通塞也。

①**时运：** 闭门修行，平安是福。

②**财运：** 不利行商，可以开店。

③**家宅：** 可以安居；夫妇得当。

④**身体：** 安居静养。

九二。不出门庭，凶。

> 象曰：不出门庭凶，失时极也。

①**时运：** 因循自误，坐失良机。

②**财运：** 错过时机，不赚反赔。

③**家宅：** 屋内无人；旷怨难免。

④**身体：** 行走艰难。

六三。不节若，则嗟若。无咎。

> 象曰：不节之嗟，又谁咎也？

①**时运**：得而后失，叹息无奈。

②**财运**：不知守财，咎由自取。

③**家宅**：先富后贫；先喜后悲。

④**身体**：饮食不节致病。

六四。安节，亨。

象曰：安节之亨，承上道也。

①**时运**：平安是福，听命行事。

②**财运**：安居外地，一切节俭。

③**家宅**：平安无事；夫妻平顺。

④**身体**：病由口入。

九五。甘节，吉，往有尚。

象曰：甘节之吉，居位中也。

①**时运**：苦尽甘来，功名必显。

②**财运**：贩米外地，获利必丰。

③**家宅**：正直节俭；百年好合。

④**身体**：节食可治。

上六。苦节，贞凶。悔亡。

象曰：苦节贞凶，其道穷也。

①**时运**：不知变通，贫困一生。

②**财运**：失去良机，怨叹无用。

③**家宅**：开明为宜；顽固难处。

④**身体**：病势垂危。

61. 中孚卦 ䷼

中孚。豚鱼，吉。利涉大川，利贞。

象曰：泽上有风，中孚。君子以议狱缓死。

①**时运**：风波难免，小心诉讼。

②**财运**：谨慎行事，可免灾祸。

③**家宅**：诉讼之灾；婚姻致讼。

④**身体**：有惊无险。

初九。虞吉，有它不燕。

象曰：初九虞吉，志未变也。

①**时运**：用心专一，有志竟成。

②**财运**：安于本业，久之必得。

③**家宅**：不必迁居；从一而终。

④**身体**：谨防病变，变则危险。

九二。鸣鹤在阴，其子和之。我有好爵，吾与尔靡之。

象曰：其子和之，中心愿也。

①**时运**：此唱彼和，正合我意。

②**财运**：主客同心，交相获利。

③**家宅**：家贵子孝；夫唱妇随。

④**身体**：传染之疾。

六三。得敌，或鼓或罢，或泣或歌。

象曰：或鼓或罢，位不当也。

①**时运**：运势颠倒，荣辱随之。

②**财运**：忽成忽败，缺乏主见。

③**家宅**：谨防离奇；反复未成。

④**身体**：时好时坏，求神保佑。

六四。月既望，马匹亡，无咎。

象曰：马匹亡，绝类上也。

①**时运**：持盈保泰，先公后私。

②**财运**：谋事顺利，财源亦丰。

③**家宅**：阴气过盛；可能丧偶。

④**身体**：可渐复元。

九五。有孚挛如，无咎。

象曰：有孚挛如，位正当也。

①**时运**：运势中正，有求必应。

②**财运**：同心协力，经营有成。

③**家宅**：和乐之家；百年好合。

④**身体**：手足不便，带病延年。

上九。翰音登于天，贞凶。

象曰：翰音登于天，何可长也？

①**时运**：虚而不实，令人担心。

②**财运**：外强中干，未来可忧。

③**家宅**：家业难保；恐难偕老。

④**身体**：病状甚苦。

62. 小过卦 ䷽

小过。 亨，利贞。可小事，不可大事。飞鸟遗之音。不宜上，宜下，大吉。

象曰：山上有雷，小过。君子以行过乎恭，丧过乎哀，用过乎俭。

①**时运**：清高自处，反遭人忌。

②**财运**：价格不合，无利可图。

③**家宅**：高处之家；老夫少妻。

④**身体**：过寒或过热。

初六。 飞鸟以凶。

象曰：飞鸟以凶，不可如何也。

①**时运**：不安本分，结果堪虞。

②**财运**：不自量力，难免失败。

③**家宅**：屋宜低小；门当户对。

④**身体**：神魂难保。

六二。 过其祖，遇其妣。不及其君，遇其臣，无咎。

象曰：不及其君，臣不可过也。

①**时运**：平顺之运，得半已足。

②**财运**：虽未满载，得半亦可。

③**家宅**：不安之象；恐非正配。

④**身体**：药力未至，继续诊治。

九三。弗过防之，从或戕之，凶。

象曰：从或戕之，凶如何也？

①**时运**：切勿躁进，自保免祸。

②**财运**：外出经营，盗贼可怕。

③**家宅**：谨防凶祸；小心冤家。

④**身体**：刀伤凶险。

九四。无咎，弗过遇之，往厉必戒。勿用，永贞。

象曰：弗过遇之，位不当也。往厉必戒，终不可长也。

①**时运**：观察情势，不可妄动。

②**财运**：适可而止，切勿过贪。

③**家宅**：安居为宜；勿急媒聘。

④**身体**：静养心神。

六五。密云不雨，自我西郊。公弋取彼在穴。

象曰：密云不雨，已上也。

①**时运**：平淡之时，难成大事。

②**财运**：小利可得，不必多想。

③**家宅**：小康之家；恐非正娶。

④**身体**：针灸可治。

上六。弗遇过之，飞鸟离之，凶。是谓灾眚。

象曰：弗遇过之，已亢也。

①**时运**：不知退守，自取其祸。

②**财运**：时机不对，无得有失。

③**家宅**：离散之象；小心奸计。

④**身体**：凶险之病，速求良医。

63. 既济卦 ䷾

既济。亨小，利贞。初吉，终乱。

    象曰：水在火上，既济。君子以思患而豫防之。

    ①**时运**：盛极必衰，谨防后患。

    ②**财运**：及时出手，可得利润。

    ③**家宅**：大厦可居；百年好合。

    ④**身体**：大病初愈，仍需自理。

初九。曳其轮，濡其尾，无咎。

    象曰：曳其轮，义无咎也。

    ①**时运**：奋勉有加，可以无咎。

    ②**财运**：暂时稳住，将可脱困。

    ③**家宅**：可以安居；初聘为吉。

    ④**身体**：初病可治。

六二。妇丧其茀，勿逐，七日得。

    象曰：七日得，以中道也。

    ①**时运**：不计小利，得成大功。

    ②**财运**：失而复得，不必担心。

    ③**家宅**：七年可还；将可团聚。

    ④**身体**：七日可愈。

九三。高宗伐鬼方，三年克之。小人勿用。

    象曰：三年克之，惫也。

①**时运**：努力工作，所谋必成。

②**财运**：数年经营，才可获利。

③**家宅**：三年后居；三年可婚。

④**身体**：一时无恙，只保三年。

六四。繻有衣袽，终日戒。

象曰：终日戒，有所疑也。

①**时运**：处顺思困，谨慎为宜。

②**财运**：经营漏洞，早些修补。

③**家宅**：修正屋宇；珍惜情谊。

④**身体**：年老体弱。

九五。东邻杀牛，不如西邻之禴祭，实受其福。

象曰：东邻杀牛，不如西邻之时也。实受其福，吉大来也。

①**时运**：持盈保泰，吉凶自取。

②**财运**：奢不如俭，实获其利。

③**家宅**：向西吉宅；两邻定亲。

④**身体**：最好祷告。

上六。濡其首，厉。

象曰：濡其首厉，何可久也。

①**时运**：好运已过，小心危险。

②**财运**：首次买卖，必难获利。

③**家宅**：不利长房；元配有灾。

④**身体**：头部有疾，危险可知。

64. 未济卦 ䷿

未济。亨。小狐汔济，濡其尾，无攸利。

象曰：火在水上，未济。君子以慎辨物居方。

①**时运**：运势颠倒，务必谨慎。

②**财运**：诸事不顺，步步为营。

③**家宅**：改变方向；门户不合。

④**身体**：血脉不顺，用药谨慎。

初六。濡其尾，吝。

象曰：濡其尾，亦不知极也。

①**时运**：鲁莽行事，无路可走。

②**财运**：不记教训，谋财无方。

③**家宅**：门户方位不正；团聚不易。

④**身体**：病在下身。

九二。曳其轮，贞吉。

象曰：九二贞吉，中以行正也。

①**时运**：上下相得，无往不利。

②**财运**：用心经营，满载而归。

③**家宅**：美善之家；必得贤妇；

④**身体**：胸腹阻滞。

六三。未济，征凶，利涉大川。

象曰：未济征凶，位不当也。

①**时运**：见机而作，妄动则凶。

②**财运**：把握良机，船运有利。

③**家宅**：安居为宜；迎娶为吉。

④**身体**：预防祸祟，渡川以解。

九四。贞吉，悔亡，震用伐鬼方。三年有赏于大国。

象曰：贞吉悔亡，志行也。

①**时运**：志得意满，名利双全。

②**财运**：远方经营，利润可观。

③**家宅**：安居乐业；二年成婚。

④**身体**：可保三年。

六五。贞吉，无悔，君子之光。有孚，吉。

象曰：君子之光，其晖吉也。

①**时运**：运势正旺，诸事皆吉。

②**财运**：官方业务，获利稳定。

③**家宅**：大吉之家；婚姻必成。

④**身体**：神清气爽。

上九。有孚于饮酒，无咎。濡其首，有孚失是。

象曰：饮酒濡首，亦不知节也。

①**时运**：能知节俭，可保无虞。

②**财运**：量入为出，永享其富。

③**家宅**：勤俭持家；相敬如宾。

④**身体**：饮食失节，不可不慎。

解卦案例与启示

1. 乾卦 ䷀

实例1：父母之心

我在深圳演讲《易经》之后，依例要为听众示范数字卦。一位女士在上课前就来到贵宾休息室，说她先生为孩子占过金钱卦。所占的问题是：她的女儿念医学院，现在到了选择专业的关键时刻。要如何选择呢？

女儿喜欢皮肤科（整形），父亲属意血液科，认为将来较有希望由此得到诺贝尔医学奖。她为女儿选择血液科占得乾卦。六爻皆不变，所以要看卦辞："元亨利贞。"由此看来，应该没有问题。

当时即将上台演讲，我只能匆匆告诉她："既然你先生占过卦，你为何还要再问呢？"

做母亲的为了子女的前途，表现了惊人的毅力。我一讲完，立即驱车赶往机场，这位女士先是在我上车前递了三组三位数给我的助理，然后又电话联系，非要知道结果不可。

一占之下，也是个乾卦（䷀，第一卦），但变爻在上九。爻辞是"亢龙有悔"。意即：龙飞得太高，已经有所懊恼。我在电话中告诉她："如果坚持念血液科，将是亢龙有悔的结果。不如让你女儿依自己的兴趣去选择吧！"金钱卦与数字卦都得出乾卦，可见他的女儿在念书方面有过人的本领。现在就看所考虑的是父亲的愿望，还是女儿自己的兴趣了。

实例2：得到庇荫

我在马来西亚上完《易经》课后，一位学员拿出她所占的卦，要我讲解。她占得"乾卦"（六爻皆阳，上下皆乾，☰，第一卦），没有变爻。

若无变爻，则以卦辞来断。乾卦卦辞为"元亨利贞"，意即：创始、通达、适宜、正固。以此来看什么问题呢？她要问的是事业。

我说："乾卦六爻皆阳，代表无限的生命力与主动力。占问事业而得此卦，并且没有变爻，可见这对你而言根本不是问题，你不必担心。"我在讲解时，旁边五六个人围观，其中一人是占问者的朋友，他说："她的事业当然没有问题。她的母亲是一家大百货公司的董事长，现在要为她成立一家小公司，代理其中一部分业务，那还有什么问题呢？"

华人世界常有这种现象，父母庇荫子女也是合情合理的。不过，既然六爻皆阳，接下来一定会有阴爻上场，变化是难免的。所以，占得乾卦不可大意，反而要考虑"盛极而衰"的压力。人与人相处不也是如此吗？当一切都顺利时，下一步不可能无止境地"更加"顺利。如果居安不能思危，一遇变化可能会措手不及。父母爱护子女，但也须考虑子女的历练以及他们的独立性，否则爱之也可能成为害之。

实例3：占问健康

一位朋友在初中教书，他的儿子念初中三年级，正是十五岁的青春年华。最近医生诊治，说这个孩子患了肝癌，情况极不乐观。消息传出，亲友与同学无不伤心落泪。

虽然经过医生诊断，但这时谁不盼望奇迹出现？朋友鼓起勇气占卦，得到乾卦，变爻九五，爻辞是："飞龙在天，利见大人。"意即：龙飞翔在天空，适宜见到大人。

我一看占卦结果，心情不禁郁闷。在占问健康时，爻辞若出现"天"字，就表示要归天，恐怕不久人世。《易经》讲变化，所谓"天道无吉凶"，一切都依序进行，人所能做的只是修养德行与增强能力，再努力透过《易经》占卦来提升智慧。所谓智慧，必须去除成见，以便观察整体，就事论事，采取合宜的因应方法。

在占问健康时，"飞龙在天"告诉我们此人的身体复原无望。"利见大人"一语则不必勉强解释，只能说是各安天命，意即庄子所说的："知其不可奈何而安之若命。"两个月之后，这个孩子过世。由于占卦而知其命，让做父母的较能安心接受这个残酷的事实。

若是占问学习或事业，乾卦九五当然是有利的，用再多的肯定语句都不为过。唯独占问健康，情况反而至为不利。

乾卦的启示

谈起《易经》，大家耳熟能详的应该是乾卦各爻的爻辞，如"潜龙勿用、飞龙在天、亢龙有悔"等语。听到这几句话，会以为《易经》大概都在讨论"龙"这种古生物。事实真相如何呢？乾卦（☰）确实专门借用龙来作为象征，但是其他六十三卦，则只有坤卦上六谈及"龙战于野"而已。

龙究竟是什么？它似乎是水陆空三栖的生物，所以可以象征宇宙创生的力量，遍及一切领域。古代确实有龙。春秋时代史墨说："龙，水物也。水官弃矣，故龙不生得。……若不朝夕见，谁能物之？"（《左传·公二十九年》）水官负责养龙，后来不知何故而放弃了。如果不是整天可以见到龙，又有谁可以描绘它呢？

从"潜龙勿用"一语，可知龙可以入水；再从"见龙在田"一语，可知龙可以出现在地上；然后"飞龙在天"自然是肯定龙可以飞翔于空中。所谓"云从龙，风从虎"，不是把龙与天上飘动的白云联系起来了吗？据说孔子年轻时曾经拜访老子，受到不少教训与启发，他回国后，向弟子描述老子像龙一样（其犹龙也），然后加一句："乘风云而上天。"这更清楚显示了龙可以遨游于天空。

在《庄子·天运》也提及孔子拜访老子的故事，在这篇文章中孔子的描述更生动了。他依然以龙比拟老子，然后说："龙，合而成体，散而成章，乘乎云气而养乎阴阳。"意思是：龙，合起来成为一个整体，散开来成为锦绣文章，驾着云气，翱翔于天地之间。由此观之，龙确实可以代表刚健不已的创造力。

那么，"潜龙勿用"一语只是单纯地用来描述年轻人，或者，成年人也会遇到这样的处境？从乾卦的《文言传》看来，孔子对"潜龙"的描述让人大开眼界。他说："这是指具有龙的德行而隐遁的人。他不会为了世俗而改变自己，也不会为了名声而有所作为；避开社会而不觉苦闷，不被社会承认也不觉苦闷。别人乐于接受，他就推行主张；别人有所疑虑，他就自己退避。他的心志是坚定而无法动摇的，这就是潜伏的龙啊。"

换言之，一个德行与能力皆有极高修养的人，依然可能处在"潜龙"的位置。有些专业人才到了中年才转业，或者想要开创新的事业，这时必须从基础做起，不正是潜龙吗？从卦象看来，乾卦初九位居底层，往上是五个阳爻，皆有充实力量，根本不容侥幸。并且，底下的爻想要往上发展，初九必须依赖九四，奈何同性排斥，毫不相应，只能少安毋躁了。到了九二，则因为位居下卦三爻的中间，正如九五位居上卦三爻的中间，等于有人辅佐与左右逢源，因为这两卦都谈及"利见大人"，适宜见到大人。所谓大人，是指德行完备的人。对君子而言，这是得君行道的大好机会，可以放手一搏。

九三与九四，都是"无咎"（没有灾难），但是条件是必须不断"进德修业"，"做到忠诚而信实，由此可以增进德行；修饰言辞以确保其诚意，由此可以累积功业"。由此可见，进德在于自己，修业则须有事实验证，亦即要让别人感受到自己的诚意，才有可能合作成事。到了九五，则是"飞龙在天"，可以充分发挥乾卦的活力。在人类社会，则象征国君在上，天下安定繁荣。后代以"九五之尊"推崇天子，正是乾卦所昭示的理想。

最后，到了上九，也就是乾卦的最上爻，这时突然变成"亢龙有悔"，意思是：龙飞得太高，已经有所懊悔。《易经》各卦到了最上爻，大都是不理想的，那是因为卦的运作是由下往上，而最上爻注定要被替换，难免觉得前途茫茫。我们在事业或年龄抵达顶点时，不是也会有苍凉之感吗？这时唯有专务修德，或许可以减少懊悔。如美国富豪巴菲特捐出大笔钱财，从事公益事业。他在世人心中，从富豪转变为善人，重新开始"贞下起元"的契机，可谓明智。

2. 坤卦 ䷁

实例1：经济好年

有关二〇一〇年的经济预测，大家都有乐观的期待。这在占卦上也是有迹可循的。

二〇〇九年十一月我为大陆居电信业龙头的公司管理阶层演讲，谈到《易经》。在示范数字卦时，分由三人得到三组三位数，占问的是："明年（二〇一〇年）我们的收入会增加吗？"得到"节卦"（水泽节，䷻，第六十卦），变爻九五，爻辞是："甘节，吉。往有尚。"意即：甘美的节制，吉祥。前往受到推崇。见到"吉"字，可知答案是肯定的，大家露出开心的微笑。

十二月我在台湾一家最赚钱的电子公司（至少在当时有"股王"之称）演讲《易经》。在示范时，同样由他们提供三组三位数，占问的是"公司明年的股价表现"。结果一看是坤卦（上下皆坤，䷁，第二卦），变爻六五，爻辞是："黄裳，元吉。"穿上黄色的裙子，最为吉祥。坤卦六爻皆阴，表示自己缺乏主动，所以要以黄（中色，采取正道）与裳（裙子，居于下部）的装扮，来顺应别人的要求。

这两家大公司如果都赚钱，经济形势应该是不错的。不过，整体经济好转，是否人人皆可获利呢？那就要看个人的时运及努力了。

坤卦的启示

"乾为天，坤为地"，《易经》以"乾坤"代表天地。天在上而地在下，彰明昭著，人人可见。既然如此，为何还要以"乾坤"来作为代表？

理由是：乾坤所代表的不只是天地，还有父与母，头与腹，马与牛，金与布，等等。关键在于：乾坤所指的是两个卦象。卦象即是符号系统，要用符号来象征具体事物以及特殊状态。然后借由卦象的组合及变化，来理解个人的处境及发展。这正是人类智慧的精彩表现。

那么，除了具体事物之外，这些卦象能够代表什么样的特殊状态呢？以乾来说，代表阳刚劲健，充沛无比的生命力。以坤来说，则代表阴柔顺从，广大无边的包容力。这一类特殊状态对于了解个人的因应策略，其实是更有启发性的。譬如，乾卦的《大象传》建议我们"自强不息"，坤卦的建议则是"厚德载物"。由此可见一斑。

就卦象而言，坤卦（☷）"六爻皆为阴爻"。处于这种状态，可以学到什么教训？初六爻辞说："履霜，坚冰至。"意思是：脚下踏着霜，坚冰将会到来。霜代表的是：阴气或寒气开始聚集。坚冰则是寒冬的验证。任何事情都是从细微征兆慢慢形成的，所谓"见微知著"，所谓"防微杜渐"，都是出于同样的考虑。《文言传》说得十分明白："积善之家，必有余庆；积不善之家，必有余殃。"这是劝人为善，劝人为子孙积德的名言。但是，通常写成门联的只有前面那半句。

《文言传》接着说："臣弑其君，子弑其父，非一朝一夕之故，其所由来者渐矣。"所有恐怖的罪行都不是"忽然"或"偶然"发生的。如果无法察觉"渐"的路线及趋势，后果将不堪设想。如果省思自己该怎么做，那么答案是六二的《文言传》所说的："君子敬以直内，义以方外，敬义立而德不孤。"意思是：君子以严肃态度持守内心的真诚，以正当方式规范言行的表现，做到既严肃又正当，他的德行就不会孤单了。这段话清楚指出修行方法，一个人只要做到"敬以直内，义以方外"，就可以避开所有的内忧外患了。

到了六三，强调"无成有终"，因为坤卦必须追随乾卦，"没有功业却有好的结局"。功业且让领袖人物去开创，但是推广及完成则要靠一群部属。到了六四，则须"括囊，无咎无誉"。亦即：扎起口袋，没有灾难也没有称誉。不论才华如何杰出，都要谨言慎行，因为形势尚未明朗，不必做无谓的牺牲。

到了六五，则是"黄裳，元吉"。说到"元吉"，代表占验中的上上大吉。乾卦六爻无一元吉，坤卦六五则有元吉，这表示处于顺从的地位，反而容易言行适当，得到莫大的福佑。那么，什么是"黄裳"呢？黄是土的颜色，土位居中间，正如六五位于上卦三爻的中间；并且，坤为地，地即是土。还有，裳是裙子（古代的服饰是上衣下裳），正好适合坤道。《文言传》说："君子黄中通理，正位居体，美在其中，而畅于四肢，发于事业，美之至也。"

意思是："君子采用黄的中色，表示他明白道理；坐在正确的位置上，表示他处世安稳；他内心蕴涵的美德，流通在身体的行动中，再展现于他所经营的事业上，这真是美德的极致啊！"

由此可知，君子也可能处于坤卦，但是重要的不是他处于什么卦，因为六十四卦都可能应验在他身上；重要的是：君子自己可以主动采取什么作为。这时要考虑的是"时"与"位"。时是时势，如坤卦以顺从为主；位是位置，如六五虽在天位，也须"黄裳"才可"元吉"。到了上六最后一爻，又再度陷入困境，叫作"龙战于野，其血玄黄"，因为位居最后一爻，接着又须阴阳交替或交战，以便产生万物并形成新的卦象了。

3. 屯卦 ䷂

实例 1：数字成卦

二〇〇八年九月二十八日，山东卫视邀请我到电视台，陪着观众一起参观在曲阜孔庙举行的祭孔大典，并担任现场介绍孔子思想的解说员。我为此拖到九月二十九日才由北京返台。然而，就在这一两天，台风侵袭台湾。

二十九日上午，我搭朋友的车前往北京机场。我在车上不免担心，不知能否顺利回到家。这时我注意到左边一辆出租车的车牌号码，我记下最后三码。再看到右边一辆轿车的车牌，也记下最后三码。然后看到我朋友车上标志的公里数，也记下三码。我得到这三组三位数之后，随即采用数字占法，得到"屯卦"（水雷屯），卦象为"䷂"，是第三卦。变爻在六四，这句爻辞一开头就说："乘马班如。"意即乘上马而团团打转。这样看来，今天搭飞机恐怕无法成行。

我不死心，进入机场换了登机证，又把行李托运了。这时我打电话回家，女儿说："台风来了，下午以后班机停飞。你如果这时搭机到香港转机，可能要在香港机场过夜了。"我只好取消登机证，再把行李调出来，老老实实回到市区旅馆过一夜，第二天早上再回台北。

数字卦是由《易经》占卦演变成的，可用来考虑小事情，但是准确程度往往让人惊讶。

屯卦的启示

随着乾坤二卦之后，接着出现的是屯卦。乾为天，坤为地，"盈天地之间者唯万物"；屯卦所代表的是万物"开始"产生了。"屯"字作为卦名，要念为"Zhūn"；引申使用时，则可念为"屯积"的"屯"，表示在草昧阶段，不要急着追求发展，最好是"建立侯王"，稳定国家与百姓。

屯卦的卦象是"水雷屯"（䷂）。水即是雨，既下雨又打雷；上有雨水，下有雷鸣；雨水滋润大地，雷鸣激起活力，两者配合，万物始生。电影里面描绘亚马孙丛林的部分，经常也是雷雨交加，这时人在地面上行动，可谓危机四伏，举步维艰。

水是坎卦，古人认为河水湍急，湖水深不可测，就算雨下多了也会酿成可怕的水灾。因此，坎卦代表坎陷、陷阱、困难、危险等。屯卦中，坎卦在外而震卦在内，震卦代表行动，也代表长子、诸侯等。于是我们看到了：外在有危险，内在要行动，结果则是行动入于坎陷，有回旋难进之象。综观屯卦六爻的爻辞，出现最多的是"乘马班如"一语（六二、六四、上六），意思是"骑上马也是团团打转"。这三爻正好都是阴爻居柔位，可以顺从但无法进取。为何谈到骑马呢？因为震卦是作足马（抬足而动的马），坎卦是美脊马（脊背美健的马）。如果想知道八个原始单卦所象征的东西，则请查看《易经》的《说卦传》。

同样是"乘马班如"，吉凶却大不相同。以六二来说，二在下卦中位，并且上有九五正应（下卦三爻，与上卦三爻，可以一一对应；若是一阴一阳则为正应，不然即是敌应）；照理说，应该不错，但是困难在于六二"乘刚"（阴爻在阳爻之上，称为乘刚。六二在初九之上，违背阴须从阳的原则）。这个困难最后还是得到了解决，因为毕竟优势多于劣势。

以六四来说，情况就顺利多了，因为它下有初九正应；并且自身还有九五可以奉承，这叫作"承刚"（阴爻在阳爻之下，称为承刚，表示阴从阳，有君子可以依靠）。所以，六四的爻辞说："乘马班如。求婚媾，往吉，无不利。"在此，"婚媾"是针对六四与初九正应，有如阴阳相匹配的婚姻而言。但是，到了上六就凄惨了，我们看到"乘马班如，泣血涟如"。哭泣得血泪涟涟，因为上六是最后一爻，前无去路，自身又在坎卦；坎卦又称血卦（水与血皆为液体），所以只能痛哭流涕了。

再看另外三爻。首先，初九是阳爻居刚位（初、三、五为刚位），本身充满动力，并且是下卦震卦的主力所在，具有行动的能量。这时的爻辞是"盘桓，利居贞，利建侯"。意思是：徘徊不进，适宜守住正固，适宜建立侯王。这三句话正好说出了全卦的重点。在草昧初创的阶段，与其开疆辟土，不如守住正固，推举部落领袖，等待时机成熟。并且，初九上有六四正应，可知将来必可完成心愿。

至于六三，则是阴爻居阳位，无实力而有动性。并且上与上六敌应，等于"即鹿无虞"，追逐野鹿却没有猎官带领。"虞"是古代掌管山林的官，打猎时担任向导。君子察知几微，不如放弃算了。到了九五，屯卦的"屯积"意义就展现出来了。爻辞是"屯其膏，小贞吉，大贞凶"；亦即，屯积恩泽，小规模的正固是吉祥的，大规模的正固就有凶祸。理由是：九五与六二正应，等于有私心而无法普遍照顾百姓。坎卦为水、为雨；雨要变为水，先须是云，这时云气尚未成为普施天下的雨，所以只能做到小规模的正固。换言之，在全卦所展示的是"困难"的时候，各爻都必须依此而定行止。

由以上分析可知，屯卦有以下四个意思：一、始：万物始生。二、盈：万物充满天地之间。三、难：困难重重。四、积：屯积实力。而其最后目标则是"建侯"，要集聚人群，组成社会，推举领袖，安定国家。

4. 蒙卦 ䷃

实例:1 需要启蒙

一位有钱的朋友，由于先生执意对母亲百依百顺，使她觉得十分委屈。今天这个时代，孝顺照样是百善之先，但是"怎么做"才算孝顺，就需要大家多沟通，找出合情合理的办法。

她为此十分苦恼，就占问："先生何时想通道理？"得到"蒙卦"（山水蒙，䷃，第四卦），变爻上九，爻辞为："击蒙，不利为寇，利御寇。"意即：击走蒙昧，不适宜做强盗，适宜抵御强盗。

一看是蒙卦，就知道她先生的处境确实有蒙昧之处，但已到了上九，表示即将解除此一状况。我说："你先生有没有信得过的老师？让他多向老师请教。"

两个月后，她向我回报，说她先生参加一次禅修活动，认识一位师父，讲述人生道理十分透彻，使他改变了许多观念，从此要调整他与家人的相处关系。

半年后，他们夫妻参加同学聚会，神情颇为愉快。这位先生随手还带了不少善书与小本佛经，都是他自己发愿印的。他送给每一位同学，并且一直说佛教如何美好如何伟大，其中含有多少永恒真理云云。我说："很好，在闻与思之后，还要修，就看每一个人如何努力了。"

实例2：未必顺利

一位朋友在电视台工作，最近有升迁机会。她在聚餐之后提出这个乐观的想法，希望用占卦来验证一下。

她占得蒙卦（山水蒙，䷃，第四卦），变爻六四，爻辞是："困蒙，吝。"意即：困处于蒙昧之中，有困难。《小象传》说："困蒙之吝，独远实也。"意即：困处于蒙昧之中而有困难，是因为只有自己远离了阳爻。

蒙卦两个阳爻，九二与上九。六四与九二不是相应位置，与上九配合则是个艮卦，艮为山为止。相形之下，另外三个阴爻都可以直接受到阳爻的支持。

我告诉她：由卦象看来，九二到上九形成一个较小的颐卦（山雷颐，䷚，第二十七卦），颐卦涉及饮食，常与工作有关，但是由于竞争激烈而必须留意。因此，这次升迁未必像她主观认定的那么顺利。并且，蒙卦表示需要受人启蒙指教，最好谦虚并尊重前辈。如此或许二三个月之后还会有新的机会。由六四往上到六五，是"童蒙，吉"，像孩童一样蒙昧，则可受人教导，因而吉祥。上九则是阳爻，更没有问题了。此时除了耐心等待，还须向人请益。人事上的变动很容易陷于一厢情愿的状况，自以为形势一片大好，而其实暗潮汹涌。

蒙卦的启示

屯卦之后，接着出现的是蒙卦。蒙卦的卦象是"山水蒙"（䷃）。山在上而水在下，等于山下流出水，是为刚刚形成的清泉。对于万物而言，是初生期的幼稚阶段；对于人类而言，正合乎"童蒙"一词之所指。

万物皆依本能规律而运作，十万年前的蜘蛛所结的网，与今日蜘蛛所结的网没有什么差异。但是，人类身为万物之灵，可以通过学习与教育，创造文明的世界，古今可谓千差万别。问题也正在这里。人类是社会性的动物，"个人"如果未能学习社会化的正当模式，或者形成反社会的人格特质，那么他可能损人利己、假公济私，甚至造成大规模的灾难。犯罪学专家指出：大约有四分之一的人，生活及工作都与"犯罪"有关（如军警治安人员、律师、罪犯、保安与监狱系统等）。这真是令人震撼及遗憾的讯息。

为了防患于未然，上策是从小教育一个人走上正途。此卦《象传》说："蒙以养正，圣功也。"意思是：蒙昧之时可以用来培养正道，这是造就圣人的功业啊！美国行为科学的专家宣称："把一个婴儿交给我们，我们可以把他培养成为圣徒，也可以把他培养成为罪犯。"如果在启蒙时期有了偏差的观念，一个人还有多少希望呢？蒙卦初六指出："发蒙，利用刑人，用说桎梏。以往，吝。"意思是：启发蒙昧，适宜用刑罚来规范人们，借此让他们摆脱桎梏。依此有所前往（亦即，一直使用刑罚），将会陷入困难。

换言之，儿童需要管教。管教的目的是希望他摆脱双重桎梏：一方面不再受制于本能、情绪、欲望、冲动，能够谨守做人的规范与处世的道理。另一方面，则是避免将来违法乱纪，真的被关进监狱中。除了使用"刑罚"之外，还须启发"良知"，让一个人自动地行善避恶，然后参与正常社会、享受人生福祉。

柏拉图一生不婚，也无子嗣，但是在谈到幼儿教育时，他说："当一个孩子开始听得懂别人对他说的话时，护士、母亲、看顾的奴仆，以及父亲本人，都要争相努力使这个孩子变得很好。他们所教的一言一行，都是要告诉他分辨对与错，美与丑，敬与不敬，该做的与不许做的。有的时候，他会乐意听从他们的劝导。若是不听从，就像对待长得扭曲变形的树苗，他们会设法以威胁与打骂来矫正他。"儿童时期没有得到正确的教诲，往后这个孩子的一生即使不陷入桎梏（脚镣手铐，锒铛入狱），恐怕也很难走上正路。难怪柏拉图会说：要戕害一个孩子，最有效的办法是让他"心想事成"！换言之，启蒙必有某些约束，其目的是为了培养正道，成就圣人的功业。

除此之外，大人也有可能陷于蒙昧，这时就须求教于神明或智者。《象传》说："再三渎，渎则不告。"意思是：两次三次占筮，是亵渎神明，亵渎就不告诉他。有些人占筮(包括今日所谓的算命)时，心中打定主意，一定要听到自己满意的答案才停止。有些人向朋友请教，也是一定要听到自己满意的答案才肯罢休。这样无异于强迫别人来为他"背书"，实在是蒙昧之至。我在大学教了三十多年的书，连规劝大学生都觉得力不从心，何况是规劝成人？所以，我多年以来不再为别人出主意，因为自知不但无效，反而会落个多事之讥。

由此更可肯定蒙卦的深刻见识，亦即儿童教育是一生苦乐的基石。但是，《易经》一定给人路走，在本卦《大象传》就说："君子以果行育德。"亦即，君子由此领悟，要以果决的行动培育道德。所谓"君子"，是指"有志成为君子的人"，这样的人就不限于儿童了。在此，方法是"果行育德"，这四个字有如座右铭，劝人要有果决的行动，或者行动要有结果，而目标则是育德，可以日进于德。蒙昧之中隐藏着不可测的危险，同时也显示了化险为夷的契机。把握住此一契机，人生也将充满希望。

5. 需卦 ䷄

实例1：耐心等待

　　搭飞机不能把时间赶得太紧。有一次我应邀去广州演讲，台北到广州只需一个半小时，我想提前两个半小时出发应该没有问题。人算不如天算，我在候机楼听到班机延误的报告，开始有些担心。半小时过了，还没有消息。广州方面的主办演讲的单位着急得要抓狂了。

　　我看手中的登机证，找到三组三位数，组成一个需卦（水天需，䷄，第五卦），变爻初九，爻辞是："需于郊，利用恒，无咎。"意即：在郊野等待，适宜守常不动，没有灾难。我知道需卦是"等待"之意，因为水在天上，有如云在天上而尚未下雨，我们只能干着急。

　　那么要等多久呢？初九是变爻，从下往上要经过六步才能走完本卦。因此，计算单位是六。飞机误点不大可能长达六个小时，所以应该是六十分钟。如此一来正好可以赶上广州的原定演讲计划。我心中有数，也就不慌不忙了。有些乘客对于延误无法谅解，到柜台前与服务员大声吵闹。我在不懂《易经》占卦之前，大概也会做出类似的事。现在则若无其事，好像胸有成竹似的。

　　六十分钟之后，飞机果然起飞，并且顺利抵达广州。接待的人员急得快哭了，我则为自己的从容态度深感抱歉。毕竟发生这种事，也不是我乐见的。

实例2：中年转业

　　一位朋友说，他的姊姊原来做餐饮业，遇到金融风暴，生意不好，想要转业。于是占问此事，得到"需卦"（水天需，䷄，第五卦），六爻不变。这时要看卦辞以及《大象传》。

卦辞说："有孚，光亨，贞吉。利涉大川。"意即：有诚信，广大通达，正固吉祥。适宜渡过大河。本卦的组合是下乾上坎。坎在外表示仍有障碍；乾在内，表示自己有实力也有诚信，等到时机成熟，即可大展宏图。

但是，时机成熟了吗？《大象传》说："云上于天，需，君子以饮食宴乐。"这里由自然界取象，当水在天上时，代表水仍是云气，尚未成雨。这时着急没有用，最好随顺时势，"饮食宴乐"，保养身体，放宽心情，耐心等待。

后来这位朋友说，他姊姊转业之事已经大致谈妥，只是薪资报酬尚须协调，不知何时会有结果，所以心情颇受干扰。现在占得此卦，知道不必心急，暂且认真过当下的日子吧！

"饮食宴乐"并不是纵情于生活享受，而是在身心两方面好好调节。"休息是为了走更远的路"，这句话含有至理。中年与否，并不重要，人生随时随地都是新的契机，只要保持愉悦的心境，换个角度看待自己的处境，说不定会更加珍惜这种喘一口气的机会。

需卦的启示

《易经》第五卦是需卦，卦象是"水天需"（☵☰）。水在上而天在下，这时的水还处于云的状态，所以可以浮在天上。云尚未成雨，表示"需要"等待。在等待期间，可以饮食宴乐。宋儒程颐说："饮食以养其气体，宴乐以和其心志，所谓居易以俟命也。"身心健康而愉悦，是为了处于平常日子，准备接受天命。

"水天需"，水是坎卦，代表危险在前面（六爻由下往上看，所以上卦在前而下卦在后）；但是天是乾卦，代表刚强劲健的动力，即使面对危险，也不会陷于困穷之中。需卦六爻的爻辞中，有五爻提及"需"字，譬如初九是"需于郊，利用恒，无咎"，意思是：在郊野等待，适宜守常不动，没有灾难。在此，需是需要"等待"；凡是有所需要，则须等待条件成熟，否则可能事倍功半，甚至最后一事无成。

其次，九二是"需于沙"（在沙滩中等待），九三是"需于泥"（在泥沼中等待）。由郊野到沙滩，再由沙滩到泥沼，这种进展清楚肯定了上卦是水，亦即大川。古代大川是充满危机的，没有坚强的实力就不可能渡川。《易经》六十四卦中，在卦辞里提到"利涉大川"（适宜渡过大河）的，只有七卦（需卦、同人卦、蛊卦、大畜卦、益卦、涣卦、中孚卦），这七卦的特色是：其中必定出现乾卦（天）或巽卦（风）。有天的刚健或风的顺从，才可能渡过大川。这也合乎古人的生活经验。

往上到了六四，就是"需于血，出自穴"，意思是：在血泊中等待，从洞穴中逃出来。坎卦又称血卦，六四已进入坎中，所以说"需于血"，那么它为何可以逃出虎口呢？因为两个条件：一是它有底下的初九可以正应，二是它有上面的九五可以顺承，因此有惊无险。仔细观察，可以再补充一利一弊：利是六四以阴爻居柔位，正好当位（阴爻居柔位，阳爻居刚位，都是当位）；弊是六四面对底下三个阳爻进逼时，可谓首当其冲，难免见血。由此可知，在解说一爻时，要根据爻辞来寻找该爻的利弊条件，然后才能明白爻辞的内容。换言之，爻代表"位"，人在世间的位置或处境，是相对于周遭的环境来考虑其吉凶的。

到了九五，爻辞是"需于酒食，贞吉"，意思是：在享用酒食中等待，正固吉祥。由此语可知九五是本卦主爻，因为它说出了需卦的关键，就是在等待时应该好好补充营养，以免遇到挑战时后继无力。上卦明明是个坎卦，为什么会有酒食之象呢？因为坎卦为水，由水再引申到酒食，不是很合理吗？我们现在不是也说"以水代酒"（或以茶代酒）之类的话吗？九五在上卦中间，又是阳爻居刚位，是既中且正的格局，所以处于最佳的等待状态，就是"需于酒食"。

最后到了上六，爻辞说："入于穴，有不速之客三人来，敬之终吉。"意思是：进入洞穴中，有不请自来的三个客人到了，尊敬他们，最后吉祥。相对于前面六四的"出自穴"，上六则说"入于穴"。坎卦为陷阱，犹如洞穴，上六在最里面（由下往上看，它是最里面；但是由全卦之由下往上推移，它是最外面）。这时比较有趣的是，它已经不再谈到"需"字，而是透过它与九三正应，而把下卦的三个阳爻给带上来，形成三个客人。所谓"不速之客"（不请自来的客人）一词，直至今日仍常有人使用。

九三的《小象传》提及"敬慎不败"，上六的爻辞则说"敬之终吉"。两者正应而皆强调"敬"字，可见在等待时必须保持谨慎而恭敬的态度，不然难免陷入困境。当这一切都做到之后，要渡过大河也没有什么问题了。

总之，需卦有三义：一是有所"需要"；二是由此引申为"等待"各项条件趋于成熟；三是合需要与等待二者，再以"饮食"为具体的建议。

6. 讼卦 ䷅

实例1：避免争端

上海一家培训公司希望与我签约，为他们的学员讲《易经》。由于需要安排九天的时间，可谓兹事体大。我请助理为此事占一卦，得到讼卦（天水讼，䷅，第六卦），六爻皆不变。

这时要看卦辞，它说："有孚，窒惕，中吉，终凶。利见大人，不利涉大川。"意即：有凭证可信，窒塞而须警惕，中间吉祥，最后有凶祸。适宜见到大人，不适宜渡过大河。由此可知，此事不但会有困难，最后结果也不理想。怎么办呢？《大象卦》说："君子以做事谋始。"意即：君子由此领悟，做事要在开始时就谋划好。

我于是请助理与该公司签一份详细的约，其中列出"若开课不成，则由必须负责的一方赔偿另一方十分之一的费用"。由于这家公司过度乐观，在招收学员的学费上列出过高的费用，以致最后报名人数不足而无法顺利开成。

课开不成，大家只好依约行事，要由培训公司赔偿我十分之一的课酬。公司一再表示歉意并希望减少赔偿金额。我们做事"不为已甚"，不宜让别人太辛苦，于是打了对折解决问题。当时若是未占此卦，则此事可能不会如此顺利告一段落。生意不成仁义在，大家依然可以做个朋友。

实例2：诉讼不利

一位朋友因故被法院在初审时判刑三年。他不服上诉，就在二审宣判前一周找我谈占卦之事，要我为他占卦。

我尽可能"教人自己占卦",于是教他以筹策按部就班来占问二审判决的结果。结果出现时,他与我同时吓了一跳。他占得的是"讼卦"(天水讼,䷅,第六卦),变爻九二,爻辞是:"不克讼,归而逋,其邑人三百户无眚。"意即:争讼没有成功,回来躲避,他采邑的三百户人口没有灾害。

意思很明显:一,他二审依然会被判刑;二,暂时还可以在家度日,不妨另外设法上诉;三,为他出庭作证的亲友不会被连累,意即没有灾害。

一周之后,法院二审宣判,维持原有的三年徒刑。不过,他还有三审上诉的机会。至于为他作证的亲友,由于有"伪证"之嫌,也可能因而被判刑,但是这一部分法官念在他们是出于亲情、友情的动机,没有追究刑责。

这位朋友自此以后对《易经》深信不疑,并且认真研究。《易经》六十四卦确实有个讼卦,因为自古以来,人间难免争讼之事。值得注意的是:讼卦九五说"元吉"。九五代表公正严明的法官。只要法官公正,善恶得到适当报应,社会正义得以伸张,不是上上大吉吗?

讼卦的启示

从需卦到讼卦,不只是第五卦与第六卦的关系。《易经·序卦传》专门解说六十四卦的顺序有何道理,在谈到这两卦时说:"饮食必有讼,故受之以讼。"意思是:人们为了满足饮食的需求,必然会产生争执与诉讼,所以接着上场的是讼卦。另一方面,需卦是"水天需",讼卦则是"天水讼"。这两者互为"覆卦"的关系,亦即六爻由下而上"整个"翻覆过去。

任何人听到诉讼,都会觉得不安与不祥。但是,《易经》讲究客观的变化规律,发现人的社会不可能没有竞争,而竞争若未得到妥善的处理，接下去就会演变为斗争与战争了。因此，诉讼不但不是坏事，反而是化解恩怨、追求公平与正义的最佳手段。于是，讼卦六爻有四爻的爻辞出现了"吉"字。只有到了上九的《小象传》才补充一句："以讼受服，亦不足敬也。"意即：因为争讼而获得官服，也就不值得尊敬了。

由此可以联想到孔子所说的："听讼，吾犹人也，必也使无讼乎！"（《论语·颜渊》）意思是：审判诉讼案件，我与别人差不多。如果一定要有所不同，我希望使诉讼案件完全消失。孔子的理想简直是个乌托邦，但是这不正是大家的共同愿望吗？其实，从《易经》看来，诉讼是无法避免的，但也没有如此可怕。

讼卦的卦象是"天水讼"（☰☵），天在上而水在下，这两者没有交集合。上卦刚强而下卦险恶，在没有共识的情况下，难免要诉讼了。且看六爻怎么说。

"初六。不永所事，小有言，终吉。"在初六，不要把事情做到底，虽有小的责难，最后吉祥。任何争执都是从小事开始，只要注意收敛，即使自己受到一些责怪，也都可以因无讼而吉祥。本卦《大象传》说"君子以做事谋始"，亦即君子由此领悟，做事要在开始时就谋划好。将诉讼化解于无形，实在需要明智与修养。

接着，九二是"不克讼"（争讼没有成功），因为它与上卦的九五不应，甚至互相抗衡，他的争讼怎能成功？但是由于九五既中且正，所以不会牵连到九二的部属。到了六三，可以"食旧德"，因为它本身阴爻居刚位，不会太强势，并且有上九正应，等于"享用祖先的余荫"，虽有危险而最后吉祥。

九四的命运与九二相同，也是"不克讼"。这两个阳爻都在柔位，力量不足但又不服输，幸好全卦主爻是九五，九五是英明公正的法官，在裁决之后，让九四安于自己的角色，结果也是吉祥。

最让人惊讶的是："九五。讼，元吉。"居然有争讼而可最为吉祥。《易经》六十四卦中，只有十二卦出现"元吉"。我们以前谈过坤卦六五的"黄裳，元吉"，现在的讼卦又是如何元吉的呢？关键在于"九五"，亦即天子或法官既公平无私又坚守正义。如果人的社会必然会有争执与诉讼，那么我们最盼望的不是公正的执法人员吗？在孔子"无讼"的理想实现之前，有了九五这样的明君，不是天下最为吉祥的事吗？

由此可知《易经》的务实性格，以及它建立在客观现实之上的合理的理想。然而，讼卦最后的结果呢？"上九，或锡之鞶带，终朝三褫之。"意即，或许受赐官服大带，但是一天之内被剥夺三次。即使争讼成功，得到升迁机会，也难免隐藏后患，并且也谈不上别人的尊敬了。因此，从初六到上九，都在提醒人不要任意争讼，但是"真理愈辩愈明"，为了正义的缘故，也不可充当乡愿，这时只好期望九五秉公断案了。

君子要"做事谋始"，道家老子进一步提醒我们"慎终如始，则无败事"（《老子》六十四章）。面对事情结束时，能像开始时那么谨慎，就不会遭到失败了。有始有终，又能在过程中谨守分寸，人生或许可以无讼。

7. 师卦 ䷆

实例1：依循正途

上次有人问到师卦（地水师，䷆，第七卦），这让我想起来在长春的一次谈话。在演讲结束后，还有一点时间，于是几位负责安排会场的朋友聚在一起要我教他们占卦。

有一人说要占问升官之事。他占得的是师卦，变爻初六，爻辞说："师出以律，否臧，凶也。"意即：军队出动要按照军纪，不顺从的将有凶祸。

他一看爻辞，脸色大变。为什么呢？他私下告诉我："最近单位有一个空缺，我也有走后门送礼的渠道，正在考虑要不要这么做。"

我说："是的，爻辞这话在警告你，一切都要照规矩来，不然就算你一时成功了，将来难免会有后遗症。这个'凶'字到底如何应验就不知道了。请你千万小心。"他很认真地点头称是，还感谢我的教导。

我说："我们要一起感谢我们伟大而睿智的祖先与神明。我只是从事学术研究的人，一切都按卦爻辞的意思来理解。我的理解也未必全对，还大有改善的空间。"

学习《易经》，依《系辞传》所说，是要我们在"德行、能力、智慧"这三方面不断上进。德行与能力全靠自己，而智慧则可依占卦而收事半功倍之效。

实例2：算命不够

一家直销公司请我演讲，谈的是儒家。我在做结论时，顺便提及道家与《易经》。在提问讨论时，一位学员说："我去年算命，算到师卦，请老师为我解释。"

我不知道是谁为他算的，也不知道算的方法是什么。所以我只能根据"师卦"（地水师，☷☵，第七卦）的一般意思来说明。

我说："师卦的师字有两个意思。一是群众，这代表你的直销生意得到很多下线的支持；二是军队，这代表你遇到竞争对手，可能有不小的压力。"我接着说："可否问你几岁？"他说："二十九。"

我说："师卦是一阳五阴的格局，九二这个阳爻是主爻，你二十九岁正好在这个位置，所以暂时没有问题。"他听了连连点头称是。

九二爻辞说："在师中，吉无咎，王三锡命。"意即：率领军队而能守中，吉祥而没有灾难，君王三次赐命嘉奖。

我担心的是明年他的运势可能大不相同。师卦六三说："师或舆尸，凶。"意即：军队或许会载着尸体回来，有凶祸。他明年三十岁，不是很让人担心吗？我没有继续谈这些，因为时间不够，并且一般算命采用什么方法，我也不清楚。因此只能随缘而说，点到为止。

师卦的启示

师卦是第七卦，从各卦的顺序看来，"讼必有众起，故受之以师。"由于前面的讼卦象征为了某些利益而争讼，争讼时就像现代的法院一样，原告与被告两边在外面都有支持者，形成群众。"师"的原意即是"众"。

从卦象看来，"地水师"（☷☵），地中有水，聚集成地下水，有如聚众成群，拥有某种实力。并且，全卦较为特别的是：只有九二是阳爻，其余是五个阴爻；这是一阳五阴的格局。《易经》各卦皆有其"主爻"，其功能是彰显该卦的主要时势，并且作为该卦的其他各爻的核心。以一阳五阴（或一阴五阳）而言，物以稀为贵，这个单独的阳爻（或阴爻）就自然成为该卦的主爻了。

师卦的主爻是九二，刚爻居下卦中位，上有六五相应支持；并且，"地水师"表示地为顺从，水为行险；合之则为行险而顺。本卦《象传》说得很清楚："刚中而应，行险而顺；以此毒天下，而民从之，吉又何咎矣？"本句后半段的意思是：用这种做法来役使（毒为役使）天下，而百姓跟随他，结果是吉祥的，另外还会有什么灾难呢？如此一来，师卦形成军队，而"师"字也成为军队编制用语之一。古代军队：五人一伍，五伍一两，四两一卒（一百人）；五卒一旅，五旅一师（两千五百人）。

再就师卦各爻来看，初六、六三、六五都提及"凶"字，这表示在群众斗争或正式征战的场合，阴爻居刚位都不会有好结果。就好像本身柔顺的阴爻偏偏产生了动力，而这时的真正实力在于九二主爻。

譬如，初六"师出以律，否臧，凶"。意即：军队出动要按照军纪，不顺从的，将有凶祸。"否臧"为逆善，亦即不顺从军纪。为何说初六"否臧"？因为阴爻居刚位，这是不当位；并且，往上与六四又敌而不应。不过，爻辞中有假设语气（"如果"不顺从的话），表示必须小心不要"否臧"。这个假设语气来自它上承九二，至少是一个优点。相对于此，六三就完全不同了。

"六三。师或舆尸，凶。"意即：军队或许会载着尸体回来，有凶祸。六三的困境除了不当位与无正应之外，还多了一项最严重的：对九二"乘刚"。九二是主爻，所以六三陷入本卦最凶险的结果。战争难免死伤，六三要承担这个责任吗？爻辞提及"或"字，表示疑词，原因是六五也要分担这个责任。

到了六五，情况比较复杂，一方面"田有禽，利执言，无咎"。意即：田里有禽兽，适宜说明捕获的理由，没有灾难。在决定要不要作战时，实力虽然在于九二，但是六五毕竟占了天子之位，要负责宣战，亦即所谓"师出有名"。接着，另一方面，"长子帅师，弟子舆尸，贞凶"。意即：长子统率军队，弟子载尸而归，正固会有凶祸。长子是指九二，弟子是指六三；这种结果是六五依其角色而必须面对的。

至于二、四、上这三个柔位，就得到不同的命运了。九二，"在师中，吉无咎，王三锡命"。亦即：率领军队而能守中（二在下卦中位），吉祥而没有灾难，君王（六五）三次赐命嘉奖。六四"师左次，无咎"，亦即：军队后退驻扎，没有灾难。所谓"左"，是因军中尚右，以左为退。六四阴爻居柔位，有退避之象，这是正常又正确的做法，所以无咎。到了上六，表示战争结束，要论功行赏了，所以说："大君有命，开国承家，小人勿用。"亦即：天子颁赐爵命，封为诸侯可以开国，封为大夫可以立家，对小人则不要任用。

这表示战争胜利之后，有功者包括君子与小人。小人或许可以听命作战，但是胜利之后，"赏之以金帛禄位可也，不可使有国而为政也"（程颐之语）。由此可见，战争之始与终，皆须谨慎，否则即使胜利，依然会有隐忧。

8. 比卦 ䷇

实例1：轻诺寡信

我在北京开《易经》班时，学员只有二十五人，但是学习气氛热络，大家感情不错。这个班结束时，有一位同学自告奋勇，说要支持成立读书会。他是一位颇具财力的企业家，要办成这样的小事，实在没有什么难处。班上另有几位同学立即表示愿意担任志工，在他的号召下共同努力组织与学习。

时隔二月没有动静。一位志工占了一卦，得到"比卦"（水地比，䷇，第八卦），变爻上六，爻辞是："比之无首，凶。"意即：要亲近依靠却找不到带头的人，有凶祸。

比卦所说的是一群人相聚合作，这时需要九五带头。上六在最外面，准备出局了，亦即他找不到人带路。眼见大家相聚，而他一人被排除在外，真是情何以堪。

由于所要占问的是"读书会可以办成吗？"所以答案是办不成，因为没有人带头。这时我就说："暂且搁置吧，等将来时机成熟再说。"做事不能靠冲动，老子说："轻诺必寡信。"我们不能因为自己说话算话，就轻易相信别人也会如此。

有时看来简单的事，却未必顺利完成。常理难以判断，就只好求助于占卦了。占卦结果一出来，真是由不得我们不接受啊。

实例2：合作不利

我在苏州为一家房地产公司演讲国学，最后谈到了《易经》。大家对《易经》的认识仍停留在算命工具上。我多讲了几句为《易经》

辩护的话，会后就有人在门口候着，非要请我吃饭一叙不可。于是主办方安排一桌人相聚。

一位女士说她正在考虑一项合作投资计划，想占问是否可行。以筹策占卦，得到"比卦"（水地比，☵☷，第八卦），变爻为六三，爻辞是"比之匪人"。意即：亲近依靠的都是不适当的人。"匪"借用为"非"。

"比"字为亲近依靠之意，通常在占问合作（一起工作或投资）时，容易出现这个卦。这个卦四爻皆吉，只有六三与上六不好。这是因为九五是唯一的阳爻，为全卦主爻，但是六三怎么都靠不上边，而上六对九五乘刚（阴爻在担任主爻的阳爻上方），犯了大忌。

我接着问这位女士说："你的合作伙伴是否可靠？"她一听就面露尴尬神色，然后说："这正是问题所在，他还欠我一笔钱没还，现在又提议新的合作案，让我甚觉烦恼。现在占到这个爻，我心里有数了。"

合作投资没有保证获利的，即使获利还须面对合理分配的问题，如果伙伴不可靠，什么都谈不上了。

比卦的启示

《易经》从乾坤二卦开始，象征天无不覆，地无不载；接着是万物产生，形成屯蒙二卦；然后到了需卦与讼卦，就具体描述人间的复杂情势了。无论再怎么复杂，也要维持生存与发展，所以接下来我们看到师卦与比卦。

这最初的八个卦之间，有一条清楚的线索。譬如，在万物始生的屯卦卦辞，提及"利建侯"（适宜建立侯王），并且《象传》也发挥其旨，说"宜建侯而不宁"（适宜建立侯王，并且勤奋努力不休）。到了比卦卦辞则说："不宁方来"（从不安定中刚刚转变过来）。这两处的"不宁"，分别描写"不休息"与"不安定"，看似不同而目标是一致的,亦即比卦《大象传》所说的:"先王以建万国,亲诸侯",意思是:先王由此领悟,要封建万国,亲近诸侯。先王是指古代天子,他到了比卦的阶段,才算真正安定了天下,进行封建诸侯的工作。

师卦是"地水师",比卦是"水地比"(䷇),这两者也是覆卦关系。比卦水在地上;地承载水,水滋润地,两者相互依存,而"比"字就有亲近依靠之意。我们现在还在使用"比肩而行"一语。

比卦也是一阳五阴的格局,但是它的阳爻到了九五,九五是天子之位,所以名正言顺可以安邦建国。我们先看九五主爻怎么说。"显比,王用三驱,失前禽。邑人不诫,吉。"意思是:发扬亲近依靠的作风。君王用三驱之礼狩猎,失去往前跑的禽兽。国中的人没有戒惧,吉祥。在此,所谓三驱之礼,是指古代君王狩猎时,采取左、右、后三面包抄,但是不阻绝正前方。这称作"舍逆取顺",舍去叛离的,容纳归顺的,所以失去往前跑的禽兽。

以狩猎而言,由于猎物要供祭祀、招待宾客,或献给君王享用,所以必须不损伤猎物的颜面与外观,因此方法上必须采取"舍逆取顺",不射杀逆向而来的,只射杀顺着我的方向的禽兽。这句比喻用在人类社会上,意即我接纳一切归顺我的人,但是不去勉强那些叛离我的人。一国之人当然以团结为贵,比卦所强调的正在于此。

比卦以九五为主爻,它与初六、六二、六四皆为"吉"。初六虽然离九五最远,但是它"有孚盈缶"(有诚信如同瓦罐盈满)。这是因为下卦是坤,坤为地,也是釜(锅),借用为缶(瓦罐);上卦为坎,亦为水。水在瓦罐上方,表示水满而诚信无比。有诚信,自然可以亲近依靠了。

其次,六二与九五正应,当然是吉。六四上承九五,也应是吉。但是六三就麻烦了,因为它阴爻居刚位,并且与上六又敌而不应,变成无依无靠。所以六三爻辞说:"比之匪人。"意即:亲近依靠的都是不适当的人。这种情况实在让人感伤。

全卦到了结束阶段，出现了一个凶字。"上六。比之无首，凶。"意即：要亲近依靠却没有开始的机会，有凶祸。原因是上六与六三不应，并且上六对九五"乘刚"。九五是主爻，已经完成比卦的理想。上六没有相比的机会，又走到全卦尽头，所以难免有凶。在大多数的卦中，最后一爻（上六或上九）都是不好的结果，即使在比卦也是如此。《易经》描绘万象的变化，吉与凶，福与祸，本来就是相互依存，轮流上场的。所以，吉时不可得意忘形，凶时不必灰心丧志，因为下一步就是转变的契机。

《易经》乾卦有"见群龙无首"一语，比卦则说"比之无首"。前者是说乾卦六爻皆阳，显示"无首（无尾）"，一往平等，所以是吉祥。而比卦的"无首"，则是指"没有开始亲近的机会"，所以是凶祸。同一语而意不同，所以在理解时不可拘泥。

总之，比卦是象征人类社会找到合宜的领袖，大家组成同心同德的团体。人是社会性的动物，现在社会趋于安定，下一步要做什么呢？《易经》会继续提供思考的线索。

9. 小畜卦 ䷈

实例 1：合作不易

我在合肥演讲《易经》时，会后照例让几位听众提出问题。由于时间有限，使用的是简单易懂的数字卦。

一位女士说出三组三位数，得到小畜卦（风天小畜，䷈，第九卦），变爻九三，爻辞是："舆脱辐，夫妻反目。"意即大车脱落辐条，夫妻反目失和。这是因为小畜卦是五阳一阴的格局，六四为主爻，它在九三的上方，无异于妻在上位，易形成争吵。

我请这位女士提出她的问题。她说有二位朋友要与她合伙做生意，不知未来发展如何。我说"夫妻反目"一语已经很明显。这表示将来整个公司要靠一人独撑，而此人位于相关的人之上，恐怕不易和谐相处。

她一听连连称谢，又不禁皱起眉头。我再说，也许等三个月之后再占，因为各种情况都会产生变化，不然就先别着急，到明年再合作。因为六四说："有孚，血去惕出，无咎。"意即：有诚信，避开流血并走出戒惧，没有灾难。我在解卦时，只能根据卦象来说，主要参考卦辞与爻辞。所以古人学易总会设法练习自行解卦，因为只有自己最清楚各种相关的人地事物，在解卦时也较容易分辨问题的关键何在。《易经》助人减少盲目与执着，十分可取。

小畜卦的启示

《易经》六十四卦中，有十六卦的卦名是两个字，正好占了总数的四分之一。首先出现两个字的卦名是"小畜卦"。顺着前面的比卦而来，在人群团结和谐之后，就会开始小有积蓄，在经济生活方面累积实力。

小畜卦的卦象是"风天小畜"（☴☰），显示一阴五阳的格局。这时一阴（六四）成为主爻，要统领五个阳爻。阴爻为"小"，阳爻为"大"，形成以小畜大的情况，所以卦名称为小畜。并且，一阴面对五阳，能力与实力皆有所不足，只可期待小成，是为小畜。

小畜卦以六四为主爻，而六四阴爻居柔位，正好"当位"，可以获得五个阳爻的呼应与支持。这些阳爻的吉凶，要看它们各自与六四的关联如何。譬如，初九是："复自道，何其咎？吉。"意思是：循着正路回来，会有什么灾难？吉祥。这是因为初九阳爻居刚位，又有六四正应，可以依循正路回到它的应有位置，亦即在小畜卦中要少安毋躁，谨守本分，接受六四的领导。

九二是"牵复，吉"，意思是：由牵连而回来，吉祥。九二位于下卦中位，并且上下皆是阳爻，等于大家牵连在一起，也须安于其位，可以获得吉祥。九三就麻烦了，"舆脱辐，夫妻反目。"意思是：大车脱落辐条，夫妻反目失和。当大车脱落辐条时，车子动弹不得。九三原本具有强劲的动力，带着底下两个阳爻，形成刚健的乾卦往上冲，奈何遇到六四这个主爻，只好停顿下来。不仅如此，六四还对九三乘刚，等于妻在夫之上，家庭关系无法端正，形成"夫妻反目"的情况。

到了六四，则靠着诚信，可以"血去惕出，无咎"，亦即避开流血并走出戒惧，没有灾难。这一切来自：六四当位，下有初九正应，上有九五可承，然后可以保住主爻的位置而没有灾难。六四善尽职责，可以把成就上推至九五。九五的爻辞是："有孚挛如，富以其邻。"有诚信而系念着，要与邻居一起富裕。九五既中且正，是尊贵的天子，又有六四相承，足以表现诚信。小畜到了这个阶段，稍有所成，而九五也愿与各爻分享。

到了上九，小畜卦进入尾声，又会出现什么情况呢？我们回到本卦的卦辞，它说："密云不雨，自我西郊。"意思是：浓云密布而不下雨，从我西边的郊野飘聚过去。依《象传》的解说，这种现象的原因是，因为风往上吹（风在上而天在下），所以"密云不雨"，并且因为施雨还不到实现的时候，所以"自我西郊"。至于为何"施未行"？则理由应该是六四只有"小畜"，依其权位与能力，尚未能施恩于天下。现在，小畜卦结束时，前面的密云不雨也该有个转机了，所以上九爻辞说："既雨既处，尚德载。妇贞厉。月几望，君子征凶。"意思是：已经下雨了，已经可以安居，要推崇道德满载。妇女正固会有危险。月亮快要满盈，君子前进会遭凶祸。

为何妇女正固会有危险？因为本卦归功于六四，六四这位伟大的女性完成了小畜卦的目标，但是切忌居功自满，而须功成身退。若是从君子的立场来看，则"月几望"所象征的是阴柔的势力笼罩天下，此时贸然前进，将会遭到凶祸。这显示对阴阳双方皆有所警惕。关键在于要推崇道德，使大家安居乐业。

于是，本卦《大象传》说："君子以懿文德。"意思是：君子由此领悟，要美化自己的文采与道德。当一个国家刚刚建立的时候，正如前面的比卦所描述的；现在所需要的，则是程颐所说的："君子所蕴蓄者，大则道德经纶之业，小则文章才艺。""文德"是指文采与道德，两者必须兼备。此时，要留意的是"懿"字，亦即美化之。小畜卦以六四为主爻，以小畜大，正是想要"美化"天下的文采与道德。这种观点值得欣赏。

10. 履卦 ䷉

实例1：坚守正道

一位朋友潜心向佛，听我介绍国学（以儒家与道家为主）之后，觉得应该先深入了解自己传统中的经典，再做完整的思考。他是有实力的企业家，因此提议合作开班，让他的众多朋友也能一起来学。

我的助理认为兹事体大，于是以筹策占卦，得到履卦（天泽履，䷉，第十卦），变爻九二，爻辞是："履道坦坦，幽人贞吉。"意即：所走的路平坦宽阔，幽隐的人正固吉祥。《小象传》说："幽人贞吉，中不自乱也。"意即：幽隐的人正固吉祥，是因为他守中使自己不乱。

九二居下卦中位，这表示我所能做的只是坚持中道，顺势而行，既不强求也不推托。至于"幽人"，则是指沼泽中的平凡人，这是因为下卦为兑，而兑为泽。另外幽人也是指光线不足、难以看清状况的人。处于下卦，无法掌握全局，因为这整件事都是由这位朋友在出主意，我的角色只是设法配合而已。

看到"履道坦坦"一语，问题就不大了。现在要担心的是"幽人"一词，它提醒我要想办法使情况更明朗。占卦所反映的是目前处境，这种处境常在变化之中，自己把握主动的心思，依然是自求多福的关键所在。

实例2：清官难断

我到一家电视台接受访问，谈到《易经》的占卦妙用。节目结束之后，主持人拜托我为她占一卦。她先说明自己的处境与问题。原来她一向与母亲同住，现在希望搬出去独立生活，由兄嫂来照顾母亲。此事是否可行。

我教她使用数字卦，占得履卦（天泽履，䷉，第十卦）变爻六三，爻辞是："眇能视，跛能履，履虎尾，咥人，凶。武人为于大君。"意即：眼有疾还能看，脚跛了还能走，踩在老虎的尾巴上，老虎咬人，有凶祸。勇武之人要做大王。

由此可见，她的构想不太可行。她说："此事哥哥同意，但母亲反对。"履卦五阳一阴，由一阴担任主爻，要撑起全卦十分吃力。她觉得劳累，是可以理解的。但是如果想要违逆母亲的意愿，无异于踩到老虎尾巴，结果当然不好。履卦有穿鞋走路之意，必须按部就班、依礼而行，最后才会得到大家的谅解。

我建议她暂时打消念头，稍待三四个月之后再说。到了本卦上九："视履考祥，其旋元吉。"意即：审视走过的路，考察吉凶祸福，如此返回最为吉祥。清官难断家务事，她必须自己利用机会多向母亲解释这么做的原因，取得母亲的体谅，然后可以水到渠成。

履卦的启示

小畜卦代表一个社会的经济条件已经打下了基础，接着出现的是第十卦履卦。"履"的本义是鞋子，引申为穿鞋走路，进而成为行事合乎礼仪。许慎的《说文解字》谈到"礼"时，特别指出："礼者，履也。"正好可以互相参照。人生犹如旅行，必须言行合礼，否则将会走投无路。

由卦象看来，"天泽履"（䷉），天在上而泽在下。天是乾卦，代表刚健者；泽是兑卦，代表和悦者。和悦者在下，愿意以柔顺方式对待刚健者，这不是依礼行事吗？并且天的位置原本在上，泽的位置原本在下，各安其位，形成合理的秩序。所以，《大象传》说："君子以辨上下，定民志。"意思是：君子由此领悟，要分辨上下秩序，安定百姓的心意。

由卦象看来，履卦是一阴五阳的格局，只有六三是阴爻，因而也成为主爻。所谓"衣食足然后知荣辱"，这中间的关键正是教导百姓礼仪的规定。但是，在教导过程中，显然会有不少考验。本卦出现三个"吉"字，分别是九二、九四与上九，都是阳爻居柔位，所象征的是：在推行礼仪时，行动要坚定，态度则须柔和。

譬如，九二是"履道坦坦，幽人贞吉。"意思是：所走的路平坦宽阔，幽隐的人正固吉祥。九二位居下卦中位，走在坦途上；幽人犹如泽中之人，因为下卦兑为泽，这样的人谨守分寸，自然吉祥。

九四的爻辞很有趣："履虎尾，愬愬，终吉。"意思是：踩在老虎尾巴上，戒慎恐惧，最后吉祥。有时行礼如仪，必须全神贯注，稍有违失就会惹人非议。这里出现"虎"，是因为九四直接站在兑卦之上。在后天八卦有所谓"左青龙、右白虎、南朱雀、北玄武"之说，其意为：左为东（后天八卦的方位是由北往南看，所以东在左而西在右，与一般所见的地图相反）亦为震卦；右为西，亦为兑卦；南为离卦；北为坎卦。因此，兑卦有"虎"象。

九四踩在虎尾上，只要戒惧即可吉祥。到了上九，完成了整个礼仪的程序，"视履考祥，其旋元吉"。意思是：审视走过的路，考察吉凶祸福，如此返回最为吉祥。我们以前说过，"元吉"是最好的占验之词，只有十二个卦有此殊遇。更难得的是，到了全卦最后一爻而有元吉的只有两卦，一是履卦，二是井卦（第四十八卦）。那么，履卦上九何以元吉？理由很清楚，因为礼仪贵在有始有终，并且不到"典礼完成"就不能皆大欢喜。

接着，再看另外三爻。初九，"素履，往无咎。"意思是：按平常的践履方式，前往没有灾难。初九阳爻在刚位，但是毕竟位置最低，我们不会要求太多繁文缛节，只要它按平常方式行动，就可以无咎了。

然后，六三是主爻，情况非常复杂："眇能视，跛能履，履虎尾，咥人，凶。武人为于大君。"意思是：眼有疾还能看，脚跛了还能走，踩在老虎尾巴上，老虎咬人，有凶祸。勇武之人要做大王。六三以一个阴爻要统率五个阳爻，并且本身位于下卦，虽然勇武过人，但仍不宜造次。何以社会需要礼仪？目的是要让不同处境的人可以存异求同，大家采用同一套礼仪规范，就可以化解个别差异了。然后，大家都有路可走。谁要是逾越规范，就像是"履虎尾"，会有凶祸。那么，六三为什么可能走偏呢？因为它阴爻居刚位，并且上有上九正应，想要一步登天，因而显然跨越分寸而陷于险境。

到了九五，"夬履，贞厉"，亦即：刚决履行，正固有危险。九五既中且正，手握大权，依此而行（依其本性而正固之），将会有危险（厉）。

综上所述，履卦代表社会上的礼仪规范，是满足经济需求之后的教化重点。施行礼仪时，外表规矩方正，内心则须柔顺，亦即"礼让"一词所表示的，值得我们三思。

11. 泰卦 ䷊

实例 1：小往大来

我在广州开完《易经》班之后，接着计划开《论语》班。一位志工担心这一次又会有所亏损，就占问："在广州开《论语》班的结果如何？"

占得"泰卦"（地天泰，䷊，第十一卦），变爻九三，爻辞是："无平不陂，无往不复。艰贞无咎，勿恤其孚，于食有福。"意即：没有平坦而不倾斜的，也没有离去而不回来的。在艰难中保持正固，没有灾难，不必担心，要有诚信，在饮食方面有福气。

前两句话是说：如果过去有所亏损，后面会补贴回来。接着，一路坚持而有诚信，最后会有饮食可以享用。只要看到"于食有福"，就知道这次开班应该有些利益。所谓"小往大来"是也。

后来《论语》班开成了，参加学员五十人。所得学费把上次《易经》班的亏损补回来，并且还有一些结余。泰卦是上下相通之象，九三位正又有上六正应，并且上临三个阴爻，有如众人欢迎他。"有土斯有人，有人斯有财"这句古语应验了。九三上临坤卦，坤为土为众人，那么这时占问是否有利可图，答案是肯定的。

泰卦的启示

古代社会的阶级划分比较清楚，简单说来，有统治阶级与被统治阶级。战国时代的孟子肯定这样的二分法，亦即"劳心者治人，劳力者治于人"。用清楚的语词来说，君子是统治者，泛指贵族及其子弟；小人是被统治者，又称为民（百姓）。当然，"君子"在儒家的观念中，已经转化为修养德行、追求完美人格的有志之士了。

《易经》第十一卦是泰卦，卦象是"地天泰"（䷊）。为什么地在上而天在下这种完全颠倒的情况，反而是个泰卦呢？原因是：天是乾卦，也象征国君与君子，亦即统治者；地是坤卦，也象征庶民百姓，亦即被统治者。现在天在下，表示统治者来到百姓之下，可以探求民隐，使上下之间的心意得以沟通。"泰"即是通达之意。

《彖传》说："天地交而万物通也；上下交而其志同也。"只有天到地的底下，才可以说是天地交，因为天的本性依然在上，所以它会往上走；并且一卦六爻的运行方式，原本即是由下往上。于是，底下三个阳爻将会带着后续的阳爻往上走，结果将使上面三个阴爻逐一退出卦象。阳爻代表君子，而阴爻代表小人，所以《彖传》又说："君子道长，小人道消也。"意思是：君子的作风在成长，小人的作风在消退。这显然是一件好事。

《大象传》说："后以财成天地之道，辅相天地之宜，以左右民。"意思是：君主由此领悟，要根据天地运行的法则来设计制度，配合天地运行的条件来助成效益，借此引导百姓。这段话可以代表整部《易经》的精神所在，就是要依天道以立人道。

泰卦六爻的内容很丰富。以九二为例，"包荒，用冯河，不遐遗，朋亡，得尚于中行。"意思是：包容广阔，采取徒步过河，不因为遥远而有所遗漏，失去朋党，守中而行受到推崇。这几句话是政治人物的座右铭。以下分四点来谈。一，九二有六五正应，可以由下往上，涵盖天地，包容天下，这是有仁德。二，"用冯（凭）河"，直接徒步就要过河，这是有勇敢果决的行动。三，"不遐遗"，再远再小的事，他都不会疏忽，这是有智慧。四，"朋亡"，没有朋党，才可大公无私。由此可见，九二展现了仁、勇、智、公这些美德，自然大受推崇了。

事实上，各爻的爻辞都不错。初九是"征吉"，向前推进而吉祥，因为它在乾卦底部，上有六四正应，理当勇往直前。九三面临上下卦之际，不必太紧张，"艰贞无咎。勿恤其孚。于食有福"。意思是：在艰难中正固，没有灾难。不必担忧，保持诚信。在食物上有福可享。九三阳爻居刚位，又有上六正应；它面临上面三个阴爻，处境艰难，必须正固，但是发展的空间也很大，所以说"于食有福"。

上卦三爻以六五最好，"帝乙归妹，以祉元吉。"意思是：帝乙嫁来妹妹，以此得福最为吉祥。帝乙是商王，曾将妹妹许配给周伯（季历），生下周文王。虽然贵为王妹，嫁给诸侯也须依礼制规定，顺从其夫。六五与九二正应，表示阴要从阳。"元吉"出现了，上下配合，完美无比。于此可以对照坤卦六五的"黄裳，元吉"。

六四爻辞有"翩翩"一词，因为它面对底下三个阳爻的进逼，立足不稳，变得轻飘飘的。六四阴爻居柔位，实力不足以挡住攻势。到了上六，"城覆于隍，勿用师。自邑告命，贞吝。"意思是：城墙倒塌在壕沟里，不要出动军队。从乡邑传来命令，正固将有困难。古人筑城时，城外挖土成为护城河，土则堆砌成墙，现在墙倒，土又回到壕沟里，这表示"物极必反"。大势所趋，不必用兵；上六即将退位，准备接受新局面。

我们常说"否极泰来"，而《易经》的顺序却是"泰极否来"。这是物极必反的双向描写。至于"三阳（羊）开泰"，则是大家口中的吉祥语，有泰卦的卦象为据。

12. 否卦 ䷋

实例1：否极泰来

我在郑州演讲时，一位女士辗转托人说有事相商。原来是她的姐夫受人诬告，全案快要结束了，不知结果将会如何。

饭桌上通常使用数字卦较为方便。她占得否卦（天地否，䷋，第十二卦），变爻上九，爻辞是："倾否，先否后喜。"意即：倾覆闭塞的现象，先闭塞然后喜悦。

一看否卦，就知道此人处境不利，表示上下不通，下情不能上达，被困住了。至于是否冤枉，则卦象不易说明，因为诉讼的当事人总是自认为清白的。占卦只能由卦象看出下一步的发展。

现在，"先否后喜"等于预测将会有好的结果。否卦上九走到最后一步，表示要脱离此卦的范围，不再受困于否卦闭塞不通的情况了。我向这位女士说明占卦所示，请她不必担心。她有些心急，再问何时可以结案。我说，既然走到上九最后一爻，表示一个月左右就会有结果。她听了直说不可思议，因为依法院公告，下个月就会宣判。她再问，初审结案之后还会不会被人上诉。我说，既然爻辞是"先否后喜"，有个"喜"字，应该不会再有什么后遗症了。《易经》讲究变化，我们只能居安思危，随时准备应对新的挑战。

实例2：小孩有利

一位朋友在电视台工作，她的女儿今年上小学，她托人情想办法要让女儿进入全市最好的小学，但是又担心女儿能否适应。

我请她用简单的数字卦来占，占得否卦（天地否，䷋，第十二卦），六二变爻，爻辞是："包承，小人吉，大人否，亨。"意即：包容承载，小人吉祥，大人闭塞，通达。否卦本来是指闭塞而言，但六二位置既中且正，所以还有转机。现在是占问小孩的事，那么看到"小人吉"就不必担心了。

《易经》所谓的"大人"与"小人"，在解卦时可以直接代表大人与小孩，而不必涉及有无修养的问题。就像"君子"与"小人"对比时，也指有位者（管理阶层）与无位者（一般百姓）之间的对照而言。这是占卦解卦时很重要的一点。若不如此理解，那么谁会认为自己是小人？解起卦来，"小人吉"不是很奇怪吗？

我告诉这位朋友说："否卦代表上下不通，可见你让小孩去念这个学校，是用尽了心思。现在，对小孩吉祥，所以不必多虑，入学之后努力合群就是了。大人否，则是说做父母的比较辛苦，对于小孩在学校的表现，要多多包容承载。"解卦时有两种状况的并不多见，如何理解则仍有一定道理。

实例3：占问健康

一位朋友在初中教书，他的父亲年逾八十，近年住在养护中心，后因病送往长庚医院治疗。医师诊断后认为病情没有起色，就建议送回养护中心照顾。

他挂念父亲的健康状况，乃以筹策占卦，得到否卦（天地否，卦象是"☷☰"，第十二卦）。变爻有二：九五与上九。九五说："休否，大人吉。其亡其亡，系于苞桑。"上九说："倾否，先否后喜。"

解卦也要靠对爻辞的直觉。一方面，否卦本身是天地之气不通之象。九五有"其亡其亡"一语，意即"要灭亡了，要灭亡了"。为老人家占问健康，这几个字很清楚了。另一方面，有二爻变时，依朱熹的解法，要看上爻的爻辞。现在的上爻是上九。上九位于全卦的最高也是最后的位置。由于爻的运动是由下往上推进，所以上九的意思是要出局了。

一个月之后，他的父亲过世。否卦上九爻辞说："先否后喜"，这儿的"喜"字如何理解？依民间习俗，年逾八十的老人家过世，固然让亲友悲伤，但同时也代表高寿，是安享天年，寿终正寝。人生自古谁无死？能得善终自是一喜。这次有关健康的占问，在解卦时有些特别的地方，值得留意。

否卦的启示

照《易经》的顺序，先有泰卦再有否卦，因为通达之后必有阻塞。由卦象看来，"天地否"（☷☰），天在上而地在下，这不是合乎经验上的观察吗？为什么竟会阻塞不通呢？

答案是：正是因为天在上而地在下，两者之间没有交流的机会，所以万物也无法通顺畅达。《易经》讲究的是在变化中不断发展，所以阴阳二气交感才可流通。现在天地定了位，正如统治者不愿屈就去了解百姓的心声，这当然不是好现象！

在泰卦提及"君子道长"；到了否卦就变成"小人道长"了，意思是：小人的作风在成长。这是因为六爻由下往上推进，阴爻的势力越来越大。再就内外来说，上卦在外而下卦在内；下卦是坤，代表小人，上卦是乾，代表君子；如此一来，不是形成"内小人而外君子"吗？亦即：近用小人而疏远君子。

在这种处境下，君子怎么办呢？《大象传》说："君子以俭德避难，不可荣以禄。"意思是：君子由此领悟，要收敛修德以避开灾难，不可谋取禄位来显耀自己。这句话的警惕意义很清楚。君子纵有才华、抱负、修养与智慧，也不能不顾及时势，非要谋取禄位不可。

否卦的时势不佳，但并不表示六个爻都不好。譬如，初六安于下位，上有九四正应，可以通达。六二既中且正，又有九五正应，也可以通达，但是要注意"小人吉，大人否"（小人吉祥，大人闭塞）。相对于此，九五才是"大人吉"，但是九五另有危机，容后再叙。并且，在此，"小人"也可以指无权无势的平凡百姓。

六三是"包羞"（包藏羞耻），因为它阴爻居刚位，并且往上依附九四，而九四阳爻居柔位；两者皆不中不正。何况，六三还要顺势由下往上推进，内心之惭愧可想而知。九四"有命无咎，畴离祉"，意思是：有所受命，没有灾难，众人依附而得福。九四上承九五之命，下临坤卦，坤为民众；由此得到众人依附，所以不但无咎，还可得福（祉）。"畴"借用为俦，"离"为丽，依附也。

到了九五，眼看底下三个阴爻往上推进，它的位置也不易守住，不免发出感叹："其亡其亡，系于苞桑。"意思是：想到要灭亡了，要灭亡了，这样才会系在大桑树上。在《系辞下传》，孔子借题发挥说："危者，安其位者也；亡者，保其存者也；乱者，有其治者也。是故君子安而不忘危，存而不忘亡，治而不忘乱；是以身安而国家可保也。"意思是：危险的，是那安居其位的人；灭亡的，是那保住生存的人；动乱的，是那拥有治绩的人。因此之故，君子在安居时不忘记危险，在保存时不忘记灭亡，在太平时不忘记动乱，如此才能使自身平安，并且保住国家。我们现在则以"居安思危"一词来互相惕勉。能做到这一点，就可以转危为安，亦即"大人吉"。

最后是上九，"倾否，先否后喜。"意思是：倾覆闭塞的现象，先闭塞然后喜悦。《易经》的爻辞很少出现"喜"这个字，有喜出望外之感。原因是：否卦走到最后，等于见到黎明的曙光，可以苦尽甘来了。

泰卦与否卦的关系，是覆卦（由下往上整个翻覆过去）也是变卦（六爻全部由阴变阳，由阳变阴）。《易经》六十四卦分为三十二组，依序二卦为一组。每一组的二卦的关系都是"非覆即变"，而泰卦与否卦则是既覆且变。既覆且变的另外还有渐卦（风山渐）与归妹卦（雷泽归妹），以及既济卦（水火既济）与未济卦（火水未济）。

泰卦上六说"城覆于隍"（城墙倒塌在壕沟里），否卦上九说"倾否"（倾覆闭塞的现象）。这两者到了最后一爻又要转变了。通达的遇到阻碍，闭塞的重启生机。因此，我们处于任何卦象的时势中，都不必投注太多情绪，而须以理解为首要目标，以求妥善因应未来的变局。

13. 同人卦 ䷌

实例1：去留之间

为了考虑周全，针对某一个问题可以做正反两面的占卦。一位朋友在考虑要不要离职另谋高就时，先占问"选择离开"，得到"同人卦"（天火同人，䷌，第十三卦），变爻九五与上九，上九爻辞是："同人于郊，无悔。"《易经》各爻还有一句简单的《小象传》，用以补充说明爻辞的，它说："同人于郊，志未得也。"意即：聚合众人于郊外，是因为心意没有得到响应。

选择离开而占到同人卦，似乎与原有的心意背道而驰。并且，"志未得"一语，似乎在提醒他这种想法未必可行。

接着他再占问"选择留下"，得到"家人卦"（风火家人，䷤，第三十七卦），由于出现三爻变，所以要参考卦辞："家人，利女贞。"意即：适合女子正固。占问者并非女子，所以这儿的意思是：员工以公司为家，而他应该像女子在家中一般守住岗位。

在一个单位工作一段时间之后，同事们培养出类似家人的感情，原是十分自然的事。因此占问"留下如何"时，得到家人卦，可谓相当契合。当然，家人相处以感情为重，而未必可以取得经济上的更好条件。人生没有完美，任何选择也都是有得有失，就看自己在某一阶段所珍惜的是什么。

同人卦的启示

《易经》第十三卦是同人卦，卦象是"天火同人"（䷌）。细心的读者也许注意到了，这是首度出现"火"的卦。火对古人而言，至为重要，代表文明的转变契机。火是离卦，"离"字原为"罗"，有网罗之意。

于是，一方面天火是指天下大放光明，正如《大象传》所说的，"君子以类族辨物"，意思是：君子由此领悟，要归类族群，分辨事物；既要合异为同，又要别同为异，然后一切各就其位，可以积极展开文化创造了。而另一方面，同人卦是说：天下有网罗，可以把众人聚在一起，而"同人"即是聚合众人之意。天是乾卦，代表刚健的动力；火是离卦，代表光明与文明；两者相合，则是《象传》所说的："文明以健，中正而应，君子正也。唯君子为能通天下之志。"

这句话的意思是：文采光辉而健行，居中守正而应合，这是君子的正道。只有君子可以沟通天下人的心意。在此，所谓"居中守正"，是指六二主爻而言，因为本卦为一阴五阳的格局，六二既中且正，又有九五正应，等于上下有志一同。但是，以一阴对五阳，真要达到同人目标，并不是一件容易的事，这一点在各爻爻辞显示出来了。

初九是"同人于门，无咎"，意即：在门外聚合众人，没有责难。为何谈到"门"？因为六爻可以配合当时的社会阶级来说，"初为元士，二为大夫，三为公卿，四为诸侯，五为天子，六为宗庙"。到大夫才有"家"，有家才有门；初九在门外，而在门外聚合众人，表示没有偏私。

六二虽为主爻，但是"同人于宗，吝"，意即：在宗族里聚合众人，鄙陋。六二与九五正应，忽略了另外四个阳爻也想依附它这个主爻，所以显得有些狭隘鄙陋。由此可见，上下正应原是好事，但也须考虑每一卦的特殊时势。

九三与九四都是阳爻，也都想与九五争夺六二的青睐。于是，九三是"伏戎于莽，升其高陵，三岁不兴"，意即：在草莽中埋伏士兵，或者登上高陵瞻望，三年不能发动攻击。九四是"乘其墉，弗克攻，吉"，意即：登上城墙，却不能进攻，吉祥。这二爻都有战争之象，可见要达到同人的理想，必须每个人都要有自知之明。九三阳爻居刚位，非争不可；九四阳爻居柔位，知道收敛；所以占验有别。

九五是个关键："同人，先号咷而后笑，大师克相遇。"意思是：聚合众人，先是痛哭后是欢笑，大部队能够会合。九五为何先哭后笑？因为它看到九三、九四横亘它与六二之间，想要横刀夺爱，所以悲从中来。但是，它与六二正应，终究可以聚合。在《系辞上传》，孔子发挥其旨，说："君子之道，或出或处，或默或语。二人同心，其利断金。同心之言，其嗅如兰。"意思是：君子所奉行的原则，是该从政就从政，该隐退就隐退，该静默就静默，该说话就说话。两人心意一致，其锋利可以切断金属；心意一致所说的话，其味道就像兰花一样。这段话说出了"同人卦"的最高理想。像"二人同心，其利断金"这样的成语，今日仍在使用，值得我们向往。

那么，同人卦到了最后一爻又会有什么结局呢？"上九。同人于郊，无悔。"上九，聚合众人于郊外，没有懊悔。为何提及"悔"？因为上九距离主爻六二最远，眼见大家群聚而自己有如处在最远的郊野，难免黯然神伤了。如果对照初九的"无咎"来看，则上九的"无悔"是合宜的，因为在同人卦里，必须坦荡无私，而初九与上九，一在门外，一在郊外，都是光天化日，月白风清，自问用心纯正，可以无咎无悔。

《易经》的每一卦（六十四卦又称为别卦）都是由两个经卦（八个三爻的单卦）所组成，而各个单卦皆有丰富含意。如离卦为火，为光明，为网罗等，由此形成开阔的想象空间。

14. 大有卦 ䷍

实例1：马国华人

二〇〇四年之前，我大约去过马来西亚十次，在那儿为华人同胞上课。讲《易经》时，三百多人参加，到了最后阶段免不了要教"占卦"。

占卦必须先设定问题。现场同学无不关心"马国华人的未来"。于是，我在示范占卦时，另有两位同学也占问同一个问题。三个人占同一个问题时，答案会出现同一个卦吗？往往不会，但是依各人的角度去看，结果也十分巧妙。

我占到"大有卦"（火天大有），卦象为"䷍"，是第十四卦。这表示我所见到的马国华人，在他们国家是经济条件较好的，至于之卦，则是"坤卦"（䷁），六爻有五爻变了。这时要看之卦中未变的六五，爻辞为"黄裳，元吉"，意思是：穿上黄色裙子，最为吉祥。这能给人什么启示？由于华人在马来西亚人口占百分之二十四左右，在民主制度底下不太可能领导全国，因此以"黄裳"表示顺从居于绝对多数的马来人才是上策。

同时占问的另两位同学是当地华人，他们所占得的结果都是"坤卦"，六爻皆阴而没有变爻。这无异于说马国华人只能像坤卦卦辞所说"元亨，利牝马之贞"，适宜像母马一般正固，并且"先迷后得主"，领先而走会迷路，跟随在后则可以找到主人。形势如此，夫复何言！

实例2：天作之合

解卦时，要依所提的问题而定，因为卦辞或爻辞只是一种"最普遍"的建议，在使用到具体状况时，总会有些调整。并且，卦象本身才是"最原始"的根据，任何解法都不能脱离卦象。

有一次，在一家出版社的聚餐场合中，在座都是文化界的朋友，谈到《易经》时，难免有算命之讥。我说："《易经》占卦不是算命，而是古人智慧所提供的生活参考。若是不信，请在座有问题的人给我三组三位数，我来示范一下。"

此话一出，大家安静下来，面面相觑。一位女士鼓起勇气说："我来试试，我下个月要结婚，请试一占。"我听了此话，反而有些犹豫，因为担心结果会让人扫兴。但是这时没有退路了。

她提出了数字，我一算是"大有卦"（火天大有，䷍，第十四卦），变爻上九，爻辞是："自天佑之，吉无不利。"这不正是天作之合吗？你若想要祝福别人结婚，并且由《易经》找一句话来说，这句话不是上上之选吗？当场众人无不啧啧称奇，我自己心中倒是松了一口气，同时也对《易经》的功能更加佩服。不过，以后我吃饭时，不太愿意主动谈到这方面的问题了。

大有卦的启示

《易经》在同人卦之后，接着上场的是大有卦。《序卦传》说："与人同者，物必归焉，故受之以大有。"意思是：聚合众人之后，物产自然丰富，所以后续的是大有卦。这符合"有土斯有人，有人斯有财"的观念。

大有卦是同人卦的覆卦，卦象是"火天大有"（䷍）。全卦依然是一阴五阳的格局，所以六五这个唯一的阴爻就成为主爻了。《彖传》说："柔得尊位，大中而上下应之。"意即：六五是阴爻，是柔顺者，现在得到五的天子位，可以大行中道，而上下五个阳爻都来应合。《彖传》接着说："其德刚健而文明，应乎天而时行，是以元亨。"意即：它的作风阳刚劲健又有文采光辉（火在上在外，表示光明显示于外；天在下在内，表示自身有刚健的动力），配合天体法则又能按时运行（火在上，为日，为太阳；天在下，为天体，为天空；于是形同太阳在天上运行，造成四季循环），这种情况称为"元亨"（最为通达）。

换个角度来看，当火在天的上方时，必然大放光明，照亮万物，使人间善恶无所遁形，君子也知道应该如何行动。《大象传》说："君子以遏恶扬善，顺天休命。"意思是：君子由此领悟，要抑制邪恶、显扬善德，顺从上天所赋的美好使命。对于"遏恶扬善"，大家都会觉得理所当然；但是，"顺天休命"（休命是美好的命令）又是什么意思呢？这句话提醒我们：孔子自述生平进境时，所谓的"六十而耳顺"一语，其中的"耳"字是衍文，应该去掉，改为"六十而顺"。如此，可以配合"五十而知天命"，表示孔子六十而"顺天命"。这么改的理由很多，我只再补充一点，就是：早期儒家典籍（如《孟子》《大学》《中庸》《荀子》《易传》等），从未谈及"耳顺"，倒是有多次谈及"顺天"与"顺天命"。

大有卦的六爻都不错，三个无咎两个吉。譬如，初九，"无交害，匪咎，艰则无咎。"意即：没有因为交往所带来的害处，这不是灾难，在艰困中就没有灾难。在本卦中，每一个阳爻都希望与主爻六五建立关系，而初九离六五最远，等于高攀不上，如此正好符合"大有"（而非私有）的精神，所以无咎。接着，九二，"大车以载，有攸往，无咎。"意思是：用大车来装载，有所前往，没有灾难。九二居中，可以代表下卦乾卦，像大车（牛车）一样有力，并且它与六五正应，可以前往而无咎。但是，为何不说"吉"呢？因为在大有卦，不该有独占六五的心态。九二与六五正应，有独占之意，所以只能做到无咎。

到了九三，"公用亨于天子，小人弗克。"意即，公侯接受天子的款待，小人不能如此。"亨"字通"享"，为款待之意。九四"匪其彭，无咎"意即，不仗恃他的盛大，没有灾难。初九到九四是连续四个阳爻，可谓声势浩大，但是九四阳爻居柔位，可以稍加收敛。

六五是"厥孚交如，威如，吉"，意思是：以诚信来交往的样子，展现威望的样子，吉祥。六五居上卦中位，有上下五个阳爻来相应，可谓诚信之至。但是，除了诚信还须展现威望，否则难以服众。它的威望来自天子之位，也来自它与九三、九四形成一个兑卦（六爻的中间四爻可以形成另外两个新的卦，称为"互卦"，这一点请参考本书第一部分），而兑卦为虎，自有威严。

到了上九，则表示大有卦完成了，所以说："自天佑之，吉无不利。"在《系辞上传》，孔子说：天所帮助的是顺从（天命）的人，人所帮助的是（对人）诚信的人，履行诚信并且存心顺从，还会因而推崇贤者。所以获得天的助佑，吉祥而无所不利。由此可知，《易经》的"天"除了指自然之天，还应指主宰之天，可以助佑善人。古代的"天"概念非常重要，我们从帝王称为"天子"，可以有所领悟。古人把物产丰盛（大有）当成天的祝福，是可以理解的。

15. 谦卦 ䷎

实例1：不必讨债

我年轻时自以为慷慨好义，对于朋友开口借钱总是尽力而为，结果在这方面累积了许多惨痛的经验。一位出版社老板欠了我一笔钱，我依约打电话给他请他还钱时，他居然说要等分到父亲遗产时才有办法还钱。我一听真是不忍，从此不再向他催债。只要我的生活过得去，何必让人为难至此？

事隔三年，有一天心血来潮，为此事占了一卦，得到谦卦（地山谦，䷎，第十五卦），变爻初六，爻辞说："谦谦君子，用涉大川，吉。"意即：谦而又谦的君子，可以渡过大河，吉祥。《小象传》说："谦谦君子，卑以自牧也。"要以谦卑的态度管理自己。

我看到"卑以自牧"一语，心里有数，因为哪有谦卑的人去向人家要债的？我学习老子思想，知道老子的建议是：手中握着借据，但不向人家要债。这表示自己一方面要像"道"一样包容别人，同时也可练习从容自在的风度。世间万物原是众人共享，我们运气好的才有多余的资财可以借人，又何必念念不忘？不过如果自己真的在意，那么以后与朋友之间最好不要有金钱往来，如此可以省去许多烦恼。其实不管谁是债主，"卑以自牧"一语含有至理。人不谦卑，又怎么谈得上修养。

实例2：顺利起飞

二〇〇八年暑假我在广州为三十位同学上《易经》，总共八天四十八小时。负责筹备的刘老师原本在北大企业家国学班上过课，现在热心协助办成了广州《易经》班。

上课时间分配在四个周末，每次两天。第二次上课时，刘老师急着要在当天下课后赶回北京，但是碰到深圳地区出现台风，而风势波及了广州。那天一早起来，她就为自己占了一个数字卦，得到"谦卦"（地山谦），卦象为"☷☶"，是第十五卦。初九变爻，爻辞是："谦谦君子，用涉大川，吉。"意即：谦而又谦的君子，可以渡过大河，吉祥。

她问我说："现在台风来了，真能回得去北京吗？"我说："爻辞有'用涉大川'一语，又说了'吉'。你就别担心了。"

到了中午，风势趋缓。四点半下课后她乘车去机场。许多班机都延迟起飞，但是她搭的那一班却准时出发，并且准时回到了北京。她到北京出机场时，看到机场告示说：从南方飞往北京的班机大都延误抵达。

说实在的，当我依爻辞解说时，窗外呼啸着风声，我也不知道情况将会如何演变。但是，"用涉大川"一语又不容丝毫疑虑。《易经》占卦之妙，只能说是不可思议。

谦卦的启示

以前尚未认真学习《易经》时，就听别人说过"谦卦六爻皆吉"。这句话充分肯定了谦卦，但是却与事实有些出入。比较准确的说法是：谦卦六爻"非吉则利"。六爻能够非吉则利的，依然只有这一卦。

谦卦的卦象是"地山谦"（☷☶），地在上而山在下。当你想象一个人谦虚时，首先要承认他有实力，亦即在品德、智慧、才干这三者的任何一方面，有其过人之处，宛如一座山使人无法跨越；但是在外表上，他却像大地一般平坦柔顺，不给人任何压力。以孔子的学生来说，能表现谦虚的大概就是颜渊吧！曾参描写颜渊的话是："以能问于不能，以多问于寡，有若无，实若虚。"我们现在称赞一个人"虚怀若谷",而事实上他的内在是一座高山。这样的人怎么会得不到大家的祝福呢?

《易经》六十四卦的《象传》中,只有谦卦同时谈及"天道、地道、鬼神、人道"。原文是"天道亏盈而益谦,地道变盈而流谦,鬼神害盈而福谦,人道恶盈而好谦。"意思是:天的法则是减损满盈者而增益谦卑者,地的法则是改变满盈者而流注谦卑者。这里所谓的天与地,是就自然界的规律而言,亦即自然界总是维持常态与平衡,依照物极必反的模式,调节"过与不及"。接着,鬼神的法则是加害满盈者而福佑谦卑者,人的法则是厌恶满盈者而喜爱谦卑者。在此,鬼神与人所针对的,则是眼前人群中能够做到谦虚的人。"谦虚纳百福""满招损,谦受益",确实有其道理。

那么,谦卦六爻如何表现"非吉则利"呢?我们先列出六爻的爻辞,就一目了然了。

"初六,谦谦君子,用涉大川,吉。

六二,鸣谦,贞吉。

九三,劳谦君子,有终,吉。

六四,无不利,撝谦。

六五,不富以其邻,利用侵伐,无不利。

上六,鸣谦,利用行师,征邑国。"

由此可见,底下三爻都有"吉",上面三爻都有"利"(无不利更是大利,表示没有任何不适宜的事)。这不是"非吉则利"吗?

初六的"谦谦君子"一词,表示他在谦卦最底下,是谦而又谦。这时有蓄势待发之象,实力足以渡过大河。他往上一看,是六二、九三、六四所构成的互坎。坎为水,而他不因为谦虚就忘记自己的本领,面临大川也毫无畏惧。六二上承九三,而九三是全卦唯一阳爻,因而也是主爻。所以,六二要鸣谦(响应谦卑的态度)。九三是有功劳而谦卑的君子,自然会得到好的结果。孔子在《系辞上》称许九三："劳苦而不夸耀，有功绩而不自认为有德，真是忠厚到了极点。这是说那些有功绩依然谦下待人的人。德行要讲求盛美，礼仪要讲求恭敬，而谦卑是使人恭敬以来保存自己地位的坦途。"

六四阴爻居柔位，显然可以撝谦，发挥谦卑的精神。六五"不靠财富就得到邻居的支持"，因为他居天子之位。这时若有不顺服的人出现，他照样有能力进行征战，而不会因为谦虚就软弱无力。到了上六，因为与九三呼应，"响应谦卑的态度"，这时也有能力征伐自己的属邑小国。由此可见，六五与上六即使表现谦卦的精神，依然具有威严与实力。这一点提醒我们：不论如何谦卑，到了上位依然要全权负责，"行其所当行"。

最后，《象传》指出：君子由此领悟"要减损多的并增益少的，衡量事物而公平给予"。换言之，除了自己做到谦虚之外，还要秉持公平原则，使社会人群不会差距过大，进而促使世间更为和谐。谦虚是美德，而其内容依然丰富，在不同地位应有不同的作为。

16. 豫卦 ䷏

实例 1：空自欢喜

一位朋友为公司筹划方案，看来一切顺利，信心满满。即使如此，有机会占卦时还是想要预测未来的发展。

他以筹策占得豫卦（雷地豫，䷏，第十六卦），初六与上六为变爻。初六为"鸣豫，凶"。意即：响应愉悦的态度，有凶祸。这是因为初六刚刚上场就想一劳永逸，结果反而让人担忧。二个变爻，则以上爻为准，那么上六呢？上六爻辞是："冥豫，成有渝，无咎。"意即：在昏昧中愉悦，最后出现改变，没有灾难。如果知道愉悦不可能长久持续而早些采取应变措施，才会没有灾难。

由此可见，这位朋友过度乐观，以为事情会如他所愿地顺利进行。经过变爻之后，出现的之卦是噬嗑卦（火雷噬嗑，䷔，第二十一卦），这个卦与诉讼及判断有关，如此一来更要小心，因为事情的演变可能会有类似官司诉讼的状况，需要公正裁决才会转成好的结果。

人在愉悦时很容易粗心大意，忘记应该注意的细节。在疏于准备的情况下，即使好事也会做得辛苦。与其如此，不如保持警觉，像《老子》所谓的"慎终如始，则无败事"。在结束时要像开始时一般谨慎，就不会失败了。

豫卦的启示

紧接在谦卦之后的是豫卦。"豫"字是指愉悦，但又与"预"通用，为预备之意。一个人因为谦虚而得到大家的祝福，他自然十分

"愉悦"；但是人一高兴就会懈怠，所以要提醒他"预备"，以避免乐极生悲的不幸。

豫卦的卦象是"雷地豫"（☳☷），雷在上而地在下，表示雷出现在地上；雷为动，地为顺，这是顺势而行动。在人间，可以"建侯行师"，建立侯王、出兵征伐。《象传》说得较深刻：雷从地下出来，使得万物振作，然后古代君王由此领悟，"要制作音乐来推崇道德，再隆重地向上帝祭祀，连带也向祖先祭祀"。这段话的重点有二：一是当一切顺利时，不妨从快乐推衍至音乐，但是必须切记"崇德"，要推崇道德，否则可能耽于逸乐。二是要存着感恩之心，向上帝及祖先祭祀。上帝是万物的根源与主宰，祖先是人类的生命之本。人在顺境中，尤其不该忘本。

豫卦六爻也是一阳五阴的格局，全卦以九四为主爻。值得留意的是：凡是与九四有关系的都有麻烦。譬如，初六与九四正应，结果是"鸣豫，凶"，响应愉悦的态度，有凶祸。原因是：初六一进入豫卦，就与主爻正应，显得志得意满或得意忘形，以致再也无处可去或者乐不思蜀。这种不思长进的心态就是凶祸的开始。再如六三，"向上瞻望而愉悦，懊恼。行动迟缓也有懊恼"。上临九四主爻，希求愉悦，难免产生懊恼。甚至连六五都有问题，以阴爻居君位，柔弱而耽溺于愉悦，"正固会有疾病，但总不至于死亡"，因为居中位，死亡可免，疾病难逃。由此可见，在豫卦中凡是想要借着九四而愉悦的，都会陷入困境。

反之，这时能够安分知足、耿介不移的，就会有好的结果。最值得肯定的是六二，"介于石，不终日，贞吉"，意思是：耿介如坚石，不用一整天，正固吉祥。孔子在《系辞下》借题发挥，他说："知道事情的几微，可以算作神奇吧！君子与上位者交往不谄媚，与下位者交往不轻慢，可以算作知道几微吧！几微，是变动的微妙征兆，是吉祥的预先显示，君子见到几微就起来努力，不用等一整天。《易经》上说：'耿介如坚石，不用一整天，正固吉祥。'耿介有如坚石，怎么会等待一整天？一定会有他独到的见识。君子察知几微也察知彰明，懂得柔顺也懂得刚强，所以成为百姓的盼望。"

六二居中守正，在豫卦中领悟了"愉悦"与"预备"的双重道理，表现"知道几微"的言行，所以得到孔子的肯定。到了九四主爻，我们看到"由豫，大有得，勿疑，朋盍簪"。意思是：由此而产生愉悦，大有收获，不必疑虑，朋友都来聚合。一阳五阴，九四一呼百应，心意可以充分实现。它也像簪子一样，把上下的头发都聚拢起来。

到了上六，是"冥豫，成有渝，无咎"，意思是：在昏昧中愉悦，最后出现改变，没有灾难。人在愉悦到顶点时，很可能执迷不悟，是为"冥豫"；但是也正因为到了顶点，知道形势即将变化，然后只要提醒自己接受这个事实，就可以避开灾难了。

细看此卦，初六、六三、六五都是阴爻居刚位，等于本身条件不够却想获得本卦的愉悦，以致反而陷入困境。至于六二与上六，则是得其正位，尤其六二是"众人皆醉我独醒"，并且"其介如石"，既有智慧又有原则，可谓一枝独秀，得到孔子的称美。然后，上六处于最后一爻的位置，能取得"无咎"，已经很满意了。

九四虽然是阳爻居刚位，既不中又不正，但是奈何本卦以它为主爻，要由它撑起全卦的主旨。容我们再回顾一次：人在愉悦中，必须有所预备；这种预备表现于修德，并且显示为对上帝与祖先的感恩之情。能修德又能感恩，才可常保愉悦。这是豫卦的逆耳忠言。

17. 随卦 ䷐

实例 1：随顺为宜

我有一个硕士生，表现极佳，但因考虑父母年迈而想休学就业。他第一次听我劝告而打消此意，隔了三个月又再度告诉我他已下了决心，要先做事赚钱以奉养父母。这次他等于是通知我而不再征询我的意见了。

我内心难过，但也无可奈何，于是早起占了一卦，得到随卦（泽雷随，䷐，第十七卦），六爻皆不变，卦辞说："元亨，利贞，无咎。"意即：最为通达，适宜正固，没有灾难。《大象传》说："泽中有雷，君子以向晦入宴息。"意即：大泽中有雷潜藏，君子由此领悟，要在傍晚回家安静休息。

我再注意阅读随卦六爻，看到其中有"系小子，失丈夫"（六二）与"系丈夫，失小子"（六三）等语，显示二者不可得兼的情况。人生是一连串的取舍所构成的，许多时候无法两全其美，只好看自己的考虑了。我念完这些资料，心情较为宽舒，知道人各有志，并且念书也不必急于一时。

平常学生的选择不会引起我那么大的关注，实在是难得遇到既聪明又用功的学生，心中才有惜才之意。即使如此，还是必须以随顺为宜。念书或做学问是一辈子的事，未必全要在教室完成。

随卦的启示

《易经》在谦卦与豫卦之后，出现了随卦。一个人因谦虚而受到肯定，自然心情愉悦，然后也会有人随从。随从并无特别事故，而是要依时势与条件来决定行止。人生其实有不少时候与不少状况，都是"平常"二字可以说完的。有平常，才有平淡与平安，这不是很好吗？

随卦的卦象是"泽雷随"（䷐），雷是活动，泽是喜悦，有活动都很开心。正如朋友来电约会见面，我的回答是"随时"，这不是最美好的情况吗？《彖传》说："随时之义大矣哉！"随着时势的意义真是伟大啊！

《象传》说："泽中有雷，随。君子以向晦入宴息。"意思是：大泽中有雷潜藏，这就是随卦。君子由此领悟，要在傍晚回家安静休息。《易经》各卦的《象传》，总是教我们做人处世的道理，我们对于修德行善的要求也耳熟能详了。但是在此，忽然提醒我们"要在傍晚回家安静休息"，实在让人有些错愕。然而，这不是我们每天必须做的事吗？这不是平常的生活规律吗？这不是按照大自然的运行所安排的合理生活方式吗？

随卦各爻的吉凶如何？首先，"初九。官有渝，贞吉。出门交有功。"意思是：官员有变通，依此正固会吉祥。出门与人交往会有功绩。身为政府官员，一切依法行政，但是不可忽略"变通"二字。若不能随着民众的需要而考虑个别的情况，那么官员与机器人有何两样？为什么要强调"出门交有功"？因为要做到光明坦荡，没有密室交易。官员是国家的代表，最怕以权谋私，以私害公。古今所推崇的"官箴"，都是同样的道理。

如果因为随从而有收获，那就要小心了。"九四。随有获，贞凶。有孚，在道以明，何咎？"所谓"贞凶"，是说你认定这是你该得的，长此以往难免会有灾祸。理由是什么？因为你只是"随从"，譬如跟对了老板，一路往上升。这时只有一个补救办法，就是"保持诚信，以明智处于正道，如此会有什么灾难？"这句话可谓千古名言。

最好的位置在于"九五，孚于嘉，吉"。九五居上卦中位，又有六二正应相随，表示他对美善之事（嘉）保持诚信，结果自然是吉祥了。由此可见，即使担任一个部门的主管，也不可随心所欲、师心自用，而须"孚于嘉"，坚持走在美善的道路上，如此才可吉祥。

比较值得注意的是本卦的三个阴爻：六二、六三与上六。在随卦中，阴要从阳，否则找不到方向。六二是"系小子，失丈夫"。丈夫是它的正应九五，小子是指底下的初九。六二在随卦中，采取就近相随的策略，取初九而失九五，可谓得不偿失，缺乏长远的眼光。六三是"系丈夫，失小子。随有求，得，利居贞"。它则是就近往上找了九四来作为依靠。这个选择是合宜的，一方面阴要从阳，而六三对九四是"承阳"，完全正确。另一方面，从六三往上配合九四与九五，形成一个互巽，而巽为"近利市三倍"，所以可以"随有求，得"。

到了上六，依然出现了"系"字，可见阴爻必须牵系于阳爻。"上六。拘系之，乃从维之。王用亨于西山。"意思是：把他抓住捆起来，后来又放开他。君王在西山献祭。这句话是在描写周文王自己。由于爻辞是周文王与其子周公合作而成，所以从周公的立场是可以称其父为王的。周文王先被商纣王拘囚在羑里，这是因为上六必须随从九五。但是，上六与六三不应，对自己的处境已有觉悟，可以不再执着，所以被释放回到西山（岐山），这时得以逃过一劫。回到西山就要向天献祭，表示自己顺从及感激天意。由此可见，随顺将可逢凶化吉。

全卦六爻只有一个凶字，是落在九四的"随有获"上面。因此，人在有所收获时，要特别留意思考：这是靠着搭顺风车所得的好处呢，还是自己努力耕耘的成果？

18. 蛊卦 ䷑

实例1:"总统"大选

二〇〇八年三月初,我在桃园教《易经》。上课前就觉得教室气氛有些不安。一位同学代表大家发言:"《易经》能不能占出谁会选上'总统'?"

我说:"可以,但是问题需要有正当性。这是'不义不占'的原则。我们不妨这么问:三月二十日大选投票之后,我们这三百人的心情如何?"

在大家同意之下,我公开占卦,占到蛊卦(山风蛊,䷑,第十八卦),上九变爻,也就是要看上九的爻辞:"不事王侯,高尚其事。"

我接着分析:一,台湾目前的情况,有如蛊卦所示,可谓积弊丛生,需要好好改革。二,由于上九变爻,可知蛊卦走到最后阶段,即将转入新局。三,上九爻辞的意思是:不去事奉王侯,以高尚来要求自己的作为。

那么,我们这些人从三月二十日以后,就不必再看政治人物的脸色,不必受他们不当的言行所干扰,而可以自由选择高尚的生活了。

请问:谁选上将会带来这样的结果?既能够去除积弊,又可以尊重百姓?

答案很清楚。当时我公开说了谁会选上,结果也确实验证了。只是改革之路并不容易,大家还有努力的空间。

蛊卦的启示

在随卦之后上场的是蛊卦。这是由于为了愉悦而随从别人，最后一定会有事故，形成某些弊端，需要整顿修改。所谓的蛊，是指积弊严重，必须除旧布新。在卦辞中出现"先甲三日，后甲三日"一语，则是借用十天干的计数方式，以甲为重新开始，表示革新必须先做周全准备，再持续一段时日，方可大功告成。这样的做法是为了"终则有始"，在结束之后又有新的开始。

蛊卦的卦象是"山风蛊"（）。风是空气，山下的空气一旦阻滞，就会形成瘴疠之气；反之，山下有风吹拂，则将荡涤污浊空气。《象传》说："君子以振民育德。"要振作百姓，培育道德。

六爻的爻辞中，前五爻都提及"蛊"字。初六、九三、六五都是"干父之蛊"（救治父亲留下的积弊）。初六这么做是"有子，考无咎。厉，终吉"，意思是：这样才是好儿子，他使亡父没有受人责难，这样做会有危险，但最后吉祥。初六是阴爻在刚位，手段不会过激，所以结果还不错。

九三是"小有悔，无大咎"，意思是有小的懊恼，但没有大的灾难。为何懊恼？因为九三是阳爻居刚位，手段有过刚之嫌，以致可能矫枉过正，所以会有悔。但最后无咎，则是因为积弊本来就须更正。至于六五，则是"用誉"，意即受到称誉。六五与初六类似，是阴爻居刚位，收到刚柔相济的调和效果，手段比较温和；并且，六五居上卦中位，是以道德来继承父业，合乎"光宗耀祖"的原则，所以受到称赞。

此外，九二说："干母之蛊，不可贞。"意思是：救治母亲留下的积弊，不可正固。在古代，父之蛊往往是政治及社会上的大问题，母之蛊则局限于家人亲族，所以手段不可过于刚强。九二居下卦中位，又有上面的六五正应，可以符合居中之道，没有什么问题。

九二以阳爻居柔位，得到适当的缓冲。

至于六四，则说："裕父之蛊，往见吝。"意思是：宽容对待父亲留下的积弊，前往会陷入困境。六四与初六不应，又对底下的九三乘刚，而自身是阴爻居柔位，宽容有余而魄力不足，难以应对"父之蛊"，长此以往当然会有困难了。

以上五爻都谈到蛊，到了上九等于到了最后阶段，积弊应该改革得差不多了。而上九也是本卦主爻，其爻辞说"不事王侯，高尚其事"，意思是：不去事奉王侯，以高尚来要求自己的作为。这句爻辞乍看之下，好像在描写今天的民主时代，事实上呢？一个人眼见社会上各种积弊都改善得差不多了，自己也到了最后阶段与最高位置，那么今后又该何去何从？

两个选择：一是从此专务修德，二是存心成为隐士。孔子说："隐居以求其志，行义以达其道，吾闻其语矣，未见其人也。"（《论语·季氏》）可见隐居是为了磨炼他的志向，一有机会则将以实践道义来贯彻他的理想。"不事王侯"一语表示已经具有独立而自由的心态，往后要面对自己的人生，对自己负责了。民主社会中的百姓不是宣称"人民最大"吗？那么人民就须表现出"高尚其事"的情操。

何谓"高尚其事"？譬如，在消极方面，不去违反法律与礼仪，不必被人监督才守规矩。在积极方面，则可以安排高尚的生活内容，在知、情、意三方面与时俱进。把握时间每天阅读、学习新知识；与人交往的情感质量可以不断提升；在做任何选择时，都努力化被动为主动，并且择善固执，向着至善的目标前进。

"终则有始"是自然界的运行法则。一年结束又是新的一年，那么人生呢？我们每隔一段时间也须提醒自己：是否要革除过去的积弊，重新开始自己的人生？

19. 临卦 ䷒

实例 1：不必过虑

一位朋友想在烟台买房子，一占之下得到"临卦"（地泽临，䷒，第十九卦），六爻皆不变。若无变爻，则参考本卦卦辞："元亨利贞。至于八月有凶。"意即：最为通达，适宜正固。到了八月将有凶祸。

朋友一看"至于八月有凶"，而那时正值农历七月，于是担心是否下月即将有凶。我说："别担心。临卦是很好的卦，属于十二消息卦之一，就是两个阳爻由下往上发展，代表阳气越来越旺，所以《易经》谈到临卦，都说那是'壮大'的意思。"

我又说："所谓'至于八月有凶'，在《象传》的解说中，只是很简单地说了'消不久也'，意即消退之期，不久将会到来。这是提醒我们要居安思危，在壮大时要先想到将来的消退，如此才可常保平安顺利。并没有什么特别不好的问题。临卦六爻无一为凶，不仅如此，它还有四爻为吉，二爻为无咎，在六十四卦里面，是极少数的好卦，所以不必过虑。"

朋友说他想买的房子可以眺望大海，景观良好。其实"地泽临"的卦象，已经看得出来这个房子面临了泽（包括海湖河），所以放心去买吧。

临卦的启示

临卦是十二消息卦之一，卦象为地泽临（䷒）。两个阳爻联袂由下而上，上面四个阴爻也紧靠在一起。阳爻与阴爻没有交错，这样的组合即是消息卦，有此消彼长之意，并且形成一定的次序，可以用来代表十二个月份。譬如临卦即是十二月。

十二月（夏历）是冬季的最后一月，而阳气已经形成力量，准备取而代之。临卦因而有"壮大"之意。这个时候，卦辞说："元亨利贞。至于八月有凶。"前半句不难理解，与乾卦的卦辞如出一辙；后半句立即提醒人"到了八月将有凶祸"。八月是观卦（风地观，䷓）正好是临卦的覆卦。《象传》解释说："因为消退之期不久将会来到。"这正是警惕我们要居安思危，不可以为天下自此太平。

《象传》说：沼泽之上有大地，君子要教导思虑而不懈怠，包容保护百姓而无止境。临卦六爻，无一为凶，原因就在于君子，"不懈怠"（无穷）与"无止境"（无疆）。六爻不是吉就是无咎，可见形势十分有利。

首先，初九与九二都是"咸临"（一起来临）。初九是阳气始生的第一步，必须守住正正固，以作为后续发展的基础。九二"吉，无不利"，因为它率领阳爻上来，自己守住中位，上有六五正应，等于得到国君"致敬、尽礼、道合、志同"，如此当然大有可为。

六三稍有问题，因为阴爻在刚位，又对九二"乘刚"。但是它在下卦是兑卦，态度柔和；往上是互坤，代表土地，能够思考。这两种条件使其产生"忧"，"既忧之，无咎"。有所忧虑，就不会陷于灾难之中。关于坤卦与思考的关系，要追溯于《尚书·洪范》，其中谈到五行之"土"，与五事之"思"，是两相对应的。不但如此，土地可供稼穑生长，而稼穑的味道为"甘"。因此，六三称为"甘临"（以柔和态度对待来临者）。来临者即是初九与九二这两个阳爻。

六四是"至临，无咎"，直接面对下卦的来临，由于自己位正，并与初九正应，所以可保无咎。"至临"的"至"一方面指下卦的来到，另一方面也指六四往下形成互震（九二、六三、六四），本身有行动能力，可以主动迎接来临者。

六五说："知临，大君之宜，吉。"六五居上卦中位，与九二正应，有如温和的国君得到刚明的大臣辅佐。这时它发挥了上卦坤的特性，事实上它不但在上坤，同时也在互坤（六三、六四、六五），等于具备双重的思考能力，所表现出来的自然是过人的智慧了，以"大君之宜"来描述他，可谓十分恰当。身为领袖，除了居中行正之外，必须知人善任，才可真正造福百姓。

到了上六，爻辞说："敦临，吉，无咎。"意即：以敦厚态度面对来临者，吉祥而没有灾难。上六是上坤的最后一爻，土地的特性即是敦厚，所以称之为"敦临"。有关"吉，无咎"为何连在一起的问题，可以如此理解：说"吉"，是因为事物发展的方向是顺从天道的，譬如临卦是阳爻由下往上推进，到了上六顺势而行，自然是吉了。至于"无咎"，则是说在事物发展的过程中，没有什么过错，因而不致受到灾难。上六以阴爻居柔位，本身又在上坤的柔顺气氛中，又怎么会犯过错呢？

比较有趣的是，《易经》有些卦的六爻采取另一种对应方式，就是由外而中，如初与上，二与五，三与四。本卦初九《小象传》说"志行正也"（是因为心意与行为正当）；上六《小象传》说"志在内也"（是因为心意在于国内的百姓）。两者都是以"心意"来呼应。这近似于乾卦初九说"潜龙勿用"，上九说"亢龙有悔"，皆有不利于行之意。这种解法在各卦中偶尔会出现，表示《易经》的诠释不可拘于一格。值得留意的是：六爻无凶，而卦辞言凶，能不使人提高警觉吗？

20. 观卦 ䷓

实例 1：小心风险

我在年初为自己占一卦，看看今年运势如何。占得观卦（风地观，䷓，第二十卦），六爻皆不变。这是什么意思呢？

"风地观"有风行大地之象，表示我今年还是会像去年一样，在大陆各地奔走，向人介绍国学。这时要先看卦辞："盥而不荐，有孚颙若。"意即：祭祀开始时洗净双手，还未到进献祭品的阶段，心中诚信已经庄严地表现出来。这提醒我在讲课时应该像进行宗教活动一般，真心诚意为之。这事实上也是我一贯的自我要求。

《大象传》说："风行大地，观。先王以省方观民设教。"意即：风吹行在大地上，这就是观卦。古代帝王由此领悟，要巡视四方，观察民情，设立教化。因此，未来一年我不易在家闲居，而是将会出外从事教育工作。在财运方面，要小心贩卖洋货的风险。

原来我准备出版一套介绍西方哲学的光盘，见此一卦象不禁心生警惕。因为观卦像是个放大的艮卦（☶），表示要懂得停止，不可一意孤行。目前国人对西方哲学的需求可能还未到全面推广的时机，那么何不少安毋躁，静待变化呢？有些风险是潜在的，表面上也许一切顺利，暗中却形成复杂的恩怨，不可不慎。

观卦的启示

观卦排在临卦之后，卦象为"风地观"（䷓），是消息卦之一。临卦有壮大之意，所以《序卦》说："物大然后可观，故受之以观。"但是就消息卦而言，四阴在下，二阳在上，形势不妙，再发展就是只剩一个上九的剥卦了。这时要稳住大局，《卦辞》说："盥而不荐，有孚颙若。"意思是：祭祀开始时洗净双手，还未到进献祭品的阶段，心中诚信已经庄严地表现出来。

位居领袖，必须"庄以临民"，像孔子教导仲弓的："出门如见大宾，使民如承大祭。"

《彖传》最特别的，是提到一句话："圣人以神道设教，而天下服矣。"后代许多人就在"神道设教"一词上做文章，说古人相信"神明"云云。但事实上，配合上文来看，是说："观天之神道，而四时不忒。"意即：观察天地"神妙的法则"，就知道四季的运行没有偏差。这里的"神道"是指神妙的法则而言，与所谓的神明并无关系。《易经》固然肯定宗教上的祭祀活动，但主导的思想依然是"观天道以立人道"，而不是侧重在宗教上的神明。哲学与宗教的一线之隔正在于此。

就"风地观"而言，有"风行大地"之意，意指国君要"巡视四方，观察民情，设立教化"。（《象传》）

在六爻中，重点回到"观"的位置与心态。初六说："童观，小人无咎，君子吝。"像孩童那样观看，小人没有灾难，君子就有困难。小人是指百姓，位处低地，像孩童一样看热闹是无妨的。君子是指有官位者，如果也像小孩一般见识，就会陷于困境。为何提及小人？因为观卦有如放大的艮卦，而艮为少男。六二说："窥观，利女贞。"这是描写从门缝向外观看，适宜女子正固。艮为门阙，而下卦坤为女。君子则不宜如此观看。

古代女子没有受教育机会，活动范围局限于家门之内，因此难免见识狭隘。由此亦可知，孔子所说的"唯女子与小人为难养（难以相处）"，是在客观描述当时的社会现况，而不是在宣布他个人的特定见解。我们自然不能以这句话来批评孔子歧视女性了。

到了六三，位居大臣，但只能承上启下，所以说："观我生，进退。"意即：观察我的生民，再决定该进或该退。六三与上九正应，仍可不偏离正道。到了六四，情况就不同了，它说："观国之光，利用宾于王。"意即：观察国家的政教光辉，适宜从政追随君王。它上承九五，二者皆当位，名正言顺，发挥了观卦的合宜功能。《易经》各卦，往往是下卦三爻搭了舞台，再让上卦三爻来展现该卦的整体作为。若要"观"，当然是由上观下，否则如何了解全局？

九五说："观我生，君子无咎。"意思很清楚：观察我的生民，君子没有灾难。九五居中且正，下有六二正应与六四辅佐，为何只说无咎？因为这是他的本分与职责，做到了不算功劳，所以不说吉。权力带来责任，在其位就须谋其政，否则如何稳定民心？观卦再往上推，将成剥卦（山地剥），居安思危都来不及，还敢幻想吉祥吗？《象传》说得好："观我生，观民也。"观察我的生民，就是观察百姓。君民互动密切，可以说："民之善恶，生于君；君之善恶，形于民。"古代上行下效的情况非常明显，从百姓的言行可以知道国君的施政是否恰当。

到了上九，"观其生，君子无咎。"在此所观察的是他（九五）的生民。为何要观察？因为君子无位而有忧，小人有位而无忧。这里所谓的君子与小人，是专就德行而言，因为小人也可能有位。上九处在即将离场的位置，还在观其生，实在用心良苦。本卦两个阳爻（九五与上九）都提及"君子无咎"一语，这提醒我们在有官位时要如何负责尽职，而根本不必考虑自己的吉凶悔吝。

21. 噬嗑卦 ䷔

实例1: 官司之累

二〇〇八年三月我在桃园上《易经》课时，为了示范占卦，我选择以自己的时运为问题。

占得噬嗑卦（火雷噬嗑，䷔），第二十一卦，变爻为九四与上九，上九的爻辞是"何校灭耳，凶"，亦即：肩扛着枷，遮住耳朵，有凶祸。

这个卦的组合像是打雷闪电，要秉公处理诉讼案件了。但是，我一个单纯的教书人怎么会牵涉诉讼呢？当时我不以为意，只是对同学们说："这是示范教学，仅供参考。"

谁知道几个月后，我竟然接到法院通知，要我出庭，因为我被人控告了。被谁控告呢？一个我在社会上开课时参加听课的学生。控告的罪名呢？"没有因材施教。"

由于我开庭日不在台湾，就打电话向法院请假，书记官听到我的名字就笑出来，因为他们内部也觉得"匪夷所思"（这句话出自《易经》涣卦，意即不是平常所能想得到的）。我问他们既然如此，为何受理这个案件？答复是：我们是法治国家，任何人只要交了诉讼费，我们就得受理。

两个月后收到判决书，被告三人（连我在内）皆为无罪。如果"没有因材施教"罪名可以成立，那么学校附近大概都是法院了。《易经》占卦不可等闲视之，此亦为一例。

噬嗑卦的启示

《易经》第二十一卦是噬嗑卦，卦象为"火雷噬嗑"（☲☳）。火代表光明，有如闪电照亮大地；雷代表打雷，要震动或采取作为。《卦辞》说：通达，适合判决诉讼。自古以来，百姓无不期望"仁爱"与"正义"。

君王仁爱，百姓可以安居乐业；君王正义，百姓才能心平气和。正义的具体实现在于判决诉讼。"噬嗑"一词有"咬断而合"之意，因为正义将使民心相合。《象传》特别指出"先王以明罚敕法"，要明辨刑罚，端正法律。

初九说："屦校灭趾，无咎。"意即：带上脚枷，遮住脚趾，没有灾难。为什么受到这样的惩罚而没有灾难呢？《系辞传》说："小人不耻不仁，不畏不义，不见利不劝，不威不惩。小惩而大诫，此小人之福也。""小人"是指未受教育或不曾立志的平凡百姓，他们在初次犯错时如果侥幸逃开惩罚，将来恐怕愈陷愈深而误了一生！

这段话值得译为白话：小人不知羞耻所以不会行仁，无所畏惧所以不会行义，不见到利益就不会振作，不受到威胁就不知惩戒。受到小的惩戒而避开大的过错，这是小人的福气啊！

接着，六二说："噬肤灭鼻，无咎。"意即：咬食肥肉，鼻子没入，没有灾难。噬嗑卦的初九与上九，有如上下二排牙齿，所以中间四爻都提及"噬"字；但也正是初九与上九是受刑者，因为它们过于刚强而需要矫治。至于中间各爻，以六二来说，它是乘刚（在初九之上）。乘刚者自身不顺，又须用刑于刚强的初九，所以不太计较手段，"吃相"不雅而无咎。

六三说："噬腊肉，遇毒。小吝，无咎。"六三上面是个离卦，离为火，使肥肉成为腊肉；六三与九四、六五形成互坎，坎为危险与多忧，显示有毒之象。它是用刑者，由于本身不当位（阴爻在刚位），所以招来受刑者的怨毒反应。即使小有困难，还不至于有灾难。

九四说："噬干肺，得金矢。利艰贞，吉。"九四咬食骨头上的干肉，获得金属箭头。适宜在艰难中正固，吉祥。这是本卦唯一的"吉"字。九四进入上面的离卦，本身是个阳爻，所咬的变成骨头上的干肉。至于"金矢"，则是因为上卦原是否卦的上乾所变，而乾为金；矢则出于离卦与互坎，所形成之弓轮上的戈兵。它这一噬，把本卦的过去与现状都如实呈现，所以有"吉祥"之象。

到了六五，则说："噬干肉，得黄金。贞厉，无咎。"意即：咬食干肉，获得黄金。正固有危险，但没有灾难。六五居国君之位，对诉讼案件做出最后裁决，所噬的是干肉，既不肥，也无毒，更不硬。它所得的黄金，是由二个因素所构成。一方面，它是否卦的下卦坤上来的，坤之色为黄；另一方面，它来到上卦乾，乾为金。合之则为黄金。此时正固会有危险，因为位置居中未正，又乘九四之刚，所以身段不妨柔软些。

上九就难过了，"何校灭耳，凶。"意思是：肩扛着枷，遮住耳朵，有凶祸。相对于初九的无咎，上九为何陷于凶境？《系辞传》说："善不积不足以成名，恶不积不足以灭身。小人以小善为无益而弗为也，以小恶为无伤而弗去也。故恶积而不可掩，罪大而不可解。"

上九无路可去，要悔改重新做人已经来不及了。由此可知初九的"小人之福"何所指了。人到成年之后，若不能得到良师益友的帮助，无法努力改过迁善，最后难免落到类似的不堪地步。

本卦有四爻"无咎"（初九、六二、六三、六五），在《易经》中是很罕见的。这表示在判决诉讼时，不可贪求有功，而须做到"哀矜而勿喜"。即使因而维护了社会正义，也要为受刑者感到惋惜与遗憾。法律惩罚恶人，不是为了报复，而是希望将来不再有人犯罪。

22. 贲卦 ䷕

实例 1：大功告成

一位朋友由学校推荐参选"师铎奖"，这对教书的人是一项肯定与荣誉。她第一年参选时占得贲卦（山火贲，䷕，第二十二卦），六爻不变。卦辞是："亨，小利有攸往。"意即：通达，小的方面适宜有所前往。我一看卦象，就说："贲为装饰之意，这次恐怕只能陪榜。但是因为没上而使人缘变好，也可算是小亨。"

第二年她又参选，这次占得豫卦（雷地豫，䷏，第十六卦），九四变爻，爻辞说："由豫，大有得，勿疑，朋盍簪。"意即：由此而产生愉悦，大有收获，不必疑虑，朋友都来聚合。这个意思就很清楚了。朋友虽然志不在此，对世间荣耀看得很淡，但是若能表扬好老师作为表率，总是大快人心之事。

豫卦的九四一变，之卦成为坤卦（上下皆地，䷁，第二卦），而坤卦是要人"厚德载物"，敦厚品德以包容众人的。这对于老师这个行业，也是不可或缺的美德，正如老子所说的"三宝"，以"慈"为先，要善待每一个学生。换言之，得奖与否并不重要，重要的是自己的修养成果。真正的成就原本不在乎外在的掌声，而在于实现自己向善天性，完成自我实现的目标。老师如此，学生亦步亦趋，大家以君子互期。

实例 2：心随念转

我在深圳介绍《易经》之后，立即上车赶赴机场。一位母亲将自己的疑问及数字传简讯到我助理的手机上。

母亲因为儿子由网络认识一个女孩，但双方家世有一段差距，她不知该如何劝阻儿子。结果占得"贲卦"（山火贲），卦象是""，第二十二卦。变爻六四，爻辞是："贲如，皤如，白马翰如，匪寇婚媾。"意即：有文饰的样子，洁白的样子，白马壮硕的样子。不是强盗，而是来求婚配的。

在解卦时，侧重爻辞中相关的语句。这位母亲自己也研究过《易经》，于是立即想开了，因为"匪寇婚媾"一语完全化解她的疑虑。她儿子所认识的女孩在念大学，家世不够理想，但颇有上进心。

母亲在电话中说："太好了，这个女孩骑着白马来到我们家，既有文饰又洁白可喜，将来还可能与我儿子结为佳偶。看样子我欢迎她还来不及，怎能担心她会给我们家添乱呢？"

《易经》六十四卦三百八十四爻中，出现"匪寇婚媾"一语的只有三处（屯卦六二，睽卦上九，以及此处）。母亲的担心是多余的，她应该高兴才对。这一占不但解决了一桩可能的家庭纠纷，还使大家往后更容易善意互相对待。

实例3：角色认同

一位同学听完《易经》课后，举手提问："最近有人找我合作事业，请占结果如何？"他提出三组数字。

一占之下，是个"贲卦"（山火贲，，第二十二卦），变爻九三，爻辞是："贲如，濡如，永贞吉。"意即：有文饰的样子，润泽的样子，长久正固吉祥。

我说："贲卦原有装饰之意，山下有火，火能使山照亮，但无法具体改变什么。所以你的合作结果是，你将只是装饰品，没有实权。只要记得这一点，谨守分寸，就可以与伙伴搭配良好。"

他听了连连点头说："没错，这位朋友是公司董事长，请我去当总经理，并且讲明决定权在他手上，我只负责实际业务。"我看这位学员相当年轻，还有学习及成长的空间。人在年轻时，跟着前辈学一点做人处世的经验，其实是一种福分。

等到将来年纪大些，水到渠成，自己站上了第一线，手握决策大权时，想找人请教恐怕不容易。《易经》系辞传说"无有师保，如临父母"，是说等到年纪大些，没有老师与保护者，这时占卦就好像面临父母，向他们请教一般。父母爱护子女，又怎么会不细心规劝呢？

贲卦的启示

据说孔子在"四十而不惑"之后，曾想从政发挥抱负、造福百姓，特地为自己占了一卦，得到贲卦。于是，他收敛心思，专心治学，做些"删诗书""订礼乐"方面的工作。

贲卦是第二十二卦，卦象为"山火贲"（☲），有"文饰"之意。孔子知道自己即使从政，也只是做个装饰品，无法得君行道。这表示时机尚未成熟，不如"修身以俟命"，继续培养实力、等待机缘吧！

《杂卦》说："贲，无色也。"这使我们想到《论语·八佾》的一段对话。孔子当时提及"绘事后素"一语，意即：绘画时，最后才上白色。子夏由此领悟"礼后乎？"结果得到孔子大加称赞，甚至说：能启发我的就是子夏啊（启予者商也）。这段对话的重点是：礼仪是白色的，是以人的真实情感为其实质的。因此，若无真情，礼仪只是装饰品而已。

贲卦《象传》说了一句名言："观乎天文，以察时变；观乎人文，以化成天下。"意思是：观察自然界的文饰，可以探知季节的变化；观察人间的文饰，可以教化成就天下的人。后代由"人文化成"一语，形成"文化"一词，可谓含义深刻。

进入本卦六爻，初九说："贲其趾，舍车而徒。"意即：文饰脚趾，舍弃车子而徒步行走。初九位居最下，有如人的脚趾。脚趾文饰之后，理当徒步行走，否则谁又看得见呢？这是求虚忘实。

六二说："贲其须。"要文饰胡须。从脚趾一下跳到胡须，是因为这两者都是不切实际的成分。由卦象看，则六二上面有如一个缩小的颐卦（山雷颐，䷚）颐为口。在口之下则是须。六二必须随着上位者而行动，因为上位者才是实体，六二只是外在的文饰。

九三说："贲如，濡如，永贞吉。"意即：有文饰的样子，润泽的样子，长久正固吉祥。九三上下皆为阴爻，有如二柔文饰一刚。它本身在离卦，又在互坎中；这时火为光明，水为润泽，可谓文饰之至。

六四说："贲如，皤如，白马翰如，匪寇婚媾。"意即：有文饰的样子，洁白的样子，白马壮硕的样子。不是强盗，而是来求婚配的。从六四开始，要由虚饰回归实质了。此时提及洁白与白马，以及非寇婚媾，皆与互坎（六二、九三、六四）有关，因为它已来到上面的艮卦，知其所止。

六五说："贲于丘园，束帛戋戋。吝，终吉。"意即：所文饰的是丘山田园，只用很少的一束布帛。有困难，最后吉祥。在此，"束帛戋戋"是个关键，表示要去奢从俭，希望借此移风易俗。六五位居至尊而留心"丘园"，未免有所"吝"，因为当政者应该想到的是文饰天下。但是，正如孔子所说："奢则不逊，俭则固；与其不逊也，宁固"，以及"礼，与其奢也，宁俭"。由俭而生吝，可谓情有可原，而最后的结果仍是吉祥。

到了上九，总算把贲卦的精神完全表现出来。"白贲，无咎。"意思是：用白色来文饰，没有灾难。《象传》补充说："上得志也。"意思是：是因为在上位者实现了心意。这个心意是什么？回到全卦的《象传》，它说："君子以明庶政，无敢折狱。"意即：君子由此领悟，要明察各项政务，不能依此果敢判决诉讼。为何"无敢折狱"？因为此时的光明（离卦）是为了照亮人间，而上位者必须有止而息（艮卦）的心态，让文明收到"人文化成"与潜移默化之功。

"白贲"一词正是前面所引孔子"绘事后素"之意。人性向善，原有美好实质；礼仪教化是让人的真情得以具体展现的"形式"。无内容，则形式只是虚有其表。有内容，则形式恰可彰显"文质彬彬，然后君子"的理想。

23. 剥卦 ䷖

实例1：苦撑待变

　　一位在银行工作的朋友，想要自行投资创业，于是退下来与友人合伙做生意。一年下来诸事不顺，又碰上金融风暴，加上有人账目不清，惹来许多烦恼，此时进退不得，困窘无比，不知如何是好？

　　他为此占得"剥卦"（山地剥，䷖，第二十三卦），变爻六四，爻辞是："剥床以肤，凶。"意即：剥蚀到了床席，有凶祸。剥卦底下是五个阴爻，一路向上，只剩上九一个阳爻挂在上方，岌岌可危。任何人占得此卦都会心中忐忑，怎么办呢？

　　首先，这个卦确实反映出这位朋友的处境，因为剥蚀到了床席，而上面即将碰到人，眼看灾难临头，当然要设法避开了。当时我建议他立即避开，就是即使吃亏也要退出股份，以免蒙受更大的损失。我也劝他，三个月之后情况应该可以改善。为何说三个月？因为六四、六五、上九是三步。

　　他依言而行，赔钱退股，不再与损友纠缠。然后另外投资别的生意，三个月之后果然云雾散去，又看到了新的希望。

　　因此，占得凶字不必过度担心，《易经》讲究变化，在凶之后自然是顺境了。就怕你在困境中丧失斗志，以致在新的机会来临时，不愿继续努力，因而错过了反败为胜的契机。

剥卦的启示

　　剥卦是第二十三卦，卦象为"山地剥"（䷖）。这是消息卦之一，代表农历九月，再下一步进入冬季，亦即代表农历十月的坤卦，六爻皆阴。从卦象来看，一个阳爻孤悬上位，等于剥蚀到最后阶段了。《卦辞》说："不利有攸往。"此时当然不适宜有所前往。

《象传》提醒统治者，要"厚下安宅"，厚待下民，稳固根基。无论山有多高，都必须依附在大地之上。《尚书·五子之歌》说："民惟邦本，本固邦宁。"这是古代的民本思想，值得我们珍惜。

剥卦六爻中，有三爻为凶。这种不利的情况，在《易经》另外还有四卦，就是师卦、颐卦、恒卦、小过卦。

初六说："剥床以足，蔑贞，凶。"意即：剥蚀床脚，除去正固，有凶祸。阴爻由初六往上推进，最先遭殃的是床脚。关于"床"的取象，可以参考姤卦（天风姤，<svg>），当时只有初六为阴爻，亦即底下是个巽卦，巽为木，其象如床。由姤卦一路上去，最终才会出现剥卦。《易经》借此提醒我们，任何事不能只看现状，而须原始要终，把来龙去脉厘清，才可掌握变化的契机。

六二说："剥床以辨，蔑贞，凶。"意即：剥蚀床腿，除去正固，有凶祸。这与初六所言只有一字之差，就是由床脚往上到了床腿。"辨"是指分隔上下的部分。以六二而出现"凶"字的，除本卦外，只有颐卦与咸卦，可见在此应该如何谨慎了。

六三说："剥之，无咎。"为何无咎？因为在五个阴爻中只有它与上九正应，不会顺着别的阴爻去排除阳爻。

六四说："剥床以肤，凶。"意即：剥蚀床席，有凶祸。当人坐卧在床时，床席与人的皮肤直接接触。剥蚀到这个程度，当然是凶了。

到了六五，情势出现变化。它说："贯鱼。以宫人宠，无不利。"意思是：连成一串鱼，以宫人身份获得宠爱，没有不利。六五居于尊位，上承上九。它往下一看，四个阴爻有如一串鱼。鱼在寒冷的水中，可以代表阴爻。这些阴爻在此停止剥蚀的工作，反而像宫人（妻妾侍使）一般，以侍候国君为其职志。阴爻代表小人，小人只要安其位与守其分，则可以收"无不利"之效。

那么，唯一的阳爻上九如何呢？"硕果不食，君子得舆，小人剥庐。"意即：硕大的果子没有人吃。在君子将获得车马，在小人将剥除屋宇。在一爻中，分述两种情况是很少见的。首先，为何会有硕果？因为上卦艮卦是唯一的阳爻，并且艮卦又有果蓏之象，所以是硕果仅存。

其次，君子是由上往下看，底下五个阴爻，有如万民拥戴，而底下的坤卦为大舆，所以说获得车马。它的意思是：即使预见不好的未来，也要珍惜现在所拥有的。并且，剥卦之后，万物将会"剥极则复"，重新展现生机。

至于小人，则是顺着底下五个阴爻的人多势众，要继续往上推移，使阳爻完全剥蚀。但是他不知道，这样一来，就像"剥除屋宇"一般，连屋顶都掀掉了。一旦如此，就形成一个六爻皆阴的坤卦。这是否"得不偿失"？当然，就《易经》而言，变化势在必行，并且循环不已，所以人的干扰终究无用。但重要的是，人处在任何一卦的任何一爻，都须先了解整体的形势与个人的位置，然后采取合适的因应态度。譬如，人须自问：是君子还是小人？

君子乐天知命，小人幸灾乐祸。这一点在剥卦显示得十分清楚。曾有一人占得本卦上九，我问他是君子还是小人，他立即回答是君子。这是不是太主观或太自以为是呢？我不知道。我知道的是，君子固穷，在穷困中继续坚持原则，借此修养德行。处于剥卦，只有更加收敛，谨言慎行，如此或许可以应验"君子得舆"的说法。如果自认是个君子，不妨静待剥卦之后的复卦来到。

24. 复卦 ䷗

实例 1：剥极则复

我在杭州电视台上完一个文化访谈的节目之后，回到旅馆准备休息时，助理来电说：该节目的主持人有急事要占卦，希望我帮忙。我请助理在楼下大厅先教她占卦，占完之后我再下楼来为她解卦。

原来是这位女士的父亲年过八十而在一周前中风。医生要求他这个独生女立即决定要不要动手术。若不动手术，可能变成植物人；若是动手术，只有一半的成功概率。她占得剥卦（山地剥，䷖，第二十三卦），变爻初六与上九，上九爻辞说："硕果不食，君子得舆，小人剥庐。"意即：硕大的果子没有人吃。在君子将获得车马，在小人将剥除屋宇。

我询问她父亲的身份背景，她说以前是一家国营企业的总经理。这属于君子（管理阶层），所以没有问题。并且，之卦是复卦（地雷复，䷗，第二十四卦），表示动手术后将可恢复健康。

第二天她立刻决定让父亲动手术。一个星期之后，助理说收到这位女士来电表示感谢，因为她的父亲不仅手术顺利，并且恢复得很好。我让助理回电说，这是她父亲的福分，我只是依《易经》的学术观点提供参考而已。

实例 2：惊人巧合

在我录制的"《易经》通讲"里面有这么一段数据可供验证。

我为同学示范占卦，用的是五十根筹策，得到"噬嗑卦"九四及上九变爻；接着再示范用数字卦来占。我向三百多位同学征求三组三位数，于是由左方、中间、右方各传来一组数字。经过简单运算，组合起来一看，恰恰正是"噬嗑卦"上九。现场一时安静下来，真是神秘而不可思议。这也可以说是巧合，但谁能否认某种神奇的力量存在呢？

既然如此，我们为何不取简单的数字占卦，为何还要学习复杂筹策占卦呢？理由在于：数字占卦一定是一爻变，而筹策占卦可能六爻皆不变或多变，甚至六爻皆变，因而衍生了"之卦"，对于一事的后续发展也提供了重要信息。

以筹策占得噬嗑卦（☲☳）为例，在九四与上九皆变之后，出现了"复卦"（地雷复，☷☳，第二十四卦），表示可以重新开启一个新局。复卦卦辞说："亨，出入无疾，朋来无咎。反复其道，七日来复，利有攸往。"意即：通达，外出入内没有疾病，朋友前来没有灾难。在轨道上反复运行，七天回来重新开始，适宜有所前往。

我自二〇〇八年四月起，往返大陆与台湾相当频繁，一切顺利。在噬嗑卦的凶之后，有复卦的亨，我又何必过度担心呢？

复卦的启示

复卦是第二十四卦，卦象是"地雷复"（☷☳），这也是个消息卦，一个阳爻从底下出现，亦即我们常说的"一阳复起"，或者"大地春雷"，重现生机。依农历的节气，它是十一月，正是严冬季节，但阳气已经悄悄上场。正如"冬天来了，春天还会远吗"一语所云。

这个阳气需要存养一段时日，《象传》说："先王以至日闭关，商旅不行，后不省方。"意即：古代帝王由此领悟，要在冬至之日关闭城门，商人旅客不得通行，君王也不去四方视察。这是保留元气，待时而动。

《象传》提及两个重点，一是"七日来复，天行也"，二是"复，其见天地之心乎"？所谓"七日"，是就一卦有六爻来计算的，譬如复卦的初九是经过十月的坤卦（六爻皆阴），再回到这个位置的。既然经过了六爻，到第七步才又进入卦象，不是七日来复吗？至于"天地之心"，是指天地的用意，在于贵阳贱阴，希望君子道长而小人道消。专就《易经》而言，阳爻代表主动力，阴爻代表受动力；若是失去了主动力，则将不再有变化与生机，又岂是天地所乐见？

初九说："不远复，无只悔，元吉。"意即；走得不远就返回，没有到懊恼的程度，最为吉祥。《系辞传》引述孔子的话说："颜氏之子，其殆庶几乎？有不善未尝不知，知之未尝复行也。"孔子如此称赞颜渊。人的认知与行动不可能一开始就臻于完美，但是只要一察觉危机就立即回归正途，那就上上大吉了。

六二说："休复，吉。"它停下来返回，吉祥。它的《象传》说："休复之吉，以下仁也。"表示它是为了向下亲近仁者（初九）。《易经》的爻辞《象传》只有在此提及"仁"字，值得留意。对照而言，可以说：初九是自己返回，六二是靠别人指引才返回。元吉与吉之区分，即在于此。

六三说："频复，厉，无咎。"意即：再三地返回，有危险但没有灾难。曾参说："吾日三省吾身：为人谋而不忠乎？与朋友交而不信乎？传不习乎？"能够如此省察改过，就算有危险也不会陷于灾难之中。

六四说："中行独复。"走在行列中间而独自返回。所谓"中行"，是说上面五个阴爻中，六四正好位居中间，它与初九正应，所以可以独自返回。《象传》说它"以从道也"，是为了追随正道。如此自无问题。

六五说："敦复，无悔。"意即：敦厚地返回，没有懊悔。六五居上卦坤的中位，坤为地为厚，可以承载万物。《象传》说它"中以自考也"，是因为居中而能自我省察。然后以敦厚态度回到正道，如此又何悔之有？

由此观之，复卦出现了元吉、吉、无咎、无悔，都是正面效应。《象传》则有"修身、下仁、从道、中以自考"，可见吉凶依然在于人的修德。人性向善，不论处于任何状况，人都有可能回归于善，并因而得到福佑，这正是"自求多福"的光明坦途。

　　最后，到了上六，情况变得十分复杂。"迷复，凶。有灾眚。用行师，终有大败，以其国君凶，至于十年不克征。"就字数而言，这是排名第二多的（仅次于睽卦上九），其意为：在迷惑中返回，有凶祸。出现危险与灾祸。发动军队作战，最后会大败，对国君的凶祸最大，甚至十年之内都不能再出兵。

　　上六离初九最远，找不到引导，于是在迷惑中返回。这时如果真的返回到初六的位置，就将使复卦变成师卦（地水师，☷☵），所以后面出现战争与灾难。上六处于国师的位置，他的作为将成为国君（六五）的负担，可谓败事有余。上六此时最好安然自隐，让复卦可以逐渐往上带来更多阳爻，如此才可符合"天地之心"的要求。

25. 无妄卦 ䷘

实例 1：无妄之灾

有一人在政府机构上班，是个中阶主管。他的单位因图利商人而被控告，他的图章在关键位置被发现了，结果他要为此负责，被法院判刑两年，可以缓刑。

他完全冤枉，因为是单位主管私自取他的图章盖在公文上的。他想要上诉，于是以筹策占卦，得到"无妄卦"（天雷无妄，䷘，第二十五卦），没有变爻。那么，卦辞怎么说呢？"无妄，元亨利贞。其匪正有眚，不利有攸往。"意即：无妄卦，最为通达，适宜正固。如果不守正就会有危险，不适宜有所前往。

他征求我的意见。我说："你占到无妄卦，代表你在这件事上是无妄之灾，受委屈了。但是，由于六爻皆不变而没有之卦，因此不必上诉，即使上诉也不会有什么好的结果。"

"法官审判只问证据，你的图章盖在上面，谁知道是怎么回事？只有你的长官心知肚明，知道你受委屈了，代他受过。你若接受这个判决，将来未必没有发展的机会。"

我们都希望正义得以伸张，但世间之事曲折离奇，一时的委屈也许造就了未来的前途，即使上诉又能改变判决吗？本卦没有变爻，情况已经很明显。往后自己认真"守正"，此时不利攸往，潜心修德吧！

实例 2：真诚相待

在介绍数字卦时，我会强调"占问一般的问题"。若是人生大事，最好还是费一番功夫，用筹策来占吧。

一位同学在课后提出三组数字，她问的是："最近有人介绍一个男朋友，请问我与他交往的发展如何？"她的数字卦是"无妄卦"（天雷无妄，☰☳，第二十五卦），变爻初九，爻辞是："无妄，往吉。"意即：没有虚妄，前往吉祥。

交友贵在真心相待。我说："交友时不可考虑具体的利害关系，也不必想太多太远的事。无妄就是要你真诚，只要彼此都能真诚，往前走自然没有问题，恭喜你了。"

什么是利害关系呢？譬如，对方家世背景如何，是否有钱，学历条件以及事业前途等。考虑这些问题时，容易忘记这个人"本身"的个性、价值观、做人原则等。忽略他本身的特质，又怎能长期为友？

不但如此，当我们考虑这些利害时，对方说不定也在从他的角度考虑我们的条件，如此一来不是像"在市场买东西"一般，又怎能找到真正的朋友？"天下雷行"，万物都将显示原形，不可虚妄。人的世界比较复杂，但真诚依然是不可妥协的要求。

无妄卦的启示

无妄卦是第二十五卦，卦象是"天雷无妄"（☰☳）。《序卦》说："复则不妄矣，故受之以无妄。"意即：能够返回正道，就不会虚妄了。"无妄"就是真诚。天下有雷，雷行天下，万物皆须以真实面目展现出来。

人若真诚，回归本来状态，"其匪正有眚"，如果不守正就会有危难。孔子说过："人之生也直，罔之生也幸而免。"意思是：人能生存，是靠真诚而正直；没有真诚与正直而能生存，那是因为侥幸而得免。接着，《卦辞》说："不利有攸往。"这时不再有任何外在的动机与图谋，所以不适合有所前往。《彖传》加了一句："天命不佑，行矣哉？"人生不宜有太多杂念，如果无法顺从天命并走在正道上，又怎么行得通呢？

初九说："无妄，往吉。"意思是：没有虚妄，前往吉祥。初九在震卦中，阳爻居刚位，原本就有行动的力量，顺着走就对了，所以吉祥。换言之，处于无妄卦是"不利有攸往"，但其中六爻各有位置与性质，若是势在必行，还是往吉的。

六二说："不耕获，不菑畲，则利有攸往。"意思是：不耕种却有收获，不垦荒却有熟田，那就适宜前往了。这种情况是"无心而为"。六二居中守正，又有九五正应，在各种条件成熟时，自然可以前往了。

六三说："无妄之灾。或系之牛，行人得之，邑人之灾。"意即：没有虚妄却遇上灾难。有人拴了一头牛，过路人把它牵走，村里人遭殃。在此所谓的"无妄之灾"，就是我们常说的无辜受累，自己没做什么，却莫名其妙地被牵连进去。在解说中，六三处于下卦震中，代表行人；它也在互艮（代表手）与互巽（代表绳）之中。这是行人手牵绳子。至于牛与邑人，皆来自下卦震，是由坤卦"改换"初九而成。坤是牛，也是邑人，现在变为震，等于"一变两失"，牛不见了，邑人受到无妄之灾。

就生活经验而言，有人获得就有人失去。如果凭空得到好处，就须明白别人也是凭空失去某些利益。因此，凡是在世间取得成功（如名利权位）之人，皆须承担社会责任，亦即"取之于社会，用之于社会"。否则受到无妄之灾的人太多，社会难免充满怨气，最后恐怕没有人可以安居乐业了。

九四说："可贞，无咎。"可以正固而没有灾难，这是因为它已脱离下卦震，不会也不必采取行动，并且与初九不应，可以完全不动心。如此自然无咎。

九五说："无妄之疾，勿药有喜。"意思是：没有虚妄却生了病，不用吃药也会痊愈。若是无缘无故或者不明缘故而生了病，就须小心，不可乱服成药。当然，这是用来比喻人事，好像我没做某事却受人猜疑，那么不必多做辩解，所谓"清者自清，浊者自浊"，真相终有大白之日。不过，世间之事十分复杂，谁敢担保自己是"无妄之疾"呢？有时无心之言带来各种困扰，难道自己真的无妄吗？孔子说他自己专心研究《易经》，希望"可以无大过矣！"没有大过，但小过恐仍难免。看来人要做到真诚无妄，确实需要认真修德。

上九说："无妄，行有眚，无攸利。"意即：没有虚妄，行动会遇到灾祸，没有任何好处。上九与六三正应，六三在下卦震中，上九在上卦乾中，所以上九好像非行动不可。但是它忘记了自己已到即将离开的位置，并且六三也在互艮（艮为止）之中，使上九之行动受阻。如此又怎能顺利进展呢？

无妄卦提醒我们要真诚。若因真诚而遭到"无妄之灾"或"无妄之疾"，那么除了借此修养自己之外，不宜改取"有妄"（有心而为）的态度。毕竟人生是要对自己负责的，"人不知而不愠，不亦君子乎？"即是此意。

26. 大畜卦 ䷙

实例1：不会离谱

占卦的奇妙之处很多，其中之一是不会离谱。譬如，若是占问事业或工作，所得往往是大畜卦与颐卦，前者象征大有积蓄，后者则是张口要吃饭。

一位学员自法律系毕业后，在公家机关工作十年，升到中阶主管。公务员生活安定，是许多人羡慕的职业，但是他又想当个律师，另做生涯规划。他采用数字卦，一占是个大畜卦（山天大畜，䷙，第二十六卦），变爻上九，爻辞是："何天之衢，亨。"意即：位处上天所赐的道路，通达。

大畜卦走到顶点，表示自己大有积蓄，并且站在制高点上眼观四路，如此自然通达无比。我说："你想转业当律师，应该没有什么问题，一年之内可以成功。"我是看到上九变爻，所以论断一年为期。并且一变而为泰卦（地天泰，䷊，第十一卦），泰亦为通顺之意，可谓水到渠成。

这位学员说："这与我自己规划的时间一样，并且我的转业已经有相当的把握了。"有些人占卦，是为了增强原有的决心与信念，让自己更有充分的理由去做某一件事。我在谈论学易心得时，说过"学会终身受用"，看来并非虚言。

大畜卦的启示

大畜卦是第二十六卦，卦象是"山天大畜"（䷙）。《序卦》说："有无妄然后可畜，故受之以大畜。"它接着无妄卦而来，因为不虚妄代表真诚而实在，由此培养内涵，然后可以大有积蓄。

在积蓄德行与学识之后，成为贤者，将会受到国君礼遇，不必在家里吃闲饭。《卦辞》说："利贞，不家食，吉"，即是此意。然后加上一句"利涉大川"，适宜渡过大河。凡是在《卦辞》中出现"利涉大川"者，其组合之卦中必有乾卦或巽卦。前者刚健有力，后者得风而行。

《象传》说："君子以多识前言往行，以畜其德。"意即：君子由"天在山中"（山天大畜）领悟，要广泛学习并记得古人的言行，以培养自己的深厚道德。在畜德时，不能只看当代的人，还须"尚友古人"，向上取法古圣先贤，再敦促自己上进。

初九说："有厉，利已。"意即：有危险，适宜停止。初九与六四正应，但六四属于上卦艮，要以山来止住它前进。九二说："舆脱輹"，车厢脱离了车轴，想行动而不可得。这是因为它与六五正应，而六五亦在艮卦，使它打消念头。

九三说："良马逐，利艰贞。日闲舆卫，利有攸往。"意即：骏马奔驰，适宜在艰难中正固。每天练习驾车与防卫，适宜有所前往。九三在下卦乾中，乾为良马；它又往上形成互震，看来非动不可。但是上卦是艮，不得不止。此时如果调整心态，每天练习驾车与防卫，做好准备工作，最后也将"利有攸往"。

大畜卦的特色到了上卦充分展现。六四说："童牛之牿，元吉。"意思是：小牛在角上绑了横木，最为吉祥。小牛依其本能以角伤人，现在绑上横木无法伤人，乃由野而驯，成为可以耕田、拖车及供人使用的家畜，由大害转成大利，所以元吉。程颐说得好："人之恶止于初则易，既盛而后禁，则扞格而难胜。"六四取"童牛"为象，乃因它在上卦艮，艮为少男，为童；它又在互兑中，兑为羊，羊为较小型的牛；合之称为童牛。

谈到古人驯牛之法，可以参考印度人驯象之法。印度人捕捉野象之后，将它与家象用横木连在一起，让它学习家象的温驯习性，日久亦成驯象而为人所用。

六五说："豮豕之牙，吉。"意思是：阉猪口中的牙，吉祥。野猪的獠牙是伤害人的利器，所以为了驯养它，要先将它去势成为阉猪。消除野性之后，其牙不再伤人，并且长得肥大，成为人的食物来源。本爻所谓的豕，系出于上卦艮为黔喙之属，带着又黑又长的嘴，有猪之象。猪一经阉割，有如从根本上化解多欲的来源。六五身居君位，权力使人腐化，若不能修明政教，努力积德行善，则岂是百姓之福？

"大畜"是以四阳畜二阴，以大畜小。这二阴一旦畜好，则到了上九，是："何天之衢，亨。"意即：位处上天所赐的通路，通达。上九在此得到全卦的支持，不但位居最高（五与上为天位），并且底下有个互震（九三、六四、六五），震为大途。合而观之，不是"何天之衢"吗？这时的"亨"是真正的通达，可以无往不利。

《易经》六十四卦中，到了上九或上六，得到"吉"的大约有四分之一，比例上算是少的。但是，到了此位而有"亨"的，则只有大畜卦。所谓亨，是指通达，而上六或上九即将离开本卦，又怎能说是通达呢？

大畜卦何以不同？因为它求之于己，无论修德或治学都是为了改善自己的生命状态，使之精益求精。正如孔子所云："古之学者为己"，"君子求诸己"，以及"不患人之不己知，患其不能也"。自己准备完善之后，可以"用之则行，舍之则藏"，又何处不亨？

27. 颐卦 ䷚

实例 1：不必羡慕

到了二〇一〇年，房价越涨越高。以台北市来说，市中心新建大厦中的一户要多少钱呢？假设夫妻二人皆为大学教授，那么他们二人不吃不喝所存下的薪水，大约二十五年才有办法买这么一户房子。

一位朋友住在市郊，正在考虑买市中心的房子，但是实在下不了手。他为此占了一卦，得到"颐卦"（山雷颐，䷚，第二十七卦），变爻初九，爻辞是："舍尔灵龟，观我朵颐，凶。"意即：舍弃自己神奇的大龟，却来观看我吃什么东西。有凶祸。

颐卦有如一张大口，上下两排牙，中间等着吃东西。初九的意思是：你自己是阳爻，有实在的食物，却往上看到六四的吃相，还去羡慕他。这样不是像老子所说的"不知足，妄作，凶"吗？

意思是：这位朋友现在住的房子其实稍加整修，也是理想的居家环境。如果真的忍痛买下市中心的房子，光是付贷款，恐怕未来十几年都会很辛苦，那又何必呢？许多欲望是外在的刺激所引起的，当你觉得自己比上不足时，别忘了比下有余。朋友得此一卦，暂且打消念头，这时看看自己的房子，才发现原来也有不少可取之处。

实例 2：实力很强

我最近到深圳演讲，一位朋友热心接待。由于飞机误点，晚餐拖到九点才开始。席间还有两位初次见面的友人。

让他们久候，总想稍做回报。谈到《易经》，免不了要到现场实验一番。一位友人说出三组三位数，我一算，是个"颐卦"（山雷颐，☶☷，第二十七卦），上九变爻。爻辞说："由颐，厉吉。利涉大川。"意即：由此而得养育，危险但吉祥。适宜渡过大河。

我说："你所要问的，应该与事业有关。"他说："是的，我正在考虑要不要换工作。"我接着说："你实力很强，在上九的位置而能'利涉大川'的，在六十四卦中仅此一爻。所以换工作没有问题。"他连声说谢，并直呼太神奇了。

晚餐后，朋友送我回旅馆。他在路上告诉了我今天提问的友人的背景。这个背景果然有些名堂。原来他的长辈在广东省的领导班子里，实力之强不在话下，他自己也曾留学美国，是学有专长的海归派。

颐卦像一张口，上下两排牙，中间是空的，表示要求取食物。此卦下三爻皆凶，这也是《易经》所仅见的。在求取食物时，竞争激烈，这时若有实力，真是让人羡慕，不是吗？

颐卦的启示

颐卦是《易经》第二十七卦，卦象是"山雷颐"（☶☷）。从卦象可知，这是一张口，等着吃东西。卦辞说：颐卦。正固吉祥。观察养育状况，自己求取食物。

"颐"即是"养"，像"颐养天年"就是老年人的心愿。养育要合乎正道，包括：口腹之养，以及养身、养德、养人与养于人等。今天常用"培养"一词，所针对的是子女、学生、晚辈、部属等。

《彖传》说：养育合乎正道，就会吉祥。推广而言，"天地养万物，圣人养贤以及万民。颐之时大矣哉。"在此提到"时"字，是说养育要配合时机、随顺时势。

到了《大象传》就扣紧人的一张口来做文章了，它说"君子以慎言语，节饮食"。人的这张口必须谨慎，以免祸从口出；又必须节制，以免病从口入。在一卦六爻中，有三爻为"凶"，是很少见的。这种情况出现于以下五卦：师卦、剥卦、颐卦、恒卦、小过卦。

颐卦初九与上九为阳爻，中间四爻为阴爻。初九爻辞说："舍尔灵龟，观我朵颐，凶。"意思是：抛弃你的大乌龟，看着我嚼食东西，有凶祸。这句话在说什么？它是在责怪初九，说初九自己有灵龟，懂得养生之法，但是它与六四正应，眼睛往上看，看到口中有东西，有如"朵颐"，亦即人在吃东西时，口颊上下张合，有如花朵波动。现在我们还在使用"大快朵颐"一词，表示吃得开心。为何在此会提到灵龟？因为颐卦有如放大的离卦（☲），把离卦中间的阴爻变成四个阴爻。离为龟，所以称之为灵龟。龟为长寿之物，又何必羡慕别人的饮食？

六二说："颠颐，拂经；于丘颐，征凶。"意即：颠倒养育方式，违背了常理；往高处求养育，前进有凶祸。这是怎么回事？在颐卦中，只有初九与上九是阳爻，其他四个阴爻都要设法与阳爻建立关系，才可放心饮食。六二先求初九，但这是往回走，颠倒了养育方式，显然不可行；它又想往上找上九，但上九在艮卦中，艮为山，代表"丘"，位高，艮又为止，不让六二往前进。六二与六五不应，所以上进无望，一定要去，则有凶祸。六二为凶，极为罕见，只有颐卦、剥卦、咸卦是如此。

六三说："拂颐，贞凶。十年勿用，无攸利。"意即：违背养育方式，正固有凶祸。十年不能有所作为，没有任何适宜的事。六三以阴爻居刚位，又在震卦最上爻，非动不可又无动力；往上与上九正应，但上九在艮卦中，又止住它的活动。没有一件合宜的事，动静皆有困难。"十年"代表长期，"十"也是地数，这与六三在互坤有关；坤为地，没有主动力。

六四说："颠颐，吉。虎视眈眈，其欲逐逐，无咎。"意即：颠倒养育方式，吉祥。像老虎般瞪视，欲望接连而来，没有灾难。

六四与六二都是"颠颐",但是一吉一凶,这是因为初九所正应的是六四,而六二对初九则是乘刚。谈到养育,应该是以上养下,在上卦必须有官威,"虎视眈眈",否则无法服众。

六五说:"拂经,居贞吉,不可涉大川。"意即:违背常理,守住正固就吉祥,不可以渡过大河。六五以阴爻居君位,又与六二不应,这对于负责养育百姓的国君而言,显然是"拂经"。所以只可守住正固,并且还要往上依靠上九,谈不上渡过大河。

上九说:"由颐,厉吉。利涉大川。"意思是:由此而得养育,危险但是吉祥。适宜渡过大河。颐卦上下两个阳爻,初九不足贵,上九则弥足珍贵。上九在艮卦上位,若无它来"止"住,饮食无法完成。它的危险来自阳爻居柔位,又即将离去此卦。它下有六三正应,又有六五奉承,自然大有喜庆,并且有能力渡过大河。吃饱喝足了自然有力气。

本卦底下三爻皆有"凶"字,因为僧多粥少,难免出现颠倒或违背常理的事。到了上卦三爻皆有"吉"字,表示有条件养人以及自养,只要谨守分寸,自可逢凶化吉。

28. 大过卦 ䷛

实例1：凶而无咎

朋友叙述一件个案，要我帮忙解卦。

一位女士因为先生外遇而痛苦不堪，他们有两个孩子，这时该怎么办呢？《易经》占卦要扣紧问题，于是她占问婚姻，得到"大过卦"（泽风大过，䷛，第二十八卦）。

这个卦象是上下两端为阴爻，中间四个阳爻，有如屋梁两边弱而中间强，有崩塌之虞。并且，就"泽风"的组合而言，风亦为木（巽为风为木），木在泽之下，所以变爻上九说："过涉灭顶，凶，无咎。"意即：渡河时淹没了头顶，有凶祸，但没有责难。

平常我们把"无咎"译为"没有灾难"。在此，既然说"凶"，又怎能说没有灾难？所以，要译为"没有责难"。这位女士的处境极为不利，婚姻岌岌可危，显然有其凶兆。《易经》只能揭示真相，至于知道真相后要如何应变或化解，则要靠自己在具体情况中想办法。

朋友向这位女士转达我的解卦时，这位女士一听到"老师说这事不能怪你"，立即放声大哭。《易经》洞见幽微，不让人受委屈，不使真相受遮蔽，效果一至于此。

人的遭遇由各种复杂的条件所组成，未必全然操之于己。自己所能做的是：经由理解而修养德行，使自己不受责难，进而逢凶化吉。

实例2：教育孩子

朋友让小孩念私立高中，希望严格的管教可以让孩子走在正路上。没想到才高二的孩子既抽烟又迷上网络，父母怎么劝都无效。求助于占卦吧。

占得大过卦（泽风大过，☴，第二十八卦），九二、九三、九四三爻变。三爻变要看本卦卦辞："栋桡，利有攸往，亨。"意即：栋梁弯曲，适宜有所前往，通达。意思是要出门求助才可通达。

孟子主张"易子而教"，因此父母往往无能为力。但是，孩子是在学校学坏的，学校不是正当的教育单位吗？这时只好特别拜托老师关心孩子。学校中，一位老师要面对四五十位学生，不可能万无一失。身为父母只好把孩子的问题主动告知老师，以便老师对症下药。

大过卦的《大象卦》说："君子以独立不惧，遁世无闷。"意即；君子要坚定不移而无所畏惧，避世隐居而毫无苦闷。一时之间只能坚定信心，熬过这段痛苦经历。三爻变的之卦是比卦（水地比，☵，第八卦），卦辞提醒我们"不宁方来，后夫凶"，意即：从不安定中刚刚转变过来，后到的会有凶祸。因此，这是不能拖延，必须快刀斩乱麻，再晚就来不及了，后果可能不堪设想。

实例 3：少安毋躁

我曾在基金会讲过西方哲学，共七十二讲。从希腊哲学一路下来，谈到现代哲学。由于在准备时费了不少心力，内容尚称丰富。有些同学听了之后觉得颇有收获，就建议我出版光盘，向广大读者群介绍。还有一位同学特别有心，说他愿意负担出版费用。

我听了难免心动，但还是采取谨慎态度，以筹策占了一卦，得到"大过卦"（泽风大过，☴，第二十八卦），六爻不变。卦辞是："栋桡，利有攸往，亨。"意即：栋梁弯曲，适宜有所前往，通达。这看起来好像勉强可以，但别忘了《大象传》所说："泽灭木，大过。君子以独立不惧，遁世无闷。"沼泽淹没了树木，这时君子要坚定不移而无所畏惧，避世隐居而毫无苦闷。这就十分清楚了。

在时运上，我应该"收敛自省，未可求名"。本卦初六与上六两个阴爻，如何撑得住中间四个阳爻？如果恃强而行，结果可能栋桡屋垮，自寻烦恼。尤其本卦没有变爻，表示此事结局不变，始终让人担心。后来我仔细检查这七十二讲，发现中间有一部分的录音效果不佳，声音粗糙难辨，如果贸然制成商品，那么读者一定会抱怨作者太不负责了。这种名不出也罢，还是少安毋躁吧。

大过卦的启示

《易经》第二十八卦是大过卦，卦象为"泽风大过"（☱☴）。本卦卦象与颐卦对照，是互为变卦，就是六爻皆变。现在我们看到初六与上六两个阴爻，中间四个阳爻。阳爻称"大"，四比二，所以说"大者过也"。

卦辞说：栋梁弯曲，适宜有所前往。阳为实，阴为虚；首尾两端太弱，中间太强，有如栋梁弯曲。《彖传》说："大过之时大矣哉。"可见这又是一种特殊时机，但这一次要做什么事呢？程颐说得十分积极："大过之时，其事甚大，故赞之曰大矣哉。如立非常之大事，兴不世之大功，成绝俗之大德，皆大过之事也。"

《大象传》说得简明扼要。"泽灭木，大过。君子以独立不惧，遁世无闷。"意即：沼泽淹没了树木。卦象是"泽风"，但代表风的巽卦，也有树木之意。此时是个危机，是考验的时候，所以君子要坚定不移而无所畏惧，避世隐居而毫无苦闷。能通过这样的考验，就可以说是"大过人者"，远非平凡人可比。

初六说："借用白茅，无咎。"意即：用白色茅草垫在底下，没有灾难。初六在下卦巽中，巽为木，为白。木在下在初，又是柔爻，故为白茅。古人垫白茅，是要在上面摆设祭品，表示慎重与虔诚。在阳爻大过之时，阴爻初六的做法是合理的，所以没有灾难。

九二说："枯杨生稊，老夫得其女妻，无不利。"意即：干枯的杨树长出新的枝叶，老头子获得少女为妻，没有不适宜的事。本卦卦象是"泽灭木"，杨树长在沼泽边，又有被灭之虞，所以说是枯杨。九二与初六配成一对，成为老夫少妻，仍有生育可能，所以说"长出新的枝叶"，"无不利"。

九三说："栋桡，凶。"栋梁弯曲，有凶祸。九三与九四在全卦中间，所以都以"栋梁"为取象。九三以阳爻居刚位，正好犯了大过卦"刚过"的忌讳，以致过刚必折，房子都有危险了。九三虽有上六正应，但上六无法使它平衡，反而加深了危机。

九四说："栋隆，吉。有它吝。"意即：栋梁隆起，吉祥。会有别的困难。九四也是栋梁，但因为它到了上卦，是向上隆起，而非向下弯曲。九四以阳爻居柔位，本身阴阳调和，不至于过刚。那么，九四"别的困难"是什么？则答案是它与初六正应，有向下弯曲的诱惑。

九五说："枯杨生华，老妇得其士夫，无咎无誉。"意思是：干枯的杨树长出花朵，老妇人获得壮男为夫，没有责难也没有荣誉。这里所说的与九二相反。九二是找初六配对，为老夫少妻。九五是往上找上六配对，成为夫少妻老的关系。"华"是花朵，花开不易持久，很快就凋零了。老妻少夫无法生育，故有此说。这种观念在今日强调男女平等的时代已经没有太大的意义了。但是，以占卦而论，在参考爻辞时不必执着于文字，而须就各爻之间的关系位置来做判断。值得注意的是"无咎无誉"，不求有功但求无过，能够平顺度日就不错了。

最后，上六说："过涉灭顶，凶，无咎。"意即：发大水时渡河，淹没了头顶，有凶祸，但没有责难。上六在全卦终位，显示了全卦"泽灭木"的结果。这是非战之罪，因此先说凶，再说无咎，是要指出不应该加以责怪。

本卦九三与上六为凶，分别在下卦与上卦的最高位置。这两爻正应，反而有害。以九三而言，栋梁已经很重了，上六以阴从阳，使它向下弯曲更为严重，所以见凶。而上六呢？它若与九五搭配，成为老妇士夫，没有什么好结果；它若与九三正应，则正好把上面的泽拉到底下的木上，成为无可逃避的泽灭木，结果也是凶。

初六的无咎，是因为谨慎之至，《系辞上传》孔子说：茅草是一种微薄的东西，但可以产生重大的作用。按照这种谨慎的方法去做事，就不会有什么过失了。由此可见，无论外在形势如何，自己存着谨慎而恭敬的态度，总是可以避凶趋吉的。

29. 习坎卦 ䷜

实例 1：辛苦三年

没有人喜欢占到凶险的卦，但是《易经》讲究变化，所谓"风水轮流转"，又怎么可能一人独占所有的好处呢？

一位朋友在新加坡有个投资计划，他利用饭局之后以筹策占卦，想知道这个计划的未来如何。占得习坎卦（上坎下坎，䷜，第二十九卦），变爻上六。爻辞说："系用徽纆，寘于丛棘，三岁不得，凶。"意即：用绳索捆绑起来，放在牢狱中，三年不能出来，有凶祸。

这段话听起来很可怕，好像会有牢狱之灾。而事实上它是使用比喻，表示你投资之后有如被绑手绑脚，动弹不得。不过，既然它明言"三年"无法如愿，就表示三年之后情况会有变化。

这位朋友听了之后面带微笑说："我投资的事业估计最快也须三年才会回收利润，所以这个爻辞对我而言是可以接受的。"他的态度是正确的。许多人占卦时一看到"凶"字就心烦意乱，好像天快塌下来一样。别忘了，有凶祸表示现在无法如愿，但是下一步再怎么变化也会比它稍好。此所以《易经》教人修养德行为要，只要能在逆境中经得起考验，一旦环境改善了，自己不是更有致胜的把握吗？辛苦三年而有成，在人生中依然算是幸运的。

习坎卦的启示

《易经》第二十九卦是习坎卦，上下二卦皆为坎（☵）。上下二卦相同的有八个，就是八个经卦本身重叠，形成八个纯卦。别的纯卦用名简单，只有此卦加一"习"字。程颐说："习谓重习，它卦虽重，不加其名，独坎加习者，见其重险，险中复有险，其义大也。"由此可知，"习坎"一名特别提醒人注意危险。

坎是水，代表重重险阻，也代表水一直流动而不失信，所以卦辞说："有孚，维心亨。行有尚。"意即：有诚信，因为内心而通达。行动表现了上进。在此提及"内心"，是因为本卦有九二与九五，阳爻占住两个中位，等于内心真实可信。《象传》强调三险：天象的险阻，是没有办法跨越的；地理的险阻，是山川丘陵；王公设险来守卫自己的国家。险卦的时势作用太伟大了。由此可知，险有两面，别人设险来阻挡我，我也设险来保护自己。经常练习，才可履险如夷。

《大象传》使君子领悟：看到水连续不断流过来，要有恒修养德行，熟习政教之事。如此可以择善固执，变化气质，成就自身不凡的人格；并且，一有机会做官，则因为娴熟政教事务，可以化民成俗。《易经》有"四大难卦"之说，如屯、习坎、蹇、困，皆有一个小的坎卦在其中，但是困难险阻不正是最好的考验机会吗？

初六说："习坎，入于坎窞，凶。"意即：在重重险阻中，掉入陷阱，有凶祸。本卦六爻，只有初六出现"习坎"，因为它位居底部，上面双坎压着，险之又险。它又是阴爻居刚位，往上与六四不应，一无是处，当然见凶。

九二说："坎有险，求小得。"意即：坎陷中出现险阻，求取小的会有收获。由九二看来，本身占有中位，底下有初六相承，只可求小不可求大。它的险阻来自本身上下皆为阴爻，上与九五不应，未能脱离困境。

六三说："来之坎坎，险且枕，入于坎窞，勿用。"意即：来去都是险阻，险难还到处遍布。掉入陷阱，不可有所作为。六三在全卦中间，上下皆为坎卦。它本身阴爻占刚位，又在互震（九二、六三、六四）与互艮（六三、六四、九五）中，一动一静相互牵制，完全不能有所作为。这是成事不足的情况，保住平安就庆幸了。

六四说："樽酒簋二，用缶，纳约自牖，终无咎。"意即：一盅酒与两盘供品，用瓦盆盛着。从窗户送进简约的祭品，终究没有灾难。这里所说的是简约而朴实的祭礼。人在危险时，以宗教活动安定内心，保持虔诚，是否可以免祸呢？不论是否有效，但至少自己收敛心神，步步为营，总是比较安全的。六四位正，又有九五可以奉承依靠，所以终究没有灾难。坎在下卦与在上卦，情况大不相同。

九五说："坎不盈，祗既平，无咎。"意即：坎陷尚未满盈，抵达齐平的程度，没有灾难。九五居全卦尊位，但仍在两个阴爻之间，有如流水无法满盈。它又往下形成互艮，艮为止，有齐平之意，可以秉公行政。它与九二不应，所以只能做到无咎。

上六说："系用徽纆，寘于丛棘，三岁不得，凶。"意思是：用绳索捆绑起来，放在牢狱中，三年不能出来，有凶祸。本卦初六与上六为凶，初六是刚刚进入陷阱，无法防备；上六是陷阱早已成形，难以避开。陷阱有如牢狱，《周礼·司圜》说："收教罢民，能改者，上罪三年而舍，其不能改而出圜土者，杀。"古代重罪关三年，若是还不悔改，则无生路。上六下承九五，又与六三不应。它在全卦最高也是最终位置，即将离开本卦，所以这种离开有可能是生命的结束。

在占卦时，遇到上六或上九，而所占问的是身体健康的问题时，那么结果就要小心了。这时出局有可能不再回到任何一种新的处境了。

30. 离卦

实例1：必须认命

在一次《易经》演讲中，为了达到示范教学的效果，我让一位学员以数字卦来占问。这位学员先不说他想问的是什么，就随口给了三组三位数，一算之下得到离卦（上下皆火，**☲**，第三十卦），变爻九三，爻辞是："日昃之离，不鼓缶而歌，则大耋之嗟，凶。"意即：太阳西斜的附丽，不能敲着瓦盆唱歌，就会发出垂老之人的哀叹，有凶祸。

看来十分不妙。这位学员所问的是什么？原来他年纪虽然四十出头，但已是一家公司的老总，现在又想争取老董的大位。他能够成功吗？我就直接说了："离卦代表太阳，九三是下卦的最后一爻，表示你的事业已到日薄西山的地步，这时如果不能知难而退或者知命乐天，那么将来难免哀叹自己的种种委屈！"

他听了频频点头，说公司已答应给他一笔丰厚的退休金，只是他自己不太服气，认为还有机会放手一搏，争取领导的位置。现在呢？他似乎有所感悟，当下点了点头，说："那就算了，既然《易经》占卦都这么说，我又何必逆天命而行呢？"我无从得知他在公司的情况，这些只有他自己最清楚。但是从他当下的决定似乎可以觉察其中的复杂状况，人在此时，或许认命是一个正确的选择。

实例2：争吵不休

我在上海的演讲会上，依例要为同学示范数字卦。所谓数字卦，就是当你心中有个问题时，碰巧想到了三组三位数，那么由这三组三位数就可以得出一个卦以及一个变爻。

一位同学大声报出三组数字之后，我一算是个"离卦"（上下皆火，䷝，第三十卦），变爻九四。我对九四的爻辞有些担心："突如其来如，焚如，死如，弃如。"意即：贸然闯进来的样子，灼热的样子，没命的样子，被弃的样子。

这位同学说，她想问今年能否与男友结婚。因为是在公开场合，我含蓄地说："这个问题不好回答，你要不要下课后再来谈一下。"她说没关系。我说："离卦上下皆为火，而九四位在二火之间，情况可想而知。你与男友目前还有许多冲突，不要着急，今年恐怕结不成婚。"

我才说完，她立即大声在台下喊说："实在太准了，我们现在天天吵架，以为结婚之后可以改善。现在看来不太容易了。真是谢谢。"

《易经》各爻少见如此凶险的爻辞，所以不可心存侥幸。若是这时想做任何事，都必须三思。最好等待一段时间，小不忍则乱大谋，大谋一乱就难以补救了。

实例 3：两岸关系

在示范占卦方法时，同学们常为了选择一个大家都关心的问题而伤脑筋。有一次，同学们决定占一占两岸关系。这自然是大家关心又十分敏感的问题。

结果出现离卦（上下皆为火，䷝，第三十卦）。有同学惊呼："难道两岸终将分离？"我说："非也。我们介绍过基本八卦的象征。离为八卦之一，其象征为火，其性质为丽，而丽是依附之意。"

火不能独立燃烧，必须依附于木柴、布帛或蜡烛之上。由于六爻皆不变，所以要参考卦辞："离，利贞，亨。畜牝牛，吉。"意即：离卦，适宜正固，通达。畜养母牛，吉祥。牛为温驯的家畜，母牛更是如此。

这些话要如何理解呢？占卦须由占问者的角度去思考卦爻辞。由我们在台湾的百姓看来，的确"不能脱离"（亦即依附）两岸关系。这是复杂的历史因素所造成的处境。"畜牝牛"则是指两岸关系的上策，就是双方都温和而友善地面对两岸关系。

结果呢？适宜正固，又能通达，最后还有吉祥等着我们。这样的占卦，真有"如响斯应"的奇妙之处。人为的努力是不可或缺的，但是先知道大概的局势，不是更让人放心吗？

离卦的启示

《易经》分为上经与下经，上经到第三十卦为止。第三十卦是离卦，这也是个纯卦，上下皆为离（☲）。卦辞说：适宜正固，通达。畜养母牛，吉祥。

离卦有六二与六五，两个中位都是阴爻，所以要先正固才可通达。至于牝牛，则因离卦中间的阴爻得自坤卦，坤为牛。并且离为火，火生土，由蓄积而成土。也有说法是：离为明，明见一切的人，最好采取柔软的手段；并且，离为附丽，既然有所依附，就应如牝牛一般柔顺。

《彖传》强调附丽，说："日月丽乎天，百谷草木丽乎土，重明以丽乎正，乃化成天下。"从日月与百谷草木推及人间，要"以双重光明来附丽于正道，如此可以教化成就天下百姓"。人间需要光明，没有光明又怎么主持正义呢？人与万物之不同，在于要依附于正道，而不只是简单地活着。

《大象传》说："明两作，离。大人以继明照四方。"意即：光明重复升起，这就是离卦。大人由此领悟，要代代展现光明来照耀四方百姓。这里值得注意的是，六十四卦的《大象传》中，只有本卦提及"大人"，大人应指有位的君子。在《大象传》中，另有五十三卦提及"君子"，应指无位的大人。

初九说："履错然，敬之，无咎。"意即：脚步中规中矩，采取恭敬态度，没有灾难。处在一个光明的时代，刚刚上场的年轻人应该有这样的表现。若是此时稍有不敬，很可能招来危险。所以能做到"无咎"，于愿已足。

六二说："黄离，元吉。"意思是：黄色的附丽，最为吉祥。六二在离卦中，居中得正。黄为土色，土居五行中位，所以黄也成为中位之色。因此，"黄离"所代表的是美好的文明。只要以适当态度来展现自己的光明，而这种光明又有所附丽，那么结果将是元吉。坤卦六五说"黄裳，元吉"，亦代表类似观点。

九三说："日昃之离。不鼓缶而歌，则大耋之嗟，凶。"意即：太阳西斜的附丽。不能敲着瓦盆唱歌，就会发出垂老之人的哀叹，有凶祸。九三在底下的离卦中，离为日，有如日薄西山，光明将尽。"鼓缶而歌"表示乐天知命，随遇而安。若是做不到这一点，依然无可奈何，因为形势比人强。"耋"指八十多岁老人，该放下时就看开一些吧！

到了九四，情况变得极其复杂。九四说："突如其来如，焚如，死如，弃如。"意即：贸然闯进来的样子，灼热的样子，没命的样子，被弃的样子。这里连续使用五个"如"字，让人在戒惕中发挥想象力。九三与九四其实都处在上下二"火"之间，但由于火向上烧，所以九四受创严重。九四以阳爻居柔位，不中不正。个性刚猛，进逼六五，为天理所不容，以致死后名声还要"被弃"，真是惨到了极点。九三、九四、六五形成互兑，兑为毁折，所以这三爻各有苦恼。

六五说："出涕沱若，戚嗟若，吉。"意即：眼泪涌出的样子，悲痛哀叹的样子，吉祥。六五在上面的离卦，离为目，它又在互兑中，兑为泽；目出水如泽，是为"出涕沱若"。它能畏患忧惧，就没有问题，何况它还位居上位之中，是王公之位，并且还有上九可以依靠。

上九说："王用出征，有嘉。折首，获匪其丑，无咎。"意思是：君王可以出兵征伐，会有功劳。斩了首领，俘获的不是一般随从，没有灾难。上九以阳爻居离卦上位，可谓刚明至极，既可以照见天下的邪恶之徒，也可以采取武力征伐，目的是为了使国家走上正道。离为火，为甲胄、戈兵，有如战火，到此时可谓师出有名。它所对付的，是像九三之类的敌对首领，而不是一般随从。"丑"为众，指相从的同类人。

《易经》的上经部分，从代表天地的乾坤，一路发展到代表水火的坎离。内容丰富曲折，人生启示良多。接着的下经部分，对人间的复杂处境更是深入着墨，值得用心体悟。

31. 咸卦 ䷞

实例 1：静养为宜

地球资源需要人类保护，怎么保护呢？有一句口号最有道理，就是："不要干扰它，地球会自行复原！"许多时候，人的身体也是如此。一位朋友担心自己的健康，他为此占了一卦。

得出的结果是"随卦"（泽雷随，䷐，第十七卦），初九与六三为变爻，六三爻辞说："系丈夫，失小子。随有求，得，利居贞。"意即：保住丈夫，失去小孩。跟随而有所求，可以获得，适宜保持正固。

在占问健康时，这句爻辞的意思是：大人没事，小孩危险，所以最好保持正固，就是随遇而安。本卦《大象传》说：君子以"向晦入宴息"，就是到了晚上就回家安静休息。有时保健并无秘方，只需静养即可。

并且，由于初九与六三为变爻，一变之后所形成的之卦是"咸卦"（泽山咸，䷞，第三十一卦）。咸卦的下卦是艮卦，而原先随卦的下卦是震卦。在解卦时，下卦离我较近，常可代表我的处境。现在下卦由震到艮，表示由动到止；而外卦兑卦不变，表示外在环境一如往常。那么应该怎么办？答案很清楚：要安心静养。让身体休息，它也会自行恢复健康。

这时，不只是身体减少操劳，连心思也须放宽。心情好了，身体也容易复原。

咸卦的启示

《易经》第三十一卦是咸卦，卦象为"泽山咸"（䷞）。《序卦》说："有天地然后有万物，有万物然后有男女，有男女然后有夫妇，有夫妇然后有父子，有父子然后有君臣，有君臣然后有上下，有上下然后礼仪有所错，夫妇之道不可不久也，故受之以恒。"

这段话的重点是强调人的社会始于夫妇一伦，而在咸卦为何要先谈夫妇呢？因为有咸卦的男女感应，才会接着出现要求稳定的夫妇关系，亦即恒卦。

咸卦卦辞说："亨，利贞，取女吉。"此时适宜正固，娶妻吉祥。咸卦下艮上兑，艮为少男，兑为少女，皆纯洁而多情易感，容易通达心意，但是最需正固。

《彖传》侧重感应，说："天地感而万物化生，圣人感人心而天下和平。观其所感，而天地万物之情可见矣。"本卦六爻皆有正应，因此，"咸"有感应、感动、感化之意。至于"天地万物之情"一语中的"情"字，是"实"的意思。

《大象传》指出"君子以虚受人"，要以谦虚态度接纳别人。山上有泽，高耸的山空出地方，容纳原本在低地的沼泽，沼泽的水也滋润山上众物，两相配合，不是美好之事吗？

初六说："咸其拇。"感应到脚的拇指。本卦由下而上，是以人的身体取象，有如感应也由下而上。初六与九四正应，以阴从阳，心意在外。此时感应尚浅，不足以采取行动。并且下卦为艮，为止，想动也不可能。

六二说："咸其腓，凶，居吉。"意即：感应到小腿肚上，有凶祸，安居就会吉祥。六二往上形成互巽（六二、九三、九四），巽为股，六二在股的下方为腓，即小腿肚。六二与九五正应，但又处于艮卦，想随感应而动又不可能，所以有凶。但六二居中守正，安居就会吉祥。

九三说："咸其股，执其随，往吝。"意思是：感应到了大腿，控制住跟随的动作，前往会有困难。九三互巽为股，且以阳爻居刚位，又有上六正应，可谓动性极强，但无奈自身仍在下卦艮中，艮为止，动弹不得。由此可见，两情相感必须到上卦较为成熟才可行动？

九四说："贞吉悔亡，憧憧往来，朋从尔思。"意即：正固吉祥而懊恼消失，忙着来来往往，朋友跟从你的想法。九四已至上卦，位置在于心脏，是感应的主体。九四又在互乾（九三、九四、九五），同伴来到交往，耗费不少心思。《系辞下》引述孔子一大段话，其意如下：

"天下万物思索什么又考虑什么？天下万物有共同的归宿却经由不同的途径，有同样的目标却出自千百种考虑。天下万物思索什么又考虑什么？日往则月来，月往则日来，日月互相推移而光明自然产生。寒往则暑来，暑往则寒来，寒暑互相推移而一年自然形成。前往的要屈缩，来到的要伸展，屈缩与伸展互相感应就会出现有利的情况。……探究精微义理到神妙的地步，是为了应用在生活上；借用各种途径安顿自己，是为了提升道德。超过这些再向前推求，就没有办法清楚知道了；能够穷尽神妙的道理并懂得变化的法则，已经代表道德盛美了。"

感应的效用由此可见。九五说："咸其脢，无悔。"意即：感应到了后背上，没有懊恼。这时自然不会采取行动。九五所感应的原是天下百姓，现在只与六二正应，所以最多只能做到无悔。

上六说："咸其辅、颊、舌。"感应到牙床、脸颊、舌头。这时可能信口开河，因为上卦为兑，兑为口，一有感应就表现为能言善道，反而可能忽略了真诚心意。

咸卦六爻中，六二有吉有凶，看你如何自处。其他有悔有吝，而未涉及吉凶，是因为有感应而无行动。初六与上六成了纯粹描述，不写任何占验之词，但仍可判断感应之浅与深，以及当事人合宜的态度。

32. 恒卦 ䷟

实例1：变化太大

在解卦时，遇到与感情有关的问题，最难说得清楚。占者通常都是语焉不详，好像不愿泄漏自己的秘密。至于解者，其实更为尴尬，因为谁想知道别人的私事呢？

一位朋友占问感情，得到恒卦（雷风恒，䷟，第三十二卦），初爻、二爻、三爻皆变。之卦成为震卦（震，䷲，第五十一卦）。我细看这个情况，觉得不妙，因为这三个变爻有"凶、悔、羞、吝"等字，而无一"吉"字，连"无咎"都没有。这种情况怎能不让人担心。

所谓三爻变则看本卦与之卦的卦辞，这是一般原则，但既然是变爻，就表示这些爻辞也有许多信息要传达。其次，之卦为震卦，表示此事将来的发展是震动不已，让人不免更加担心了。

感情之事最难占断，因为它涉及两个当事人以及他们之间的关系。譬如，恒卦一般认为是夫妇相处的卦象，而其中竟然有三爻（初六、六五、上六）出现"凶"字。由此可见经营一个家庭是多么不易了。这情况有些像占问买卖股票之事，在得失之间变化太大，难以把握常态现象。所以除了修德之外，少有更好的办法。九三爻辞有"不恒其德，或承之羞"一语，似乎可以一语惊醒梦中人。

实例2：坚持下去

我在广州讲完《易经》《论语》《老子》之后，接着计划讲《庄子》，但是关于在何处上这门课则有两种考虑。一是在广州继续开课，让同学们较为方便；二是到江西一位同学的会所开课，一口气六天上完《庄子》精华内容。

主办的朋友为此占了一卦，得到恒卦（雷风恒，䷟，第三十二卦），变爻九三，爻辞是："不恒其德，或承之羞，贞吝。"意即：不能恒守德行的人，常常会受到羞辱，正固会有困难。这是什么意思呢？

原来爻辞提醒我们要继续以同样方式在广州上课。"恒"是恒心，要坚持下去，所坚持的自然是从前所走过的路。最后它又说"贞吝"，则是因为坚持并不容易。于是我们设法调整费用以平衡收支，同学们都觉得可以接受。

因此，一方面要守恒，维持原有做法，另一方面也须稍做协调，不能胶柱鼓瑟，完全不知变通。《系辞传》说："穷则变，变则通，通则久。"走投无路时，不妨稍做变动，一变动机会就出现了。同学们面对恒卦的九三内容不免啧啧称奇。九三一变，之卦成为解卦（雷水解，䷧，第四十卦），表示问题将会迎刃而解。人谋鬼谋，一切都好像安排好了，只待我们诚心提问。

恒卦的启示

《易经》第三十二卦是恒卦，卦象为"雷风恒"（䷟）。咸卦描写男女感应，恒卦则是夫妇之道。"恒"有不易之恒，也有不已之恒，因此卦辞说"利贞"，又说"利有攸往"。这实在是一大难题。

《彖传》说："天地之道，恒久而不已也。"但同时也须"终则有始"。然后"日月得天而能久照，四时变化而能久成，圣人久于其道而天下化成。观其恒，而天地万物之情可见矣"。或者可以说：规则恒定不易，而运作恒行不已。

《大象传》说：君子由此领悟，要立身处世不改变自己的正道。要做到不易与不已，才合乎恒卦的要求。本卦六爻有三爻出现"凶"字，实在让人意外，由此可见挑战之大。

初六说："浚恒，贞凶，无攸利。"意思是：深入追求恒久，正固会有凶祸，没有任何适宜的事。初六一进入恒卦，就想深入追求，好像就此稳定不动，这是守常而不知变。其次，初六与九四正应，但想追随九四，又有中间二阳阻隔，以致无法如愿。何况九四自己在上卦震中，急于行动而顾不了初六。

九二说："悔亡。"懊恼消失。它的悔，来自以阳爻居柔位，位不正则难以持久。不过，中胜于正，仍可悔亡。九二有六五正应，保持中道尚无问题。

九三说："不恒其德，或承之羞，贞吝。"意思是：不能恒守德行的人，常常会受到羞辱，正固会有困难。九三在下卦巽中，巽为风，为进退，为不果，所以很难恒守德行。在《论语》中，孔子直接引述《易经》的就是这句爻辞。原文如下：

子曰："南人有言曰：'人而无恒，不可以作巫医。'善夫！'不恒其德，或承之羞。'子曰：'不占而已矣。'"（《论语·子路》）

意思是：孔子说："南方人有一句话：'一个人没有恒心的话，连巫医也治不好他的病。'这句话说得好！《易经·恒卦》的爻辞说：'不能恒守德行的人，常常会受到羞辱。'孔子说："不靠占卜也可以知道了。"

依儒家所说，择善之后还须固执，亦即持之以恒。一般人为何做不到？因为未能体验行善的快乐，不知道人性向善，而行善是体现人性的光明坦途。如果明白这个道理，就比较容易坚持行善了。

九四说："田无禽。"意即：打猎而没有获得禽兽。古人在田野打猎，所以以田为猎。九四在震卦中，动性极强，但位置不正。在取象上，恒卦九四是由泰卦（䷊）初九换位上来的。九四来到原本是坤卦的上卦，使坤卦消失，田不见了，所以说田无禽。

六五说："恒其德，贞。妇人吉，夫子凶。"恒守自己的德行，正固。对女子吉祥，对男子有凶祸。《小象传》说："妇人贞吉，从一而终也。夫子制义，从妇凶也。"古人认为女子从一而终是正确的；今人未必接受此说。至于男子要受道义所约束，不能跟随妻子不知变通；今人则认为男女皆当如此。在教育普及的今日社会，每个人都应该为自己负责，要做则有"不易"与"不已"两种恒的要求。一方面坚持道义原则，同时还须进德修业，与时俱进，不可执着而不知变通。这是所谓的"守经达权"。

上六说："振恒，凶。"意即：震动长久不停，有凶祸。上六位于恒卦终位，但又在上卦震的上位，想停下来也不可得，两相冲突，又怎能不凶？

恒卦初六与上六皆凶，可见古人对于持守夫妇相处之道是如何谨慎恐惧了。开始要小心，结束更要小心，否则人生将耗费许多时间与力气，去协调连清官都难以断定的家务事。至于六五所提及的"夫子凶"，则表示在家庭之外还有国家大事，还有道义，要列为人生的重要考虑。

33. 遁卦 ䷠

实例1：人弃我取

一位同事即将退休，但是对未来又深感不安，这时怎么办呢？占一卦吧。

占得遁卦（天山遁，䷠，第三十三卦）变爻上九，上九爻辞："肥遁，无不利。"意即：高飞而走的退避，无所不利。这实在有些巧合，因为"遁"字代表上面四个阳爻会一个个退出格局。上九首当其冲，没有闪躲余地。

那么，结果如何？"肥"字借为"飞"，既然位居全卦最高位置，不正是远走高飞的意思吗？人在退休后，无事一身轻，不是可以好好规划自己的生活内容吗？到处走走，放松心情，不正是乐天知命的表现吗？

如果不是即将退休的人占得此爻，就须"以退为进"才对自己有利。所谓"无不利"即是此意。不过，在占问健康时，得到此爻就须小心了，它一方面提醒你，"小心肥胖"，因为"肥"字就其字面来看，意思很清楚。另一方面，如果是病中之人占问，则有可能要离开人世，真正飞登天乡了。

解卦虽然有规则，但由于受到问题限制，还要靠几分灵感。我常强调占问者自己才是最好的解卦者，因为他了解所有相关的细节，知道卦爻辞有何具体的指涉。若不如此，就只能按图索骥，勤翻解卦手册了。

遁卦的启示

《易经》第三十三卦是遁卦，卦象为"天山遁"（䷠）。"遁"即是"遯"，有退走之意。卦辞说：通达，小的一方适宜正固。"小"是指阴爻，两个阴爻由下联袂而往上走，对阳爻显然不利。

《易经》常由阳爻立场说话，所以希望阴爻正固，而上面的阳爻则知道应该渐渐退走了。这是个消息卦，代表夏历六月，阴气发展已具规模。君子在退走时照样可以通达，所谓"其身遁而其道亨"。《象传》提及"遁之时义大矣哉"，强调它顺应时势的意义。这正如孔子之所为："可以行则行，可以止则止。"

《大象传》说："君子以远小人，不恶而严。"君子由此领悟，要疏远小人，不去憎恶他们，但要严肃以对。孔子说："人而不仁，疾之已甚，乱也。"（《论语·泰伯》）对于不肯走在人生正途上的人，如果厌恶得太过分，也会使他作乱生事。孔子"不为已甚"（《孟子·离娄下》），做任何事都不会过分。"不恶而严"一词是我们对待小人的指导原则。

初六说："遁尾，厉。勿用有攸往。"退避时居后尾随，有危险，不可以有所前往。本卦立起来看，上为首，下为尾。走的方向是往上，所以初六说"遁尾"，见机太晚。但初六阴爻，温和而位低，即使上有九四正应，只要不前往又会有什么灾难呢？

六二说："执之用黄牛之革，莫之胜说。"用黄牛皮制成的绳子捆住，没有人能够解开。在此，"说"借为"脱"，解开之意。六二既中且正，又有九五正应，必须安定不动。黄为中色，牛为坤卦，若是六二再往上走，底下即是坤卦；此时，六二仍在下卦艮中，艮为皮肤，有皮革之意。至于"捆住"，则因六二往上形成互巽（六二、九三、九四），巽为绳直，而艮为止。合并取象则是爻辞所言。本卦强调"止"住底下二阴，让上面的阳爻可以顺利退走。

九三说："系遁，有疾厉。畜臣妾，吉。"系住退避，出现疾病与危险。蓄养奴仆侍妾，吉祥。九三面临两个阴爻的进逼，必须稳住阵脚，但是上无正应，所以有"疾厉"。但是它在艮卦中，艮为止，仍可自保。艮为少男，代表臣妾。亦即把初六与六二看成自己所蓄养的臣妾，能够如此转念一想，情况也随之成为吉祥。没有人不想成就大事，但时机与条件尚未成熟时，不妨先静下心来，回顾自己眼前的处境。调整心态，转危为安。

九四说："好遁。君子吉，小人否。"合宜的退避。君子吉祥，小人困阻。到了上卦乾，既有实力，也可以明白大势所趋，所以采取合宜的退避。君子在此吉祥，顺时而动，像颜渊居陋巷而不改其乐。小人为何困阻呢？因为九四下有初六正应，本身又在互巽中，为进退两难之象，不易做到"好遁"。

九五说："嘉遁，贞吉。"美好的退避，正固吉祥。九五居中守正，下有六二正应。凡是一卦有九五与六二的，表示大局稳定。本卦六爻，无一"凶"字，算是好卦了。九五距离底下的阴爻尚远，却能明辨时势而不恋栈。同时也不放弃自己眼前的职责，所以说"贞吉"。

上九说："肥遁，无不利。"高飞而走的退避，无所不利。"肥"借为"飞"。上九居遁卦最高位，上卦乾为天，正是海阔天空任其遨游。它在底下没有正应，不会有犹豫的念头，所以用"飞"来描写其毫无羁绊。

本卦底下三爻为艮，有止之意。但是消息卦一定是由下往上发展，对上面的阳爻而言，情势很明显，不必心存侥幸。所以从九四开始，是"好遁""嘉遁""肥遁"，表现愈来愈潇洒，心情也好像愈来愈轻松。就像演员表演完毕要离场时，不必多所眷恋。也许换一个舞台可以重新开始，也许生命还有不同的层次与境界，等着我们去品味。判断何时该遁退，又以何种姿态遁退，实为人生难题。

34. 大壮卦 ䷡

实例1：过刚易折

朋友与人合伙生意，最近大家意见不合，争持不下，求助于占卦。得到大壮卦（雷天大壮，䷡，第三十四卦），变爻九三，爻辞是："小人用壮，君子用罔，贞厉，羝羊触藩，羸其角。"意即：小人仗势的是强壮，君子凭借的是蔑视，正固会有危险。公羊冲撞藩篱，卡住了羊角。

由这句爻辞看来，目前处境是进退两难，好像羊角卡在藩篱上，动弹不得。我告诉朋友说："你身为管理阶层，应该学习君子作风。所谓'用罔'，是指不要'用壮'而言，也就是要以柔克刚。这件事如果大家都不让步，成了硬碰硬，结果可能两败俱伤。"

他听了我的建议，不再采取强硬态度，结果大家各让一步，终于找到新的方案。在爻辞中有"贞厉"一辞，表示"正固会有危险"，这又是怎么回事？这表示非变不可，也因此才会有两种意见难以得到共识。变化其实是正常的，只要大家同心协力来面对即可。

儒家谈到"君子"，总是以他代表理想人格的表现，这样的君子深得阴阳消息而知所进退，同时也很少坚持要"用壮"，如果时机与位置不能配合，就算用壮也未必得到好的结果。过刚易折，乃是常理。

大壮卦的启示

大壮卦是第三十四卦，其象为"雷天大壮"（䷡）。大壮卦是遁卦的覆卦，现在是四阳在下，二阴在上。这也是个消息卦，代表夏历二月。这时对阳爻而言，应该真的考虑停止了。《杂卦》说："大壮则止，遁则退也。"此时阳爻若不停止，将立即成为夬卦（䷪），等到阴爻全部出局之后，又会由下往上重新出场。

因此，大壮卦提醒我们"止"，并且还须止于正道。卦辞只有"利贞"二字，适宜正固。《彖传》则说"大者正也"，大的一方为正，然后"正大而天地之情可见矣"，守正而能大，就可以看出天地万物的真实情况了。

《大象传》指出，君子由此领悟，"非礼弗履"，对不合礼仪的事都不要进行。礼仪是正道的具体表现。在《论语·颜渊》中，孔子谈到"仁"的具体做法时，强调"非礼勿视，非礼勿听，非礼勿言，非礼勿动"。这四个"勿"字，正是我们考虑人生行止时的重要参考。

初九说："壮于趾，征凶，有孚。"意即：强壮在脚趾上，前进会有凶祸，但仍有信实。初九在乾卦中，有前进的实力与动力，但是位置太低，有如足趾，如何走得动呢？它与九四不应，等于无路可走，所以说"征凶"。初九位正，阳爻居刚位，所以"有孚"，但是这种信实十分有限，可以守成而已。

九二说："贞吉。"正固吉祥。简单二字，表示九二知所进退。九二以阳爻居柔位，躁进的心意稍为缓和，并且上有六五正应，更使它可以安定下来。

九三说："小人用壮，君子用罔，贞厉。羝羊触藩，羸其角。"意即：小人仗恃的是强壮，君子凭借的是蔑视，正固会有危险。公羊冲撞藩篱，卡住了羊角。九三以阳爻居刚位，又在下卦乾中，自然十分强壮，小人于是乘势"用壮"。但是，君子却以蔑视态度对之，一方面忽视这种强壮，同时也设法守住正固，以合乎本卦的要求。即使如此，危险难免。九三在互兑（九三、九四、六五）中，兑为羊，"羝羊"为大角公羊。这只公羊往前冲，但结果如何？"藩"是屏障，有如诸侯屏障天子，而九三所面临的上卦正好是震卦，震为诸侯。于是九三之角卡在藩篱中，进退两难。

九四说："贞吉悔亡，藩决不羸，壮于大舆之輹。"意即：正固吉祥而懊恼消失，藩篱裂开不再缠住，因为大车的车輹十分坚固。九四率同四个阳爻往上推进，壮盛至极而锐不可当。但是本卦要求停止，九四阳爻居柔位，下与初九不应，所以"贞吉"才可"悔亡"。此时"藩决不羸"，是因为它已至上卦，并且震卦有如大舆（坤卦）下方之横木，亦即车輹坚固。九四确实有上进之力。

六五说："丧羊于易，无悔。"意即：在边界失去羊，没有懊恼。六五面对四个阳爻的冲击，本身还在互兑之中，所以形成"丧羊于易"的处境。"易"为边界。六五有九二正应，以柔顺姿态面对这种处境，尚可无悔。

上六说："羝羊触藩，不能退，不能遂，无攸利，艰则吉。"意即：公羊冲撞藩篱，不能退后，也不能如意，没有任何适宜的事，在艰难中才会吉祥。上六与九三正应，回头寻求支援，结果同样陷入九三的困境，进退不得。另一种观察是：大壮卦也可以看成是放大的兑卦（☱），兑为羊，其象见于上六。而这时全卦的要求是"止"，有羊而须止，不是"不能退，不能遂"吗？到了上六，没有任何适宜的事，是可以理解的。至于"艰则吉"，则是因为本卦即将结束，上六的困境也将随之瓦解。

《易经》讲究的是"时"，要配合时势与时机而行动。并且，"时"总是在变易之中，因此会特别注意下一步的走向。若是当下一切安好，缺乏远见之明以及应变之方，又要如何回应新的形势？

35. 晋卦 ䷢

实例 1：低调前进

曾有三家出版社同时找我，商洽有关出书事宜。我一时之间不知如何选择，因为每家出版社各有优点与弱点。

我为自己占了一卦，得到晋卦（火地晋，䷢，第三十五卦），变爻九四，爻辞是："晋如鼫鼠，贞厉。"意即：进展像鼫鼠一样，正固有危险。所谓"鼫鼠"，有"五技而穷"之说。它"能飞不能过屋，能缘不能穷木，能游不能渡谷，能穴不能掩身，能走不能先人。"做任何事都半途而废，显然成不了大器。

我一见卦象与爻辞，就知道：一，晋卦是"明出地上"，表示光明在大地之上，能为众人所见，但尚未到六五的正中位置，所以时机尚未成熟。二，九四本身与底下二爻形成艮卦，表示有所阻碍；它又处在互坎中间，表示仍有困难，不可贸然行事。

我衡量自己的情况，正好有些类似，所以最好再等一年再说。我婉谢这三家出版社，说将来有机会再说。一事归一事，我目前在出书方面宁可谨慎些；至于演讲则与此无关，可以行则行。后来我也发现读者对书的要求较高也较仔细，不像演讲只是当下两三个小时把话说清楚就可以了。许多事情需要主观与客观条件的配合，低调收敛一些，总是有益的。

晋卦的启示

《易经》第三十五卦是晋卦，卦象为"火地晋"（䷢）。火在上为明，地在下为顺，君明臣顺，所以六爻无一"凶"字。卦辞说：

"康侯用锡马蕃庶，昼日三接。""康侯"可以指周武王的弟弟康叔，也可以指安邦的诸侯。如果主张卦辞为文王（也许加上周公的补充）所作，则"康侯"应指安邦的诸侯。这样的诸侯受赏众多车马。一日之内获天子接见三次。

《大象传》说："明出地上，晋。君子以自昭明德。"光明出现在大地的上方，等于旭日大放光明，这时君子要自己彰显光明的德行。在此，有关"明德"可以稍加讨论。若明德是人所固有，则何必再彰显之？可见明德即使是人所固有，也还须再加彰显。亦即，未加彰显的明德，只是隐然的或静态的，至于真正的"德"仍须以行动来体现。这样一来，就不必坚持人性本善，而可以说：人本身即有行善的能力与要求。或者，人之行善要靠自己而不是靠别人或外来的力量。"自昭"一词颇有深意。

初六说："晋如，摧如，贞吉。罔孚，裕，无咎。"意思是：进展的样子，拥挤的样子，正固吉祥。未受信任，宽裕，没有灾难。一旦进入晋卦，各爻都想配合形势往前进。晋即是进。初六在下卦坤中，三个阴爻推挤，此时正固吉祥，因为初六往上看到一个互艮（六二、六三、九四），知道必须停止。它与九四正应，但九四在互艮中，使初六裹足不前，此时所受信任有限，放宽心胸就不会有灾难。

六二说："晋如，愁如，贞吉。受兹介福，于其王母。"意即：进展的样子，忧愁的样子，正固吉祥。在王母那儿蒙受这样的大福。六二居中守正，在晋卦中，为何会忧愁？因为它在互艮中，艮为止，使它无法进展；并且往上看是一个互坎（六三、九四、六五），坎为加忧，为心病。所以六二有愁。不过，此时六五以阴爻居君位，可称"王母"，对六二的表现显然满意，赏赐有加。

六三说："众允，悔亡。"意即：众人答应追随，懊恼消失。六三在下卦坤中，坤为众；它居上位，得到众人支持，所以即使处于互坎，也不必懊恼。六三还有上九正应。上有正应，下有支持，要配合本卦往上走的要求，应该没有什么问题。

九四说："晋如鼫鼠，贞厉。"意即：进展像鼫鼠一样，正固会有危险。鼫鼠又名"五技鼠"，《说文》有云："能飞不能过屋，能缘不能穷木，能游不能渡谷，能穴不能掩身，能走不能先人。"这就是"鼫鼠五技而穷"，描写一个人贪学多艺而不能精通，结果处处受困。九四以阳爻居柔位，又在互艮与互坎中，无法前进而有忧悔。底下还有三个阴爻在进逼，即使正固也有危险。

六五说："悔亡，失得勿恤，往吉，无不利。"意即：懊恼消失，不用顾虑损失与获得，前往吉祥，没有不适宜的事。晋卦是由观卦（☲☷）的九五与六四换位而成。对晋卦的六五而言，原本观卦的巽是"近利市三倍"，现在成为六五，得到君位，一失一得，所以不必多虑。六五与六二不应，也不必懊恼，因为现在上卦为离，大放光明，可以赏罚得宜。君明臣顺，关键在于六五。

上九说："晋其角，维用伐邑。厉，吉无咎，贞吝。"意即：进展到头上的角，可以用来征伐属国。有危险，吉祥而没有灾难，正固会有困难。上九居全卦终位，有如头上的角。前无去路，但本身既有实力又有光明，可以用来安定内部。上九与六三正应，六三在下卦坤中，坤为邑。上九在上卦离中，离为戈兵，为甲胄，所以有征伐之象。上九本身位高，但不中不正，尚未做到"自昭明德"，所以爻辞提及"厉"与"吝"。

人皆有上进之心，但未必人人如愿。"自昭明德"是上策，否则难免衍生各种恩怨。

36. 明夷卦 ䷣

实例1：不得不信

我在广州为一家国营企业的中阶主管讲《易经》。在示范占卦时，我请他们用筹策来占。其中一位学员占得"明夷卦"（地火明夷，䷣，第三十六卦），初九变爻，爻辞是："明夷于飞，垂其翼。君子于行，三日不食。有攸往，主人有言。"

意即：在昏暗中去飞翔，垂下翅膀。君子要出行，三天不吃东西。有所前往，主人说出责怪的话。

解卦必须针对所占的问题，因此我请这位学员说明问题。他想占问一位亲戚的健康。

我说："爻辞中有'垂其翼'，可见他的身体有病；'三日不食'则表示他的病与吃东西有关。"他听了说："实在太准了，我亲戚患了食道癌。"

有病要找医生诊治。《易经》占卦可以看出一个人各方面的处境，有如照镜子一般。但是《易经》不可能提供任何秘方让你自然痊愈。其他方面亦然，我最怕听到有人要求我用《易经》帮他解决特定的困难。这是问道于盲。

了解是第一步，因为人难免有其盲点与执着，以致看不清真正的状况。能够客观了解自己的处境，接着才可对症下药，找到具体的方法来改善现状。

明夷卦的启示

《易经》第三十六卦是明夷卦，卦象为"地火明夷"（䷣）。地在上而火在下，光明受到压制，所以称为"明夷"。卦辞很简单，"利艰贞"，适宜在艰难中正固。程颐说："晋者明盛之卦，明君在上，群贤并进之时也。明夷昏暗之卦，暗君在上，明者见伤之时也。"

《彖传》说："明入地中，明夷。内文明而外柔顺，以蒙大难，文王以之。利艰贞，晦其明也。内难而能正其志，箕子以之。"《彖传》中出现人名，这是难得一见的。意即：光明陷于大地之下，这就是明夷卦。内心文明而外表柔顺，以此承受大的灾难，周文王是这样做的。适宜在艰难中正固，是要隐晦自己的光明。面临内部的患难而能端正自己的志节，箕子是这样做的。这里提到两段故事：一是文王被商纣拘于羑里七年之久，二是箕子苦劝而商纣不听，乃佯狂而被囚。

《大象传》说，在这种情况下，君子在治理众人时，要隐晦明智而使一切明白呈现。上位者若是精明苛察，则百姓无所不隐；反之，上位者宽厚包容，则百姓易于光明坦荡。《老子》五十八章说："其政闷闷，其民淳淳；其政察察，其民缺缺。"即是此意。

初九说："明夷于飞，垂其翼。君子于行，三日不食。有攸往，主人有言。"意即：在昏暗中去飞翔，垂下翅膀。君子要出行，三天不吃东西。有所前往，主人说出责怪的话。在大地昏暗之时，初九有动向，想要迅速离去。本卦由小过卦（☷☳）变来，是小过卦的九四与初六换位而成。因此，本卦初九还记得"小过卦有飞鸟之象"（参考第六十二卦），但此时已是垂其翼，失去平衡而不可为；并且由四到初，经过三位。原有的互兑也不见了，口象毁去，所以说三日不食。

六二说："明夷，夷于左股，用拯马壮，吉。"意即：在昏暗中，伤到左股，用来拯救的马强壮，吉祥。六二在原本的小过卦中，有互巽，巽为股；由于是九四变为初九，伤到左股。现在六二有了互坎（六二、九三、六四），坎为美脊马，所以说"用拯马壮"，吉祥。

这或许是指文王之事，最后获释回到周朝地盘。

九三说："明夷于南狩，得其大首，不可疾，贞。"意即：在昏暗中，去南方狩猎，获得大首领，不可过于急切，要正固。九三阳爻居刚位，又在下卦离中，既有动力又心存光明，它与上六正应，中间没有阻隔，可以直取上六这个大首。这里说的可能是后来武王伐纣之事。

六四说："入于左腹，获明夷之心，于出门庭。"意即：进入到左腹部，得知昏暗者的心思，往外走出门庭。从小过卦变为本卦时，是初六与九四换位，形成现在的上卦坤，坤为腹，因此这个六四是入于左腹。所说或许是微子之事，他离开了商纣，明哲保身。

六五说："箕子之明夷，利贞。"像箕子那样处于昏暗中，适宜正固。六五在上卦坤中，而坤是压制光明的大地。六五守中待时，身段柔软，箕子身为纣的叔父，也只能在艰难中正固，使光明得以续存。后来《尚书·洪范》记载，周武王得天下之后，请教箕子治国之方。

上六说："不明，晦。初登于天，后入于地。"意即：没有任何光明，一片晦暗。起初升到天上，后来陷入地下。这里说的应该是商纣，他的作为不配担任国君，但仍居最高地位。他原本应该照耀四方邦国，现在反而成了黑暗之源，像个独夫一般受人唾弃。

像明夷这样的卦，却没有出现"凶"字。并且，除了六二有一"吉"字，其他各爻也不谈"厉、吝、悔、咎"这些负面的占验。这也许表示：人不能选择形势，在遇到明夷之时，只能修身以待光明重现。明末黄宗羲有一书，名为《明夷待访录》。

37. 家人卦 ䷤

实例1：家人相处

一位朋友对从政很有兴趣，总想找机会往上走，希望坐上领导的位置，可以发挥平生抱负。最近恰好有升迁的机会，他为此占了一卦，得到家人卦（风火家人，䷤，第三十七卦），变爻九三，爻辞是："家人嗃嗃，悔厉，吉；妇子嘻嘻，终吝。"意即：家中有训斥之声，会带来懊恼及危险，但还是吉祥；若是妇女孩子放肆嘻笑，最终会有困难。

整体而言，家人卦很好，六爻有五爻出现"吉"字。不过，有些吉是需要条件配合的，譬如九三所说，若是家中缺乏"训斥之声"，只是大家互相迁就开心过日子，恐怕最后的结果会有困难，譬如孩子的表现不如预期。

我对朋友说："你想的是升官，却占到家人卦，这表示暂时不会变动，不如先照顾好家人吧。若是升官，应该是'不家食'，不在家里吃饭；或者是'得臣无家'，有了部属而失去了家人。"

人生有得有失，家庭与事业如何兼顾？这一直是个难题。不同的人会有不同的考虑，因此最好顺势而行。若是为了事业而忽略家庭，很可能得不偿失。现在占得家人卦，就不必奢望太多。修身、齐家之后，再从政服务人群，不也是很好的规划吗？

家人卦的启示

《易经》第三十七卦是家人卦，卦象为"风火家人"（䷤）。卦辞说：适宜女子正固。前面的明夷卦谈的是从政做官所受的伤害，现在"伤于外者必反于家"(《杂卦》),所以要回归家庭,寻求安定。在古代男主外、女主内的观念下,女子是家庭的主要角色,所以说"利女贞"。程颐说:"夫夫妇妇而家道正,独云利女贞者,夫正者身正也,女正者家正也,女正则男正可知矣。"这种观点在今日看来,未必有效。

《彖传》说得比较周全:"女正位乎内,男正位乎外。男女正,天地之大义也。家人有严君焉,父母之谓也。父父,子子,兄兄,弟弟,夫夫,妇妇而家道正,正家而天下定矣。"每一个人就自己的家庭角色,做到"名分"所规定者,自然天下太平。至于"严君",则并称父母,可见二人必须同心协力。

《大象传》说:"风自火出,家人。"君子由此领悟:说话要有根据,行动要有常法,火是内在有热有光,再向外发散;风则是助火向外延烧的利器。这等于是把一家之道推及天下。《论语·为政》提及,有人问孔子为何不参与政治?孔子说:"《书》云'孝乎惟孝,友于兄弟,施于有政。'是亦为政,奚其为为政?"意即:《书经》上说:"最重要的是孝顺父母,友爱兄弟,再推广到政治上去。"这就是参与政治了,不然,如何才算参与政治呢?

初九说:"闲有家,悔亡。"家中做好防范措施,懊恼消失。初九阳爻居刚位,勇于任事;又有六四正应,可以治家。"悔"字最易在讲究情感的家人之间出现,所以必须早做防范。

六二说:"无攸遂,在中馈。贞吉。"意即:不可随心所欲,要主持家庭中的饮食。正固吉祥。六二在内卦,居中守正,代表妻子。它在离卦,为火;又在互坎(六二、九三、六四),为水。水在火上,为料理饮食之象。六二上应九五,而九五在上卦巽中,使六二既柔顺又随顺。如此自然吉祥。

九三说:"家人嗃嗃,悔厉,吉;妇子嘻嘻,终吝。"意即:家中有训斥之声,会带来懊恼及危险,但还是吉祥;若是妇女孩子放肆嬉笑，最终会有困难。这里谈的是家庭教育。教育总是"爱之深，责之切"，或者"恨铁不成钢"，造成家人之间（尤其亲子之间）的紧张关系，所以有悔有厉，但终究吉祥。

九三以阳爻居刚位，治家易严不易宽。它在下卦离中，离为目，又在互坎中，坎为水，目中之水为泪。这可以说是家人受到训斥而啼哭，也可能是九三训斥家人而自己落泪。能够真情相待，家人相处自然和睦。若是任其自由发展，大家整天嘻嘻哈哈，不谈应有的修身之法，则最终难免遭遇困难。

下卦三爻皆言家内之事。到了上卦，则显示正面的效应。六四说："富家，大吉。"使家庭富裕，非常吉祥。这是"家和万事兴"的写照。六四本身位正，下有初九正应，上有九五可承。上卦巽又是"近利市三倍"，焉能不富？

九五说："王假有家，勿恤，吉。""假"为格，来到之意。君王来到家中，不必忧愁，吉祥。九五为君位，在家人卦，则是"王假有家"。九五已脱离底下的互坎，坎为加忧，所以说"勿恤"。这是由修身、齐家，可以推广到治国、平天下了。《小象传》说："交相爱也。"大家互相亲爱，从一家人，走向天下一家的愿景。

上九说："有孚威如，终吉。"有诚信而有威严的样子，最终吉祥。家人相处，不能只靠恩情，还须有诚信。身为长辈，不能只靠名分来表现威严，这须做到《小象传》所谓的"反身"，就是约束自己，从自己开始修养。如此才有可能"终吉"。一卦而有四吉，并且无一"凶"字，可见这是值得珍惜的卦。

38. 睽卦 ䷥

实例 1：不宜贪多

一位亲戚近年开拓能源企业，在二〇〇七年石油价格飙升到每桶一百五十美元时，他着实赚了一笔钱。有钱就有胆量，他计划在美国买下一家能源公司，并且预估获利可达十数倍。

他知道我教《易经》，就在一次聚会时要我教他占一卦。问题就是：这项投资的前景如何？他占得"睽卦"（火泽睽，䷥，第三十八卦），六爻皆不变，所以要参考卦辞："睽，小事吉。"意即：对小事吉祥。

我说："这项投资远在美国，与你睽隔太远，上下之气不通，未必可以像你所想的这么乐观。并且卦辞说'小事吉'，表示以赚钱来说，只有小利而不可能有什么暴利可图。"

他说："现在能源最夯，一片荣景，怎么可能像你所说的那样？"他还问我有没有兴趣投资一点钱。我说："目前手边没有余钱，只好心领了。"

一年之后发生金融危机，石油价格暴跌，能源股也在低空盘旋。当时在饭桌上用新买的五十根筷子充当筹策的景象还在眼前，形势现在已大不如前了。这不是"小事吉"吗？《易经》是探讨变化的书，神妙莫测的变化让人叹服。

实例 2：形象感人

我在三亚为一家电信公司的客户演讲《易经》，照例在最后谈到占卦。由于时间有限，只能以数字卦为例说明。

一位学员说要占问姊姊的健康问题。他占得"睽卦"（火泽睽，

第三十八卦），变爻六三，爻辞是："见舆曳，其牛掣。其人天且劓，无初有终。"意即：看到车子往前拉，后面却有牛拖住。这人头发剃光，鼻子割去，没有好的开始，但有好的结果。

"睽"字代表分隔，占问健康就表示此人病象不轻，已与家人分隔。这位学员说：他的姊姊患了癌症，正在考虑做化疗。

做化疗之后，头发会掉，并且常需戴口罩以避免感染。所谓"天"与"劓"，都是古代的刑罚，天是剃光头，使头直接对着天，劓则是割鼻子。做化疗之后的形象不正是如此吗？这位同学听了直说不可思议。但是，后续发展如何呢？

我说："无初有终，表示开始的状况不理想，但最后结果却不错。所谓'有终'，是指好的结果而言，所以不必太担心。"

我当初读到这段爻辞，不太理解现代人跟其中所描述的情况如何联系起来。直到这位学员占问之后，我才恍然觉悟：原来《易经》的奇妙不受时空限制，只看我们自己有无慧心而已。

睽卦的启示

《易经》第三十八卦是睽卦，卦象为"火泽睽"（▤）。家人卦的覆卦，即是睽卦，代表睽别或乖离。人生聚散分合，乃是事理之常，即使亲如家人亦不例外。

火是离卦，为中女；泽为兑卦，为少女。所以《彖传》说："二女同居，其志不同行。"两个女儿各有心意，因为将会嫁给不同的人。在这种时候，卦辞就说："小事吉。"对小事吉祥，不可图谋大事。

睽别一定不好吗？《彖传》说："天地睽而其事同也，男女睽而其志通也，万物睽而其事类也。睽之时用大矣哉。"天与地分隔，但是化育的工作相同；男与女有别，但是爱慕的心意相通；万物各有领域，但是进行的活动相似。睽卦配合时势的运用方式太伟大了。

《大象传》说：君子由"上火下泽"，领悟：要求同而存异。以体用而论，有时是"体异而用同"，如前面所说的天地、男女、万物；有时是"体同而用异"，肯定合作而尊重差异。兼顾两者，则明白变化之理。

初九说："悔亡，丧马勿逐，自复。见恶人，无咎。"懊恼消失，丢失的马匹不必追寻，自己会回来。见到恶人，没有灾难。初九一进入睽卦，发现同处下卦的九二与六三皆有正应，不免有悔。但是在睽卦中没有正应，实不必懊恼。睽卦由中孚卦（☲）变来，初九原与六四正应，但是六四与九五换位形成睽卦之后，原先六四的互震消失，震为善鸣马；现在出现的是互坎（六三、九四、六五），坎为美脊马。这不是失而复得吗？至于"恶人"，则指九四，因为它在互坎中，坎为盗。但是这个恶人不会伤害初九。

九二说："遇主于巷，无咎。"在巷子中遇见主人，没有灾难。九二与六五正应，二者虽在中位，但皆不正，因此只能局限于小巷相遇。对九二而言，六五为主。

六三说："见舆曳，其牛掣。其人天且劓，无初有终。"看到车往前拉，牛却往后拖。车夫受过断发割鼻的刑罚，起初不好而最后有结果。六三阴爻居刚位，又有上下两个阳爻挡住去路，以致进退不得。它在互坎（六三、九四、六五），坎为曳马，为多眚舆，表示马拉着一辆遇难的车；它又在互离（九二、六三、九四），离为牛，表示牛在后拖着。至于车夫的情况，则六三在原本的中孚卦（☲），有互艮，而往上看到互巽；现在一变两失，艮为鼻而巽为寡发人，现在皆消失不见，有如受了天刑（去发）与劓刑（割鼻）。它的"有终"来自与上九正应。

九四说："睽孤，遇元夫。交孚，厉无咎。"意即：乖离而孤独，遇到有为之士。互相信任，有危险但没有灾难。九四阳爻居柔位，有不安之象；处于下泽与上离之间，又受上下两阴爻所困，是为"睽孤"。它与初九无应，但符合卦意，视之为"元夫"（元有初意），尚可无咎。

六五说："悔亡，厥宗噬肤，往何咎？"懊恼消失，他的宗人在吃肉，前往有什么灾难？在中孚卦，六四有互艮，艮为肤（带皮的肉）；变为睽卦，成为六五，而九四为其宗人，等于一口咬进肉里。这种换位前往，自无问题。

上九说："睽孤，见豕负涂，载鬼一车。先张之弧，后说之弧。匪寇婚媾，往遇雨则吉。"意思是：乖离而孤独，见到猪背上都是泥，载了一车的鬼。先张开弓，后来放下弓。不是强盗而是要来婚配的，前往遇到下雨就吉祥。这么长的爻辞并不多见。上九在睽卦终位，乖离孤独之极，犯了疑心病。它在上卦离中，离为目，看见它与下卦之间，横着一个互坎（六三、九四、六五），坎为豕，为沟渎，合之则为"见豕负涂"。其次，坎为水，为正北方之卦，万物之所归，而人之所归为鬼；坎又是多眚舆，所以说"载鬼一车"。同时，坎为盗，为弓轮，但它与六三正应，使下卦兑（兑为泽）上升成为互坎，为雨，所以"遇雨则吉"，可以误会冰释，终于摆脱了睽卦的困境。

39. 蹇卦

实例 1：为谁辛苦

我在南昌讲过一次《易经》。课程结束时，免不了要占卦。在大型聚会场合，数字卦比较简明易懂。如何进行呢？

方法是：此时心中正好有困惑的朋友，任意提出三组三位数。经由简单的运算，得出一个卦，以及一个变爻。卦代表所问之事的整体状况，变爻则是此一问题的具体答案。

坐在前排的一位年轻人，看来像是高中生，旁边坐着他的母亲。他首先举手。我请他提出三组三位数，然后算出来是"蹇卦"（水山蹇），卦象为"䷦"，是第三十九卦。变爻六二，爻辞说："王臣蹇蹇，非躬之故。"意即："君王的臣子遇到重重险难，但不是为了自己的缘故。"

我这时请年轻人说出他的问题。他说：有关求学之事。我依爻辞告诉他两点：一，你求学之路走得非常辛苦；二，你求学不是为了自己。

话才说完，坐在他旁边的妈妈拿出手绢擦眼泪。怎么回事呢？原来是父母赚了钱，就把念高中的孩子送到美国去念书。这儿子英文不好，在美国念了一年苦不堪言，天天想回家。他又不敢违逆父母之命。怎么办呢？

《易经》占卦只能"揭示"真相，让你不要自欺欺人。接着该如何抉择？那就全在自己了。母子泪眼相望的画面，使我心恻然。

实例 2：保养足部

我在二〇〇八年下半年获得台大休假半年的机会，特地前往北京举办一系列的国学演讲。由于时间长达两个多月，我在临行前占了一卦，得到"蹇卦"（水山蹇，䷦，第三十九卦）。

这个卦顾名思义，就知道很辛苦，我联想到苏东坡的一句诗："往日崎岖君记否？路长人困蹇驴嘶！"现在迎在前面的蹇卦提醒我这未来几个月要谨慎小心。以本卦的组合来说，山代表阻止，水代表坎陷，怎能不让人忧虑？不过，知道有困难，就可以预先防范。

蹇卦六爻无一为凶。我的变爻是九三，爻辞说："往蹇来反。"意即：前往有险难，又返回来。《小象传》补充说明加上一句，"内喜之也"，是因为家内的人喜欢他。我此番工作结束回台湾之后，台湾的同学们都更加珍惜我上课的机缘了。

我看到"蹇"字底下有个"足"字，心中想到要好好保养足部，于是在北京期间，大约每隔一日就与朋友前去做足浴，这算是我这种疏于运动的人的秘方了。效果如何？只能说是很好，让我心怀感恩。学易的帮助之一就是多了一个宝贵意见，为人处事会更加用心。

蹇卦的启示

《易经》第三十九卦是蹇卦，卦象为"水山蹇"（䷦）。水有"险"意，山有"止"意，合之则为艰难险阻。卦辞说：西南方有利，东北方不利，适宜见到大人，正固吉祥。在后天八卦中，西南方代表和顺，东北方代表险阻，亦即要低调行事，等待困难的形势早些过去。

蹇卦虽被视为四大难卦之一，但是六爻没有"凶、咎、厉、吝、悔"这些负面的警告，而只是描述面对逆境时的因应方法。到了上六，蹇卦行将结束，居然还有个"吉"。这一点提醒我们不必害怕考验，而须采取合宜态度。

《大象传》说：君子由此领悟要"反身修德"，反省自己，修养德行。君子遇到困难，一定先省察自己，看看困境是否自己造成的。孟子说："行有不得者，皆反求诸己，其身正而天下归之。"(《孟子·离娄上》)他又说："仁者如射，射者正己而后发，发而不中，不怨胜己者，反求诸己而已矣。"(《孟子·公孙丑上》)这代表儒家的基本立场，就是"反身修德"，至于外在的阻碍，则不妨视之为砥砺自我的契机。

初六说："往蹇来誉。"前往有险难，回来有称誉。初六刚刚进入蹇卦，上无正应，往前一看是个互坎（六二、九三、六四），坎为险，所以说是"往蹇"。"来誉"是指退保其位，等待时机。这是值得称赞的态度。

六二说："王臣蹇蹇，匪躬之故。"君王的臣子遇到重重险难，但不是为了自己的缘故。六二与九五正应，是个王臣。它本身进入互坎，上卦又是坎，面对两坎，可说是"蹇蹇"。如此任劳任怨，但不是为了自己，而是尽忠职守，所以不会招来责怪。居中守正的六二，理当没有问题。

九三说："往蹇来反。"前往有险难，又返回来。这是见险而知止。外坎内艮，外险内止，所以它要返回来。《小象传》说："往蹇来反，内喜之也。"它之所以回来，是因为家内的人喜欢它。九三底下是初六与六二，有如它的家人。值得注意的是，九三阳爻居刚位，充满动力，并且有上六正应，原本可以往前走；但是它进入互离（九三、六四、九五），有自知之明，知道在蹇卦中不宜贸然前进，所以宁可退而与家人团聚。

六四说："往蹇来连。"意即：前往有险难，回来有连结。六四阴爻居柔位，是"当位"，它在上卦坎中，不易前进，若是退回来，则有九三可以依靠作为后盾，感觉较为踏实。

九五说："大蹇，朋来。"在大的险难中，朋友来到。九五居君位，所面对的是大蹇。它有六二正应，又有六四奉承，可以得到呼应与支持。"朋"在此指它的臣下。下卦为艮，艮为坚多节之木，所以《小象传》会指出九五"以中节也"，因为居中而有节度，所以得到臣下与百姓支持。

上六说："往蹇来硕，吉。利见大人。"意即：前往有险难，回来有丰收，吉祥。适宜见到大人。上六有九三正应，九三在下卦艮中，艮为果蓏；对上六而言；有如得到硕果而丰收，自然吉祥。它所利见的大人，是指九五。这是面对险难时往回走的一大收获。

两点之间最短的距离是直线，这是数学常识；用在人生却未必如此。有时停下脚步，有时往回走几步，有时绕个圈子，反而使自己抵达理想的境地。本卦有四爻提及"往蹇"，然后在回来时都有好的结果。六二与九五代表全卦骨干，处于蹇卦中，没有往或来的考虑，只有埋头苦干，结果也都可以让人满意。

许多人学习《易经》，都希望可以趋吉避凶，但是正确的观念是：不要执着于吉凶的客观标准。而要认真调节自己的心态，把握时势与位置，注意变化的趋势。像蹇卦这样的处境，似乎符合孔子所谓的处世原则："临事而惧，好谋而成"（《论语·述而》）。

40. 解卦 ䷧

实例1：不去也罢

二〇〇八年十月中旬，我接到一个电话，说他们正在为香港某大学物色一位中国文化方面的讲座。原来香港大学征聘师资是经过某种学术人力中介机构，这对我倒是一件新鲜事。

他们所给的待遇是台大教授薪水的五倍，但是这个讲座必须兼任研究所长，并且每次离开香港都须正式请假。我认真考虑之后，不易下定决心。于是占了一卦，得到"解卦"（雷水解，䷧，第四十卦），变爻上六，爻辞是："公用射隼于高墉之上，获之无不利。"意即：王公去射高墙上的鹞鹰，擒获它就无所不利。

看来竞争这个职位的不止一人，我如果全力以赴，应该很有希望。但是想到自己年纪老大了，还要搬家换工作，学着讲广东话，重新建立人际关系，那岂不是太辛苦了？

于是我再占一卦，问"去了之后怎么样？"得到泰卦（地天泰，䷊，第十一卦），这表示亨通之意；但是六爻不变，这也表示将来一路发展不会再有什么大的变化。我虽然喜欢学术工作，但是与学术界的人格格不入，我真的适合去香港教书吗？

后来该大学的院长在电话中征询我的意向时，我表示自己仍有许多考虑，一时不便答应。由此可见，占卦值得参考，但人生还是要自己负责抉择的。

实例2：迎刃而解

一位朋友在初中担任教务主任。由于这所初中才创立三年，许多老师是新聘的，并且第二任校长也才走马上任，校内许多事务未上轨道。要怎么面对这样的挑战呢？

首先要占问的是：初三学生升学辅导。占得解卦（雷水解，☲☵，第四十卦），变爻九四，爻辞是"解而拇，朋至斯孚。"意即：解开你的脚拇指，朋友来到才会有诚信。

九四与初六正应，初六位置卑下，有如脚拇指。这种正应关系在解卦中正好可以化解开来。意思是：不要为了校内琐碎的小事，而要把握九四上卦为震卦的特色，亦即继续向前行进。

至于"朋至斯孚"，则表示要以诚信得到校内同事的支持，并且他们身为老师，只要激发出教育的热忱，一定会同心协力化解各种阻碍，胜过任何挑战的。

听我解释之后，朋友说：他想到所谓的脚拇指应该是指校外的补习班，他们为了自身的利益，当能希望学校不要进行升学辅导。于是放话：学校不应另外收费来让学生上这种辅导课。

由此可见，最适合解卦的人是占问者自己，因为自己明白所有相关的处境，更容易准确联想并找到答案。

实例3：解除婚约

我在一家外商公司演讲《易经》。讲完之后，负责安排这项活动的女主管拜托我为她占卦。我请助理教她用筹策占问。她不肯先说问题，就直接进行占卦程序了。

占完之后，她拜托助理离开，以便单独请教我的意见。她占得解卦（雷水解，☲☵，第四十卦），变爻九四，爻辞是："解而拇，朋至斯孚。"这与上一次在初中担任主任的朋友所占得的完全一样。但是由于问题不同，在解卦时也就颇有差异了。

我请她说明问题。她说要问离婚之事。我说："你现在解开了脚拇指，这表示你先生的成就远不如你，所以你把他当成一个束缚。

既然占到解卦，可知此事将会得到解决。由九四的位置看来，每一爻可以代表一个月，所以大约还需要三个月的时间。其次，'朋至斯孚'一语表示你已经结交了值得信赖的朋友，正在等着你呢！"

她听我说完，笑而不语，后来由别的朋友转述，知道她已经离婚另嫁了。依时间推算，占卦是九月，她在年底办成了这事，间隔正好三个月。

《易经》占卦将会展现隐微之事，这时与其诉诸情绪反应，不如多做客观理解。

实例4：解决问题

一位朋友的亲戚正在为融资烦恼，不知自己的贷款能否顺利。这位朋友受他之托，代占一卦，得到"解卦"（雷水解，䷧，第四十卦），变爻六五，爻辞是："君子维有解，吉。有孚于小人。"意即：君子来纾解，吉祥。对小人有诚信。

这句爻辞的意思，一方面是说"君子"的难题可以解决，这时你要自问所作所为是否合乎"君子"的要求，是否合法合理。其次，则是提到"有孚于小人"，这表示要解决这个困难，必须注意那些"地位较低，但有操作权力"的人。

换言之，你做的是正当生意，银行的上层依法会同意你的贷款，但是底下的承办人员呢？你是否也该向他们表示一点"诚信"？这未必是指非法的手段，而可能是指某种尊重的态度。谦虚纳百福，加上诚意尊重，就会像本爻《小象传》所说的"小人退也"。

当然，扣紧爻辞来说，也可以肯定这件融资案会有"君子"来帮忙解决。快则二月，慢则三月。后来朋友相告，果然是由银行一位高层出面，使问题顺利化解，时间则是在占卦的二个月之后。

解卦的启示

《易经》第四十卦是解卦，卦象为"雷水解"（䷧）。在蹇卦之后，是化解险难的解卦。卦辞说："利西南，无所往，其来复吉；有攸往，夙吉。"意即：西南方有利，无所前往，那么返回来就吉祥；有所前往，早些行动吉祥。这句话中假设了两种情况：在大难缓解时，或者固守阵地，休养生息；或者立即行动，彻底解决问题。此时所谓"利西南"，表示同样要顺"时"而行。

《彖传》说："天地解而雷雨作，雷雨作而百果草木皆甲坼。解之时大矣哉。"意思是：天地之气化解开来，雷雨就会兴起，雷雨兴起则百果草木都破壳而出。解卦的时势太伟大了。解卦自小过卦（䷽）变来，原本是天（六五、上六）与地（初六、六二）之间，隔了两个阳爻，使得天地二气无法交流。解卦下坎上震，震为雷，坎为水为雨，雷雨大作使万物复苏。

《大象传》说：君子由此领悟要赦免过错，宽待罪犯。让犯罪之人有再生的机会。

初六说："无咎。"初六有九二可以上承，又有九四正应，所以在刚柔相接时，没有灾难，它阴爻居刚位，但不至于鲁莽行事。

九二说："田获三狐，得黄矢，贞吉。"意即：打猎抓到三只狐狸，获得黄色箭头，正固吉祥。九二在地的位置，为田猎。它本身在坎卦，往上也看到互坎（六三、九四、六五），坎为狐（可以参考未济卦的卦辞），其中三个阴爻（初六、六三、六五）是为三狐。九二在坎卦，坎为弓轮；又在互离（九二、六三、九四），离为戈兵；合之则为"矢"。九二在中位，其色为"黄"。所以有"得黄矢"之象。至于六五正应，对九二更是"贞吉"之源。

六三说："负且乘，致寇至，贞吝。"意即：背着东西坐在车上，招来了强盗，正固有困难。六三原是小过卦的六二与九三换位而来，在小过卦有下卦艮，艮为背为负；变为解卦，则六三在下卦坎，坎为多眚舆，所以说它"负且乘"。坎又为盗，就是"致寇至"。六三阴爻居刚位，又与上六不应，这时还要"负且乘"，招来强盗能怪别人吗？

《系辞上传》引申孔子的话，说写《易经》的人懂得强盗的心理。理由是："负也者，小人之事也。乘也者，君子之器也。小人而乘君子之器，盗思夺之矣。上慢下暴，盗思伐之矣。慢藏诲盗，冶容诲淫。"意思是：背负东西，是小人的工作；车子是君子代步的工具。小人却坐在君子代步的工具上，强盗就会想要抢夺他。居上位的傲慢，在下位的粗暴，强盗就会想要攻击他。不藏好珍贵之物，是教唆别人来抢夺；打扮得过于妖艳，是教唆别人来调戏。

由此可知，解卦可能让人疏忽大意，结果反而陷入更麻烦的处境。

九四说："解而拇，朋至斯孚。"解开你的脚拇指，朋友来到才会有诚信。九四到了上卦震，可以采取行动，但是它与初六正应，有如脚拇指受到束缚，现在可以解开了，然后与上卦的同伴一起前进。

六五说："君子维有解，吉，有孚于小人。"意即：君子来纾解，吉祥，对小人有诚信。君子指本卦两个阳爻，九二与六五正应，九四又为六五所乘。这时对六五而言，不妨大家一起向前走。

上六说："公用射隼于高墉之上，获之无不利。"意即：王公去射高墙上的鹘鹰，擒获它就无所不利。上六居解卦终位，此时若有未化解者，必是凶猛小人（隼为猛禽），并且盘旋于高位。上六位尊而非君，所以称"公"。《系辞下传》谈及此爻，强调君子要培养自己的能力，到"动而不括"（行动时无所约束）的程度，然后再"待时而动"，在关键时刻出手解决问题。由此看来，解卦本身也须步步为营，随时化解困难。

41 损卦 ䷨

实例 1：得臣无家

一位朋友在学校教书，后来因为表现出管理方面的长才而被延揽去大学的附设医院担任副主管。他有些犹豫，不知该不该去。

他以筹策占得损卦（山泽损，䷨，第四十一卦），变爻上九，爻辞说："弗损，益之，无咎。贞吉。利有攸往，得臣无家。"意即：不是减损，而要增益，没有灾难。正固吉祥。适宜有所前往，得到臣民而没有自己的家。

损卦之名，听起来让人担心，以为将会蒙受损失，而其实不然，因为它所说的是"损己利人"。因此，损卦在卦辞中就有"元吉"一词，表示最为吉祥。

现在朋友占到上九，所问的是换工作的事。一看"得臣无家"一语，就知道他将会取得官位，成为管理阶层，但是如此一来，也将十分忙碌，恐怕与家人相聚的时间很少了。这种情况正是今日许多人所考虑的：家庭与事业如何兼顾？按爻辞所说，上面有"无咎，贞吉，利有攸往"，就表示没有问题，放心去为大众服务吧！人在中年时，成为社会的栋梁，也是实现人生理想的重要阶段，如果这时裹足不前，或者事事以家庭为重，恐怕将来也会感到遗憾。这中间的取舍确实让人费心。人各有志，这位朋友决定接受新挑战，同时因为看到"得臣无家"一语，也加强了自己与家人的互动。

损卦的启示

《易经》第四十一卦是损卦，卦象为"山泽损"（䷨）。卦辞说：

"损，有孚，元吉，无咎，可贞。利有攸往。曷之用？二簋可用享。"意思是：损卦，有诚信，最为吉祥，没有灾难，可以正固。适宜有所前往。要使用什么？二簋就可以用来献祭。

在卦辞中出现"元吉"的，只有两卦：损卦与鼎卦。在"山泽损"的架构中，是损下益上的；在人我关系中，则是损己利人的。能做到损己利人，自然"元吉"。此时诚信最重要，不可另存什么目的，所以要用"二簋"作为简单的祭品。心中真诚而供品简单，鬼神也会欣然接受。"簋"是外圆内方的祭器，用以盛放黍稷稻粱。

由"损下益上"一语看来，损卦是从泰卦（☷☰）变来的，泰卦的初九成为损卦的上九，向下调整而成。山下有泽，山泽通气；泽对山的帮助更大。最美的山不是沼泽中的倒影吗？《大象传》指出，君子由此领悟，要"惩忿窒欲"，戒惕愤怒，杜绝嗜欲。在人身上，愤是易发而难制，欲则是易炽而难绝的。能修养这两点，不是易于损己利人吗？《老子》五十九章说："治人事天莫若啬。""啬"是省约，也即是减损自己的欲望，如此可以行事通达。

初九说："已事遄往，无咎，酌损之。"意即：办成了事就赶快前往，没有灾难，要酌量减损。在损卦中，每一爻都要考虑自己要如何减损。初九所谓的"已事"，是指由泰卦变为损卦。既已成卦，就只须"酌损"。初九与六四正应，心意相合，可以前去帮助。

九二说："利贞，征凶。弗损，益之。"本卦有二爻说"弗损"，亦即九二与上九，它们都与六五主爻有关。这时稳住大局最重要，所以说：适宜正固，前进有凶祸，不要减损就有增益。

六三说："三人行则损一人，一人行则得其友。"在原本的泰卦中，三阳爻与三阴爻分别处于下卦与上卦；现在变为损卦，使上九有六四、六五为友，六三也有初九、九二为友。并且，六爻皆有正应。

《系辞下传》说："天地氤氲，万物化醇。男女构精，万物化生。《易》曰：'三人行则损一人，一人行则得其友'言致一也。"意思是：

天地的阴阳二气亲密流通，万物得以变化而丰富。雄性与雌性精血交合，万物得以变化而产生。然后是这句引文，结语则是：说的就是阴阳要合而为一。因此，损卦对上下二卦皆为有利，合乎《易经》阴阳交流的原则。

六四说："损其疾，使遄有喜，无咎。"减损他的疾病，让他赶快有喜庆，没有灾难。六四在互震（九二、六三、六四）中，震为决躁，为犹疑不定之疾。在损下益上的格局中，初九可以援助。初九的"遄往"，对六四则是"使遄有喜"。助人要把握时机，一拖延就使美意打了折扣。

六五说："或益之十朋之龟，弗克违，元吉。"意即：有人增益他价值十朋的龟，不能拒绝，最为吉祥。古人以贝为货币，一串五贝，两串为朋。六五下有九二正应，上有上九可承；从九二到上九形成一个放大的离卦，离为龟。六五又在互坤中，坤为地，其数为十；而坤也形同两串贝，有如朋。合之则是"十朋之龟"，元吉。

上九说："弗损，益之，无咎。贞吉。利有攸往，得臣无家。"意即：不是减损，而要增益，没有灾难。正固吉祥。适宜有所前往，得到臣民而没有自己的家。上九在艮卦中，艮为止，所以要弗损。它来到上卦，正是为了益之。它下临互坤，坤为臣民；但它为此离开原来泰卦的下卦乾，等于离开都是阳爻的家。这就是"得臣无家"。

损卦不仅卦辞出现"元吉"，六五也有"元吉"。这是六十四卦中所仅见的。何以如此？秘诀只是"损己利人"而已。这一点又谈何容易！

42. 益卦 ䷩

实例1：分享知识

广州一位朋友，曾参加北京《易经》班，后来希望我也去广州开《易经》班，他表示会大力支持。他是有实力的企业家，而更重要的是他言而有信。几位志工鼓起余勇，特地从北京前往广州安排开课招生事宜。

一位志工占问："广州《易经》班能否如期开课？"得到"中孚卦"（风泽中孚，䷼，第六十一卦），变爻九二，爻辞是："鸣鹤在阴，其子和之。我有好爵，吾与尔靡之。"意即：大鹤在树荫下啼叫，小鹤与它相呼应。我有美酒一罐，我愿与你一起分享。

这段话讲的是大鹤与小鹤相互之间的默契，而美酒的比喻更清楚了，表示有好东西要与人分享。《易经》有六十四卦，三百八十四爻，这一句爻辞大概是最富诗意，也最让人欣赏的。依此判断广州《易经》班能否办成，答案很明白，没有问题。

并且，一经变爻之后，所形成的之卦是"益卦"（风雷益，䷩，第四十二卦），卦辞说："利有攸往，利涉大川"。适宜有所前往，适宜渡过大河。由此可见，广州开班之事的后续发展应该不错。后来验证我们又陆续开了论语班与老子班，同学中有夫妻档、父子档、父女档，共同在经典中分享智慧。

益卦的启示

《易经》第四十二卦是益卦，卦象为"风雷益"（䷩）。卦辞说："利有攸往，利涉大川。"适宜有所前往，也适宜渡过大河。这显然是充满动力的一卦。

《彖传》说："益，损上益下，民悦无疆。自上下下，其道大光。利有攸往，中正有庆。利涉大川，木道乃行。益动而巽，日进无疆。天旋地生，其益无方。凡益之道，与时偕行。"益卦之可贵，在于损上益下，所以百姓的喜悦没有止境。由此可知它是由否卦（☷☰）所变，上九来到初位，把各爻往上推而形成的。风是巽卦，巽也是木，所以说木舟之道从此可以通行。至于天体旋转与大地生养，则是否卦上九来到初位，使坤卦向上走。上九原在乾卦，现在到了初九，不是天旋吗？坤为地，不是地生吗？

《大象传》指出，君子由此领悟了"见善则迁，有过则改"。本卦由风与雷组成，提醒我们：改过当如雷之勇，迁善当如风之速。如此一来，则有加倍的效果。一卦中，上卦指统治者，下卦指百姓，因此损上益下是件美事。六爻有初九与九五两个元吉，这也是六十四卦中仅见者。其他各爻也都谈到国家大事，显示了君臣同心为百姓服务的盛况。

初九说："利用为大作，元吉，无咎。"意即：适宜用来推动大事，最为吉祥，没有灾难。在此，初九一上场就有元吉，这种情形另外只在复卦（第二十四卦）见过。初九在震卦中，有能力办成大事，并且由于这是"损上益下"的格局，初九不必全力事奉上位者，自然元吉。

六二说："或益之十朋之龟，弗克违。永贞吉，王用享于帝，吉。"这句爻辞前半段与损卦六五相同。损卦是损己利人（或损下益上），现在换成损上益下，所以六二有此好运。六二与九五正应，九五为君王，因此这儿会说：君王用以祭献上帝。爻辞中出现"帝"字的仅此一处，表示这真是国家大事。

六三说："益之用凶事，无咎。有孚中行，告公用圭。"意即：用增益之物救济灾荒，没有灾难。有诚信而行中道，用珍圭告知王公。六三在互艮（六三、六四、九五）中，艮为止，犹如生命终结，可转为凶事。"中行"是指居全卦中间的六三与六四。《周礼·春官·典瑞》说："珍圭以征守，以恤凶荒。"古代救灾，以珍圭代表王命。六三仍在下卦震中，震为诸侯，可以称"公"。这等于是天子命令诸侯救灾。

六四说："中行，告公从，利用为依迁国。"意即：行中道，告知王公而跟从，适宜用来做依靠而迁移国都。六四在互坤中，坤为邑，为国；它所依的是九五，又与初九正应。由否卦变益卦时，三阴爻由下往上移，有如迁国。六四与二阳爻的关系，显示了这一特色。

九五说："有孚惠心，勿问元吉。有孚惠我德。"意思是：有真诚施惠之心，不必占问也最为吉祥。实实在在感念我的恩德。九五居中守正，又有六二正应，是损上益下的主导角色，从初九一路上来，所做的大事都以"真诚"为原则，如此自然元吉。

上九："莫益之，或击之。立心勿恒，凶。"意即：没有人来增益他，却有人来打击他。所立定的心思无法长期守住，有凶祸。在益卦结束时，出现"凶"字，是怎么回事？《系辞下传》谈到此爻，说："君子安其身而后动，易其心而后语，定其交而后求。君子修此三者，故全也。危以动，则民不与也；惧以语，则民不应也；无交而求，则民不与也；莫之与，则伤之者至矣。"

简单说来，君子如果自身危险而行动，百姓不会来参与；心情恐惧而说话，百姓不会有响应；没有交情而求人，百姓不会来帮助；没有人来支持，那么伤害他的人就会来到了。在此，关键是"立心勿恒"，若是帮助人时缺乏恒心，做了一半又后悔，就表示缺乏诚意。人与人相处，若是少了真诚，不论做任何事都不会有好的结果。

43. 夬卦 ䷪

实例 1：亲近君子

朋友在报社服务，与主管格格不入，总觉得不如归去，辞职回家算了。他为此烦恼了好一阵子，最后求助于占卦。

他占得夬卦（泽天夬，䷪，第四十三卦），变爻九五，爻辞是："苋陆夬夬，中行无咎。"意即：山羊果敢决断的样子，居中而行没有灾难。夬卦是一阴五阳的局面，并且阴爻位居上位。按易理，爻是由下往上发展，表示阴爻即将退出大局。

朋友其实不必过虑，因为他的主管可能即将离开岗位，不是退休就是升迁，对他而言只需守住中道走在正路上就可以了。至于这位主管是否小人，则未免见仁见智。《易经》总是从占问者的角度提供建议，在某事上对你是小人的，在别的事上可能是贵人。并且，受不了小人的折磨，又怎能承担大任呢？

所谓"中行"，除了自己行得正之外，还需亲近君子。至于谁是君子，则有赖平日的观察了。我们对别人或者别人对我们，其实都在默默观察，并且会有大致的共识，知道哪些人属于光明正大、用心善良的君子，而哪些人又是喜欢计较而钩心斗角的小人。因此，当务之急是修养自己，使自己走向君子一方。如此最后的结果肯定不会是坏的。

夬卦的启示

《易经》第四十三卦是夬卦，"夬"字念"怪"。这是个消息卦，底下五个阳爻，只剩一个阴爻挂在上位。（䷪）一阴五阳，则阴爻为主爻。卦辞说："扬于王庭，孚号有厉。告自邑，不利即戎，利有攸往。"

五个阳爻联袂往上冲，而最上面的阴爻的处境如何？它受到九五（代表王庭）信赖，本身在上卦兑，兑为口，意即，有诚信而呼号有危险，它的危险才会扩散出去。接着，阴爻居上位，有其采邑；从封邑前来告知，不适宜出兵作战，适宜有所前往。这是因为它往上走没有去路，但是对五个阳爻来说，则强者成长到最后就会终止。

此卦的象征意义是：当小人居高位时，底下的君子应该怎么办？譬如，汉献帝时的曹操，宋高宗时的秦桧，皆让天下君子无可奈何。《大象传》好像在警惕这样的人物，"君子以施禄及下，居德则忌"，就是：要分配利禄给下属，并以自居有德为忌讳。

本卦各爻皆有让人担心的语词。初九说："壮于前趾，往不胜为咎。"意即：前进的脚趾壮健，前往而不能胜任，就是灾难。初九用"前趾"，有如大壮卦（☳）初九说的："壮于趾"。现在夬卦比大壮卦更进一步，多了一个阳爻，但还是必须接受现状。就算到了六爻皆阳的乾卦，初九依然是"潜龙勿用"。

九二说："惕号，莫夜有戎，勿恤。"戒惕而有呼号，夜晚会出现兵寇，不必担忧。在理解时，可以将九二视为变爻，则下卦成为离卦，离为火为戈兵，为有戎。二与五有相关性，但皆为阳爻，敌而不应。五在上卦为兑，为惕号。至于暮夜，则来自以兑为泽为谷，谷为阴暗为暮夜。由于九二居中位，又与九五不应，所以最后勿恤。

九三说："壮于頄，有凶。君子夬夬独行，遇雨若濡，有愠，无咎。"意即：颧骨壮健，会出现凶祸。君子果敢决断而独自前行，遇雨打湿衣服，有怒气，但没有灾难。上六有如人的头，九三与它正应，如果因此而壮于頄，则有凶，这是因为九三是底下五个阳爻中唯一有正应的，也是唯一有机会往上走的。上卦为兑为泽，上六与九三呼应则成雨。下乾为衣，遇雨而湿。"有愠"是因为进退两难，但终于无咎。

九四说："臀无肤，其行次且。牵羊悔亡，闻言不信。"意即：臀部没有皮肤，行走十分艰难。牵羊而进，懊恼就会消失，但是听到这话却不相信。九四不当位，又与初九不应，它的上爻九五与上六相比邻，它的下爻九三与上六正应，只有它坐立不安，连行动都困难。这种难堪的位置，还让它闻言不信。上卦为兑为羊，九四必须像羊一般被人牵着走，才不会懊恼。

九五说："苋陆夬夬，中行无咎。"意即：山羊果敢决断的样子，居中而行没有灾难。"夬夬"一词在九三也用过，九三与上六正应，九五与上六相比，这二爻因为与上六主爻的关系而必须"果敢决断"，表现本卦"以阳去阴"的大趋势。苋陆是细角山羊，取自上卦兑为羊。九五既中且正，而只能无咎，这是因为它的上六是主爻，有如君子对于在上位的小人束手无策，只能等待时机。

上六说："无号，终有凶。"不用呼号，最终会有凶祸。本卦"以刚决柔"，上六的命运早已注定，此时呼号又有何用？被决而去，自然是凶了。兑为口为号，上六眼见自己即将出局，心情可想而知。

关于羊与判决诉讼的关系，据说舜时的士师（法官或典狱官）为皋陶，他在判决诉讼时，如果难以断案，就会找一只羊来，看看羊角去碰触谁，谁就有罪。这是古代"羊能决邪"的观念。由此可见人间是非之复杂纠结，有时并非常理可以测知。尤其在小人（上六）居尊位时，更易形成混淆。夬卦教导我们在这种情况下，如何小心自处。

44. 姤卦 ䷫

实例1：大陆问道

二〇〇六年九月，由于我的五本解读（《论语》《孟子》《老子》《庄子》《易经》）在北京出版，而大陆由于央视"百家讲坛"的引领风潮，掀起了一股国学热，机缘凑巧，我遂有为期三周的大陆之行。

行前我为自己占了一卦，占得"姤卦"（天风姤），卦象为"䷫"。我一看就心里有数，因为卦象太明显了，初六一阴，要面对上方五阳。不过这个阴爻十分特别，因为它会带着别的阴爻由下往上走。这是个消息卦，就是同性的爻由下往上发展，而卦中没有阴阳交错。

当时占到此卦，有二个变爻，就是九二与九四。依朱熹的解卦方法，二爻变则取本卦二变爻之上爻爻辞。那么，姤卦九四说什么呢？"包无鱼，起凶。"意即：包裹中没有鱼，发起行动会有凶祸。

于是，我这次行程所做的演讲（包括在浙大、复旦、上海社科院、北大、人大、北师大、清华、中国社科院），完全不收费。这不是"包无鱼"吗？并且，我与各方朋友接触，都是低调而柔顺，从不主动发起任何行动，这不是避开了"起凶"吗？

结果呢？整体反映不错，为我随后的大陆讲学打下了良好的基础。

姤卦的启示

姤卦是第四十四卦，卦象为天风姤（䷫），这也是个消息卦，一个阴爻由下而起，面对上面五个阳爻而毫无所惧。卦辞说："女壮，勿用取女。"意即：女子强壮，不要娶这样的女子。理由是，当初六带着阴爻往上而壮大时，上面的阳爻必须逐一退场。阳与阴无法一起成长，甚至此消彼长，又怎么结为连理？

《彖传》说："天地相遇，品物咸章也，刚遇中正，天下大行也。姤之时义大矣哉。"这里一再提及"遇"字，因为"姤"即是"逅"，一般以"邂逅"表示相遇。若无初六，则全卦为乾，有阳无阴，万物如何生育繁荣？《大象传》说："天下有风，姤。"君王由此领悟，要发布命令，诏告四方。以风为命令，周行大地，使百姓依命而行。

在一阴五阳的格局中，初六是主爻。初六说："系于金柅，贞吉。有攸往，见凶。羸豕孚蹢躅。"意即：捆缚在缫车的金属横杠上，正固吉祥。有所前往，会见到凶祸。拴缚住的猪确实在跳动挣扎。《易经》虽主阴阳相济，但是重阳轻阴（重君子轻小人）仍为其基本立场。初六在下卦巽，巽为绳。它面临上卦乾，乾为金，所以有"系于金柅"之象，最好正固别动。它若往上走，将危及上面的阳爻，所以说凶。古人以猪喜潮湿，代表阴爻；同时巽卦为风，为进退，有如猪之跳动挣扎。

九二说："包有鱼，无咎，不利宾。"包裹中有鱼，没有灾难，不适宜招待宾客。九二对初六，有包之象，初六为阴爻，可用"鱼"象征，因鱼处阴冷之水中。本卦为姤，姤为遇，先遇先得，九二可谓捷足先登。这里所谓的"不利宾"，宾是指九四。九四原与初六正应，但是碰到姤卦，讲究的是遇合，于是九四反而被排除在外，成为宾客了。形势比人强，又能怎么办呢？

九三说："臀无肤，其行次且。厉，无大咎。"意思是：臀部没有皮肤，行走十分艰难。有危险，但没有大灾难。这段话的第一句与夬卦九四的第一句一样。这是有覆卦关系的两卦，在相对位置可能出现的情况。不过在夬卦九四是"牵羊悔亡"，到了姤卦则无羊可牵，所以说厉。九三与初六的关系，比不上九二的遇与九四的应，加上自己有动向而上无正应，情况不安有危险。"无大咎"则是因为它仍在巽卦，巽为随顺，尚有回旋余地。

九四说："包无鱼，起凶。"九四真是冤枉，它与主爻初六正应，但是在讲究先遇为上的姤卦，只好看着九二"包有鱼"，而自己"包无鱼"了。不仅如此，它若发起行动，会有凶祸。《小象传》说："无鱼之凶，远民也。"意即：没有鱼的凶祸，是因为远离了百姓。这是"无民而举事"，怎么会不凶呢？

九五说："以杞包瓜，含章，有陨自天。"意即用杞树叶子包起瓜果，其内含藏文采，从天下掉落下来。在十二个月中，姤卦代表五月，瓜在五月长成，杞在五月最盛。杞为树高叶大的植物，取象自下卦巽，巽为木为高；瓜为圆形，而乾为圆。九五居中守正，是为含章，它注意到初六的主爻位置，以其为百姓，所以愿意"有陨自天"。《小象传》说它"志不舍命"，心意在于不放弃使命。它要稳住大局，让初六安于其分，以免过早向上推进，危及上九。

上九说："姤其角，吝，无咎。"遇到头上的角，有困难，没有灾难。上九在上卦乾的最高位，乾为首，上九为乾卦的角，下一步就是毕业出局，没有去路而出现困难。不过这并非上九之过，所以说它无咎。本卦九二与九五两个中位都是阳爻，还可以稳得下来。像本卦初六这样的阴爻，大概是《易经》三百八十四爻中，一百九十二个阴爻里面最强势的一支了。面对这样的初六，能不小心谨慎吗？所谓"察知几微"，亦莫过于此了。

45. 萃卦 ䷬

实例1：祭拜祖先

朋友计划与人合作投资，希望预知合作的结果，于是占了一卦，得到萃卦（泽地萃，䷬，第四十五卦），变爻六二，爻辞说："引吉，无咎，孚乃利用禴。"意即：牵引到吉祥，没有灾难，有诚信，所以适宜举行禴祭。

一看到萃卦，就不必担心，因为它六爻皆有"无咎"一词，有些还加上吉的，如六二与九四。"萃"是群聚之意，合作投资自然在内。朋友这项投资应该是别人介绍的，所以说是"引吉"。要合作，不可以没有诚信，也就是"孚"。那么，"禴"又是什么？

古人在春季以应时蔬菜作为祭祀供品，表示虽然简单但有诚意。《易经》多次提到祭祀，这固然与古人的具体生活有关，但也提醒我们不可仗恃己力，以为光靠人的力量就足以成就许多事业。

祭祀使人收敛心思，报本反始，对神明表示衷心感谢。尤其不可忘了要祭拜祖先，这原是中国文化的特色，也合乎人性的根本要求。在光宗耀祖方面，《易经》的教诲是以修德为主，要以德行来继承祖先的恩惠，在自己有成就时设法回馈社会。如此一来，对于投资成败也不会斤斤计较了。祖先期待我们的，除了成就之外，还有善行。只有善行才会带来真正的快乐。

萃卦的启示

萃卦是第四十五卦，卦象是"泽地萃"（䷬）。萃是聚集，古人聚集时要注意什么呢？卦辞说："亨，王假有庙。利见大人，亨，利贞。用大牲吉，利有攸往。"意即：要祭献，君王来到宗庙。适宜见到大人，通达，适宜正固。用大牲去祭祀，吉祥。适宜有所前往。

古代"亨"字可以用为"亨"（通达），"享"（祭献），"烹"（烹煮）。"王假有庙"，"假"之音为"格"，来到。在人群聚集时，为何先要考虑祭献或祭祀？因为如此可以引导民心归向祖先或神明，而不会只知争权夺利，甚至为了达成目的不择手段。宗教对人心有约束及提升的作用，古人所见如此，今人又怎能无睹于此？

在卦辞中出现"王假有庙"的有二：一是萃卦，一是涣卦（第五十九卦，风水涣）。意在提醒我们：在人群聚与散时，君王要以宗教祭典（或某种盛大的文化礼仪）来稳住人心。

《象传》中最值得留意的是"用大牲吉，利有攸往，顺天命也"一语。"顺天命"一词提醒我们：孔子说自己"五十而知天命"，接着是"六十而耳顺"。"耳顺"一词可能有误，就是多了"耳"字。这是学术界未有定论的问题。如果孔子所说的是"六十而顺"，则他的意思是"顺天命"。意即他在六十岁前后周游列国，正是顺天命的表现。仪封人说孔子是"天将以夫子为木铎"，正是印证之一。

初六说："有孚不终，乃乱乃萃。若号，一握为笑。勿恤，往无咎。"意思是：有诚信而不能坚持到底，于是散乱于是聚集。如果号哭，一握手就笑了。不必担忧，前往没有灾难。在本卦中，九五居中守正，代表主爻。现在卦象为萃为聚，各爻都要与主爻相聚。初六与九四正应，是因为有孚，但九五才是相聚的对象。初六心意混乱，意图离九四找九五，是为"乃乱乃萃"。它若追随九四，则以九四为中位形成互巽，巽为风为号哭；它若靠拢九五，则上卦为兑为悦为笑。而初六与九五之间有一个互艮，艮为手，可以握，所以说"若号，一握为笑"。

六二说："引吉，无咎，孚乃利用禴。"意即：牵引则吉祥，没有灾难，有诚信，所以适宜举行禴祭。六二与九五正应，它本身居中守正。禴祭是古代君王春天举行的宗庙之祭，用蔬果做祭品，表示诚意。

六三说："萃如，嗟如，无攸利。往无咎，小吝。"意即：聚集的样子，叹息的样子，没有任何适宜的事。前往没有灾难，但有小的困难。六三在下卦坤中，形成三阴并列的萃如，眼见初六与六二皆有正应，自己无应而叹息。六三往上是互巽，为风为随顺，所以只是小吝。

九四说："大吉，无咎。"九四下临坤卦，为得民拥戴之象，但是位置不中不正，所以只能无咎。

九五说："萃有位，无咎。匪孚，元永贞，悔亡。"意即：聚集而拥有君位，没有灾难。缺少诚信，开始恒守正固，懊恼就会消失。九五既中且正，是为"萃有位"。不过它与下卦坤之间，隔着一个互艮，难免心意受阻，对百姓而言，缺少诚信，所以要"元永贞"，才可以做到"悔亡"。

上六说："赍咨涕洟，无咎。"悲伤叹息而泪流满面，没有灾难。上六与六三不应，又下乘主爻九五，眼见大家聚合而自己落单，自然难过哭泣了。上六在上卦兑中，兑为泽为口。有声泪俱下之貌。不过，能有哭泣也算自觉处境不顺，如此可以无咎。

本卦讲究的是萃聚，要让大家聚合好好相处，因此六爻皆有"无咎"，这是六十四卦中所仅见的。卦辞中所强调的是"王假有庙"与"用大牲吉"，意即只要在这个时机进行祭拜祖先的活动，让大家体认原本是同一个部落或国家的人，然后在面对具体的利害关系时，就不会完全不顾道义与人情了。善始方可以善终，人群相处的第一步是至关紧要的。

46. 升卦 ䷭

实例 1：果然灵验

广州有许多在中山大学上过进修课程的同学。我应邀在联席会议上讲《易经》，一千三百多人参加听讲。谈到占卦时，一开始大家半信半疑。

只有五六个同学写下三组三位数，交给了司仪。司仪念出其中一位的问题，说是与婚姻有关。我一运算，占得升卦（地风升，䷭，第四十六卦），九三变爻，爻辞是"升虚邑"意即：升进到荒废的村落。我不愿公开说明实情，就说："这个卦象不太好，提问者下课后再来找我吧。"这时司仪接着说："很抱歉，老师，他的问题我没有念完整。他是要占问离婚之事。"

这一下全场骚动起来。因为"升虚邑"表示将会住在空虚之处，即使结婚也是有名无实，所以我前面听说是问婚姻时，不愿公开解说。现在，问题是要离婚，可谓完全切合爻辞所谈的。

现场立即有一百多位同学写下他们的问题与数字，希望能得到解惑的机会。我为此多待了一个小时，让人人都得到满意的答复才停止。会后一对夫妻坚持要购买我手边的《易经入门与占卦解卦》，我说别急，不久将会出版，学习《易经》不能只看这样的手册，还应该下一点真正的功夫。

升卦的启示

升卦是第四十六卦，卦象为"地风升"（䷭）。卦辞说："元亨，用见大人，勿恤，南征吉。"意思是：最为通达，可以用来见大人，不必担忧，往南前进吉祥。

《彖传》是解释卦辞的，内容为："柔以时升，巽而顺，刚中而应，是以大亨。用见大人，勿恤，有庆也。南征吉，志行也。"意思是：柔顺者（指六四）依循时势而升进，既顺利又和顺，刚强者居中（指九二）而有应合，因此非常通达。可以用来见大人，不必担忧，是因为会有喜庆（九二有六五正应）。往南前进吉祥，是因为心意可以实现。

为了明白这一段话，必须由"卦变"入手。卦变是指卦的变化，亦即，升卦是怎么来的？它来自小过卦（䷽）的六二与九四换位。六二升到六四，而九四降为九二，如此一来，"柔升、用见、有庆"都有了着落。它形成下巽上坤，这是既顺利又和顺的卦象，自然元亨了。后天八卦中，巽在东南而坤在西南，所以说"南征吉"。

程颐说："凡升之道，必由大人，升于位，则由王公；升于道，则由圣贤。用巽顺刚中之道以见大人，必遂其升。"在历史上，文王见吕尚（姜太公）于渭南，刘备见孔明于南阳，这二地皆有"南"字。这与古代文化由北向南拓展有关，今天不宜过度执着。

《大象传》说："地中升木，升。君子以顺德，积小以高大。"意即：地中长出树木，君子要顺势修养德行，从微小累积成为高大。巽为木为高，所以在地中往上升。

初六说："允升，大吉。"初六秉承九二得其信赖，它在巽卦底部，将随顺九二前进。

九二说："孚乃利用禴，无咎。"有诚信，所以适合举行禴祭，没有灾难。九二有六五正应，是孚，"禴"为春季或春夏之交的薄祭，巽在东南，为春夏之交。禴祭最重诚意，感谢神明的福佑。九二往上形成互兑，兑为喜悦，所以《小象传》说："有喜也。"

九三说："升虚邑。"九三升进到荒废的村落。它往上形成互震，震为行，可以升进。上卦为坤，为邑，九三没有任何阻碍。周朝祖先古公亶父为逃避狄人侵扰，迁移到岐山，许多人追随而来，结果"一年成邑，二年成都，三年五倍于初"。周朝建国大业也奠基于此。

六四说："王用亨于岐山，吉，无咎。"君王在岐山祭献，吉祥，没有灾难，六四在互震中间，震为诸侯，为祭器，亦即"王用亨"（亨为享，为祭）。它又在互兑上爻，而兑为西，所谓岐山，即是西山。这一段数据所说的可以配合周初历史来理解。值得留意的是：九二说"禴"，六四说"亨"，皆为宗教活动。这表示信仰对古人的特殊意义。到了春秋时代，还普遍有"国之大事，在祀与戎"的观念，把祭祀与武力当成国家最重要的事，而祭祀排在首位。《论语·述而》有一章说："子之所慎：齐（斋）、战、疾。"孔子最慎重看待的三件事中，斋戒也是排第一的，而斋戒的目的是祭祀。

六五说："贞吉，升阶。"六五有九二正应。九二在下卦巽中，巽为高；六五在上卦坤中，坤为地；如此可使六五升上高地。六五"贞吉"，表示本身可以正固，意即："垂拱而天下治，是吾志也；拯民于水火之中，是吾志也；贵为天子，富有天下，岂吾志哉！"这段话是所有政治领袖都应该列为座右铭的。周文王与周武王的心意皆是如此。

上六说："冥升，利于不息之贞。"上六在坤卦，坤为夜为冥，有如在昏昧中升进，这时适宜"不成长的正固"。上六与九三正应，九三在下卦巽中，巽为近利市三倍，所以上六必须正固。但是处于升卦，不可避免又要连续前进，所以说它是"冥升"。

爻辞为周文王所作（也可能加上周公或其他周朝卜官的协助），本卦含意十分特别，有如描述其立国过程，充满了深切的期许。

47. 困卦 ䷮

实例1：注意身体

《易经》占卦是要助人了解自己的抉择所可能带来的后果。这些后果往往吉凶互见，而一般人总希望趋吉避凶，于是占卦之后更希望能找到某种改变命运的秘方。

我必须诚恳地说，改变命运是不可能也不必要的。对待自己的上策，是保持客观心态，在看到占卦结果时才有可能冷静思考因应之道。譬如，一位朋友占问身体状况，得到困卦（泽水困，䷮，第四十七卦），变爻九四，爻辞说："来徐徐，困于金车，吝，有终。"意即：要慢慢下来，困处于金车中，有困难但会有结果。

困卦是四大难卦之一，另外还有习坎卦、蹇卦与屯卦。朋友问的如果是事业，则"有终"二字表示有好的结果，虽然还会遭遇不少困难，并且"困于金车"也表示仍有可观的地位与资源可以使用。但是不巧的是，他问的是身体，这表示他已有些担心，或者已经为某种病症所困扰，而这时的"有终"就不好了。

《易经》卦爻辞在解释时要靠几分灵感，人生到了最后关头不是要"善终"吗？因此，凡是占问健康而看到类似"终"或"夭"（归天）的字眼的，其结果已很明显，就好好珍惜眼前的时光吧。"乐天知命"在此深具启发性。

困卦的启示

困卦是第四十七卦，卦象为"泽水困"（䷮）。卦辞是："亨，贞，大人吉，无咎，有言不信。"意即：通达，正固，大人吉祥，没有灾难，说了话没有人相信。

困卦是因为刚强者受到掩蔽，九二受制于六三，九四与九五则受制于上六。困卦为何能亨？因为"身困而心亨"，在险难坎卦中还能喜悦（兑卦），大概只有君子才能做得到。大人是指九五，它是刚强者居于中位。至于"有言不信"，则是因为在困境中说话，别人如何相信？由卦象看，从六三到上六形成正反兑，兑为口，为说话，有正有反，表示有言不信。

王弼说："穷必通也，处穷而不能自通者，小人也。"这种要求不易做到。《大象传》说："泽无水，困。君子以致命遂志。"沼泽中没有水，君子由此领悟，要牺牲生命来完成志向。这种观点是标准的儒家思想。在《论语·卫灵公》，孔子主张"杀身成仁"；在《孟子·告子上》，孟子肯定"舍生取义"；在《荀子·不苟》，荀子也说："君子畏患而不避义死。"为了人生目的而不惜牺牲，这种观念的前提是"人性向善"，"善"字即指"仁、义"等道德理想而言。为了行善而牺牲，其实不是损失，却是完成与实现人生意义。

初六说："臀困于株木，入于幽谷，三岁不觌。"意即：臀部困陷在枯木中，进入幽暗的山谷，三年不能相见。初六与九四正应，九四在互巽中，巽为股为臀；九四也在互离中，离为科上槁木，即是株木。正是臀困于株木。初六自身在下卦坎中，坎为陷为井为谷。为何说三年不能相见呢？九二至九四形成互离，离为见为明，初六在离之下，于是谷为幽谷，见亦不得。三年是指初六到九四须经三步，代表漫漫长期。

九二说："困于酒食，朱绂方来，利用享祀。征凶，无咎。"意即：困处于酒食中，大红官服刚刚送来，适宜用来祭献。前进会有凶祸，没有灾难。困卦由否卦（䷋）变来，是否卦上九与六二换位而成。否卦上卦为乾，乾为大赤，为朱；下卦为坤，坤为下裳，为绂。上九来到九二位置，则是朱绂方来。九二现在处于下卦坎中，坎为水，引申为酒食。而朱绂为官服，用于祭祀场合。这时九二为富贵所困，可以诚心献祭，但不宜向前推进。

六三说："困于石，据于蒺藜。入于其宫，不见其妻。"意即：困处于石块中，倚靠在蒺藜上，进入宫室，没有见到妻子，有凶祸。在困卦中，阴爻压制了阳爻，但是六三也因此困处于上下阳爻之间，加以不当位，又与上六不应，实在困窘至极。在《系辞下》孔子说："非所困而困焉，名必辱。非所据而据焉，身必危。既辱且危，死期将至，妻其可得见耶？"

九四说："来徐徐，困于金车，吝，有终。"意即：要慢慢下来，困处于金车中，有困难，但会有结果。九四有初六正应，所以《小象传》说它"志在下也"。但它处于互巽中，巽为进退为不果，所以说"来徐徐"。用于金车，也是来自卦变。因为在否卦中，乾为金，坤为车，卦变时九四不变，是困于金车。至于有终，则因它是三个阳爻中唯一有正应者。

九五说："劓刖，困于赤绂。乃徐，有说，利用祭祀。"意即：鼻被割去，足被砍去，困处于红色官服中，于是慢慢行动，可以脱离困境，适宜举行祭祀。这里的描述也来自卦变。九五在上卦兑中，兑为附决为脱落，使它可以慢慢脱困，但是别忘了"利用祭祀"。在本卦九二与九五都提及祭祀，表示人在困境中应该向祖先神明祷告，同时守中行正，以求免祸。

上六说："困于葛藟，于臲卼。曰动悔。有悔，征吉。"意即：困处于藤蔓之间，于高危之地，这称为因行动而懊恼。有了这种悔悟，往前进就吉祥。上六处于困卦最高位置，一方面是困到极点，同时也快要终结困境了。再怎么困难的情况，也都有结束的时候，所以说"征吉"。

48. 井卦 ䷯

实例 1：守正则吉

一个朋友在报社工作，由于下笔正直敢言而受到长官的压制，总觉得有志难伸。他占问自己的前途，得到"井卦"（水风井，䷯，第四十八卦），变爻九三，爻辞："井渫不食，为我心恻。可用汲，王明，并受其福。"

意即：井淘干净而不去食用，使我内心感到悲伤。可以用来汲水，君王英明，大家一起受到福佑。

我为他解卦，说："别急，还需要一点时间，快则三个月，因为井卦九五说'井洌寒泉，食'，意即：井中有甘洁清凉的泉水，可以食用。其次，九三爻辞有'王明'一语，可见长官会明白你的苦心。"他说："眼前这位长官根本不可能改变对我的印象。"我说："那也可能是你的长官换人啊！"

两个月后，长官果然换了人。第三个月，他报道一件食品安管的消息，自己还拒绝了厂商的贿赂。报社领导明白整个情况之后，特地公开表扬，称赞他是媒体正义的最后一道防线。这一切的发展与我根据爻辞所做的解释可谓"丝丝入扣"，像是依此为剧本在表演一般。

重要的是：自己行得正，终将得到人们的肯定。善恶报应依然是局部有效的。

实例 2：稳住阵脚

有一家公司换了经理。新上任的经理很希望大显身手，就占问公司今后的业务。得到井卦（水风井，▤，第四十八卦），变爻有初六与九二。九二爻辞说："井谷射鲋，瓮敝漏。"意即：井中积水向下流注，水罐又破又漏。这是怎么回事呢？

　　原来是离职的经理有可能自行创业，因而也有可能带走一些老客户。我说卦象所变的二爻都在下卦，这表示是内部有问题。外卦不变，则表示外在的环境没有两样。井卦所说是把水井修好，让井水干净而可以让人食用。现在底部出了问题，又怎么可能发挥水井的功效呢？

　　这时最好与客户修补关系，稍待一月之后，到了九三就有"王明，并受其福"。君王英明，大家一起受到福佑，问题自可迎刃而解。之卦是既济卦（水火既济，▤，第六十四卦），表示将会顺利完成任务。

　　企业经营必须脚踏实地，在竞争激烈的商场上没有人可以稳操胜券。即使目前你占有优势，也不保证这种优势会持续下去。因此，不如随时检讨反省自己的条件是否与时俱进，如此才有可能做好每一个决策。先求立于不败之地，是致胜的不二法门。

井卦的启示

　　井卦是第四十八卦，卦象为"水风井"（▤）。卦辞说："改邑不改井，无丧无得。往来井井。汔至亦未繘井，羸其瓶，凶。"意思是：可以迁移村落，但不能移动水井。没有丧失也没有获得。往来井然有序。汲水时，快到而尚未拉出井口，就碰坏了瓶罐，有凶祸。

　　古代有井田制度，把一平方里土地分为井字的九份。八家各分一份，再共耕中间的公田，公田收获归公家，有如税收。井卦由泰卦（▤）变来，泰卦初九与六五交换，使上卦坤（为土为邑）变为坎（为水为井），这就是改邑不改井，邑去而水现。下卦乾失一阳爻，但得一九五尊位，是无得无失。"往来井井"描述人们取水须守秩序。

汲水时，用绳子系住瓶子（或木桶）拉出井口才可食用。下卦巽为绳为木；中有互兑，兑为缺口，表示瓶破而凶。巽亦为入，于是一个巽卦就象征了以绳系木桶进入水下。木桶改为瓶罐，则是由于中间有个互离，离为大腹，有如瓶罐，而瓶罐使互兑的缺口较为清楚呈现。

《大象传》说："木上有水，井。君子以劳民劝相。"亦即：木上出现水，君子由井卦领悟，要慰劳百姓，鼓励助人。巽为木为桔槔，可用以盛水。水井使百姓生活资源稳定，同时要有分享互助的心态。

初六说："井泥不食，旧井无禽。"井中的淤泥不能食用，旧的水井没有禽兽来。初六在井底部，它由泰卦六五(原在坤中，坤为土)下来，土入井下成泥。

九二、九三、六四为互兑，兑为口，而初六在互兑之下，为不食之象。兑又为毁折，兑之下为毁折之后，则为旧井。无禽则因无水可用。

九二说："井谷射鲋，瓮敝漏。"井中积水向下流注，水罐又破又漏。"鲋"借为"柎"，为底部或足部。"射"为流注。九二与九五不应，只能向初六靠拢。它上临一个互离，本身又在互兑中；离为大腹，有瓮象；兑为毁折，所以敝漏。

九三说："井渫不食，为我心恻。可用汲，王明，并受其福。"井淘干净而不去食用，使我内心感到悲伤。可以用来汲水，君王英明，大家一起受到福佑。本卦上卦坎为水，下卦巽为股，九三以股入水下，引申为"渫井"，但水未至上卦，怎能食用？它面临上坎，坎为心忧。它与上六正应，"可用汲"。它与九五（王）形成互离，离为明，所以说"王明"，将使大家受福，因九三在互兑，兑为口为食。

六四说："井甃，无咎。"井的内壁砌好了，没有灾难。本爻象征极为生动。上卦由泰卦的上坤（土）变为井卦的上坎（水），土加水为泥；中间有互离（火），火烧泥成砖。下卦为巽为工，引申为工人，有如工人烧泥成砖，再砌砖而上，修好水井。

九五说："井洌寒泉，食。"井中有甘洁清凉的泉水，可以食用。九五既中且正，是大有为之君。他为民谋福，有如甘泉供人取用。有明君，贤臣才愿效劳。傅说遇武丁才愿食君之禄，为民谋福；伯夷则宁可饿死也不愿轻易降低自己对明君的要求。国君以"井洌寒泉"自期，贤臣自然乐于共襄盛举。

上六说："井收勿幕，有孚元吉。"井口收拢而不要加盖，有诚信而最为吉祥。上六有九三正应，又有九五相承。井口收拢是考虑安全，不要加盖则是欢迎人们取水食用，福利众生。以六十四卦看来，上六元吉的只有井卦，可见古代社会的生活实况，同时又肯定了无私共享的慈悲心态。我们若有资源，愿意与人共享，到哪儿会不受欢迎呢？

另外，上九元吉也只有一卦，就是履卦（天泽履），因为一路走来遵守礼仪，能由此到底，再回头考察吉凶祸福，然后同样依礼而行的，又怎么会不好呢？上六或上九属于吉的只有将近四分之一，所以值得我们留意。能善始的人较多，能善终的人呢？就很少了。

49. 革卦 ䷰

实例1：改变为宜

朋友经营出版社，生意每况愈下，并且由于电子书的流行而看不到什么前景。他认真思考要不要转业做别的生意。

他为此占了一卦，得到革卦（泽火革，䷰，第四十九卦），变爻九四，爻辞是："悔亡，有孚，改命，吉。"意即：懊恼消失，有诚信，改变天命，吉祥。

这真是巧合。革卦自然是指变革而言，并且他占得九四，已到上卦，时机成熟，最快三个月内即可如愿，这是因为由九四往上第三步之后即可完成并脱离革卦。九四一变，之卦是既济卦（水火既济，䷾，第六十三卦），表示事情将可顺利完成。

占卦之妙即在于此。六十四卦中，有与饮食有关的，有与诉讼牢狱有关的，也有与竞争有关的，这些都是反映了古人的具体生活。现代人的具体生活在形式上有飞跃性的进步，而实质上仍然不能脱离"人与人"之间的互动，只是个人的责任意识明显提升了。从前由上层领导所决定的事，现在必须自行取舍。《易经》占卦从前是政治领袖的决策参考，现在已成为个人的良师益友了。借助于《易经》的神奇智慧，让自己多个参考，不是很有益的事吗？我们希望现代人不要忽略此一珍宝。

革卦的启示

革卦是第四十九卦，卦象为"泽火革"（䷰）。卦辞说："己日乃孚。元亨利贞。悔亡。"意思是：到了己日才有诚信。开始、通达、适宜、正固。懊恼消失。卦辞中有"元亨利贞"的共有七卦，就是干、坤、屯、随、临、无妄与革，皆大有为之时。

"己日"是依"纳甲说"，以基本八卦配合十天干，就是乾卦纳甲、壬，坤卦纳乙、癸，艮卦纳丙，兑卦纳丁，坎卦纳戊，离卦纳己，震卦纳庚，巽卦纳辛。在革卦中，下为离，为己日，六二与九五正应，为有孚。每十天有一己日，亦即在时机成熟并得到百姓信赖时，才可从事革命大业。"元亨利贞"犹如春夏秋冬，季节变化出于"天地革"，至于汤武革命，则是《象传》所说"顺乎天而应乎人"的例证。

为何非革不可？"二女同居"是指本卦由下离上兑构成，离为中女，兑为少女。"其志不相得"，二女心意无法投合。在另一种组合"火泽睽"中，《象传》有"二女同居，其志不同行"，所言为类似状况。

《大象传》说：君子由此领悟，要制定历法，明辨时序。古人以农业为生，不能忽略天时的演变，以定期安排作息。

初九说："巩用黄牛之革。"革的首要考虑是时机，未到己日不可妄动。初九位在最低，时机未到，必须牢牢稳住。"黄牛"为离卦所象征，在离卦（第三十卦）有"畜牝牛吉"，可见离为牛。而"黄"为坤之土色，表示离的中爻来自坤。"巩"为用绳捆绑，因初九往上看到互巽，巽为绳，初九在绳之下，受到捆缚。这时"不可以有为"，它与九四不应，走投无路。

六二说："己日乃革之。征吉，无咎。"到了己日才来变革。前进吉祥，没有灾难。六二既中且正，代表离卦，是为己日。离为火为明，可以进行变革。六二与九五正应，前进吉祥，它又在互巽中，巽为"近利市三倍"，可见改革有利。

九三说："征凶贞厉。革言三就，有孚。"意即：前进有凶祸，正固有危险。变革之言三度符合，才有诚信。九三处在上下卦之间（由于爻是由下往上发展，所以常以九三为居其间），是水（兑）火（离）

冲突之际，进退皆难。事实上，六二才进行了改革，必须先求安定，以取得百姓信赖。《左传》谈到政治，强调三点："一，择人；二，因民；三，从时"。做到这三点，万事皆吉。本卦九三、九四、九五皆有"有孚"，可见改革首重诚信与信赖。孔子也说："自古皆有死，民无信不立。"百姓不信赖政府，国家怎能存在？

九四说："悔亡，有孚，改命，吉。"意思是：懊恼消失，有诚信，改变天命，吉祥。九四位处互巽与上兑，是下随顺而上喜悦，心意获得上下信赖。九四又处在互乾与互巽中，乾为天而巽为风为命令，意指天命。在革卦中，不是可以改命吗？

九五说："大人虎变，未占有孚。"大人改变而形貌如虎，尚未占问就有了诚信。九五居兑卦中爻，位中而正，是为大人，古代天象有"左青龙，右白虎，南朱雀，北玄武"之说，兑在西为虎，故称虎变。九五与六二正应，六二在离卦，离为龟，可供占卜；合之则是"未占有孚"。《小象传》说："其文炳也。"他的文采灿烂耀眼，有如虎皮。

上六："君子豹变，小人革面。征凶，居贞吉。"君子改变而形貌如豹，小人变换他的面目。前进有凶祸，守住正固就吉祥。兑卦为虎，虎豹同科。九五得尊位称大人，上六未得尊位则称君子。虎变与豹变，都是要将内在的光明（下卦离为明为文采）展现出来。至于小人，则是无志而未能自觉者，只能说革面，而谈不上洗心。豹变则称"文蔚"，文采盛美可观。

因此，革卦首重时机，以诚信取得信赖，再由内而外改变自己，不然至少要有外在的不同表现，先求革面再求洗心。

50. 鼎卦 ䷱

实例1：实力不足

有些卦看起来不错，但是还须配合位置才可论断。譬如，鼎卦是个好卦，表示烹调食物，也象征事业有成。但是若是位置不佳，照样让人受累。

一位朋友计划请我开班上课，占得鼎卦（火风鼎，䷱，第五十卦），变爻九四，爻辞说："鼎折足，覆公𫗧，其形渥，凶。"意即：鼎足折断，打翻了王公的粥，自己身上也被玷污了，有凶祸。

开班之事不成就算了，怎么会造成这么复杂的结果呢？原因是在烹调食物时，若是尚未完成则无法让人享用。九四与初六正应，以致有翻倒之虞。就在此时这位朋友不知何故手上长了水泡，有如湿疹，好像被热水烫到一般。这不像是打翻一锅粥之后的处境吗？

至于"凶"字则未必太严重，因为既然知其不可就停止算了。这件事后来没办成。不过，时隔一季之后再重新计划，最后还是成功了，这是因为往上到了六五，爻辞是："鼎黄耳金铉，利贞。"意即：鼎有黄色的耳与金制的铉，适宜正固。鼎到了这个阶段才完全发挥其作用，并且鼎是靠耳朵来让人抬着走路的。既然可以行动，就表示大功告成，古人有"革故鼎新"之说，以此描写新局面的开始。

鼎卦的启示

鼎卦是第五十卦，卦象为"火风鼎"（䷱）。鼎是古人用以烹煮的锅。由于前一卦为革，《序卦传》说："革物者莫若鼎。"把生食煮成美味食物，没有比这更彻底的变革了。卦辞说："元吉，亨。"但是《彖传》最后只说"是以元亨",而未提元吉,因此有些学者认为卦辞应该是"元亨"二字。如此一来,卦辞有"元吉"的就只有损卦了。

所谓"火风鼎",是指下巽上离。离为火,巽为入,为风,为木。《彖传》说:"鼎,象也。以木巽火,亨饪也。"在此,"象"是取象,意即鼎卦取象于古人所用的大锅。下为木,上为火,有烹煮之象。并且,初六有如鼎足,九二、九三、九四有如实实在在的鼎腹,六五为鼎耳,上九为鼎铉。

《彖传》接着说:"圣人亨以享上帝,而大亨以养圣贤。巽而耳目聪明,柔进而上行。得中而应乎刚,是以元亨。"由此可知古人发明熟食之后,向上帝祭献,也养育圣贤,再由圣贤去教化百姓。所谓"柔进而上行"一语,是就卦变而言,亦即鼎卦是由遯卦(☷)变来,由其六二与九五换位而成。六二(柔)得九五之位,再与新的九二相应。

《大象传》说:君子由此领悟,要"正位凝命",端正职位,完成使命。古代禹分天下为九州岛,铸九鼎以为国宝,后代以鼎代表尊位。

初六说:"鼎颠趾,利出否。得妾以其子,无咎。"意即:鼎足颠倒,适宜走出闭塞。因为儿子而娶得妾,没有灾难。初六在鼎的底部,为足趾;它与九四正应,以阴从阳,所以翻覆,但正好清洁鼎的内部,有如走出闭塞。在原有的遯卦中,初六在下艮,为少男;现在变成鼎卦而与九四正应,九四在互兑中,兑为妾,这不是"得妾以其子"吗?

九二说:"鼎有实,我仇有疾,不我能即。吉。"意即:鼎中有实在物料,我的对头患了病,没有办法接近我。吉祥。九二在互乾,乾为实。"我仇"是指六五,与他相匹敌。但六五有疾,疾在乘刚(九四与九三)。那么为何最后还是吉?因为二者皆在中位,阴阳正应,最后总会相遇。

九三说："鼎耳革，其行塞，雉膏不食。方雨，亏悔，终吉。"鼎耳被革除，行动受到困阻，吃不到山鸡的美肉。正在下雨，既吃亏又懊恼，最后吉祥。为何说鼎耳？因为从初六到六五形成一个大坎，坎为耳，九三在大坎中间，故有耳象。但在本卦，真正的鼎耳是六五，鼎耳是要让鼎铉穿过去，用来搬迁整个鼎的。所以九三鼎耳革，无法负责行动，它又与上九不应，无路可走。上卦为离，离为雉，九三在离卦之下，吃不到雉膏。它在互兑，兑为泽为雨为毁折，亏悔由此而来。终吉，则是因为本卦四个阳爻，只有九三位正。

九四说："鼎折足，覆公𫗯，其形渥，凶。"鼎足折断，打翻了王公的粥，自己身上也被玷污了，有凶祸。九四以初六为足，本身又在互兑中，兑为毁折，是为鼎折足。九四为公卿，𫗯为八珍之粥，粥象来自互兑。《系辞下》孔子说："德薄而位尊，知小而谋大，力小而任重，鲜不及矣。"这样的人很少有不拖累自己的。

六五说："鼎黄耳金铉。利贞。"六五在上卦中位，它由六二上来，形成本卦有个大坎，为耳。它进入上卦乾，乾为金；现在形成离，离居坤之中位为黄。铉可穿过鼎耳而抬之。六五与九二正应，利贞。

上九说："鼎玉铉，大吉，无不利。"上九在遁卦上乾，乾为金为玉。上九无位，故玉铉，不似九五有位为金铉。刚柔调节，则是指它有九五相承，为功成身退之老臣。

本卦各爻除九四外，皆有吉或利。九四是唯一得凶的，因为它与初九正应，在初九是"颠趾"，在它是"折足"，因为忘了自己的身份与地位。鼎卦代表国家重器，接着上场的是描写诸侯接位的震卦了。

51. 震卦 ䷲

实例 1：情况复杂

朋友介绍一位企业家，说有要事相商。他不肯先说明何事，只希望先占个卦。占得震卦（上雷下雷，䷲，第五十一卦），变爻上六，爻辞说："震索索，视矍矍，征凶。震不在其躬，于其邻，无咎，婚媾有言。"意即：震动得浑身发抖，惊恐得四处张望，前进有凶祸。震动不在自己身上，而在邻居那儿，没有灾难，婚配会出现怨言。

这段爻辞的内容相当复杂，那么这位企业家到底在想什么呢？他目前可能正在经历大的变动，以致六神无主。"征凶"一词表示暂时不可往前走。"视矍矍"一词表示如果占问健康，则问题出在眼睛。"于其邻"一词表示他看到邻居或亲人的状况而心生警惕。然后"婚媾有言"一词表示若非有人说媒，就是夫妻失和。

经过这么解释之后，他似乎有些感触，沉思良久，然后称谢而去。最适合的解卦者是占问者自己，因为他知道有关自己的一切细节，只是有时忘记了某些部分。经过爻辞的提醒，让他注意到或联想起平常所疏忽的地方。我们即使不谈占卦，平日自我反省时也会有类似的心得。所谓"无有师保，如临父母"，也有劝人真诚反省的意思。面对父母时，不妨坦诚相告，再寻思妥当的抉择。

震卦的启示

震卦是第五十一卦，卦象是上下皆震（䷲），为八纯卦之一。卦辞说："亨。震来虩虩，笑言哑哑。震惊百里，不丧匕鬯。"意即：通达。震动起来惊慌不安，谈话笑声稳定合宜。震动惊传百里之远，祭器祭酒却不失手。

震为长男，古代诸侯由长子继位，这是国家大事。这时有如遇到地震雷鸣，使人震撼，但是长子在敬畏时不忘谈笑，依然笑言哑哑。震为善鸣马，引申为言说；二震并行，言说有序。更重要的是在震惊百里（诸侯受地百里）时，长子主祭时依然安稳。"匕"为匙形器具，来自互坎，坎为坚多心之木；"鬯"为黑黍所酿的酒，也来自互坎。

《象传》指出"恐致福"（恐惧可以招致福佑）与"后有则"（随后有了言行法则）。这样的长子在国君外出时，可以守护宗庙社稷，并担任祭祀的主持人。古人重视宗教仪式，总是提醒人们勿忘祖先神灵或至上神。天子或诸侯虽然富贵，但责任在于代行天工，要代替上天去照顾百姓。

《大象传》说：上下皆震是指接二连三打雷，君子由此领悟，要有所恐惧，修正省察自己。孟子说："仰不愧于天，俯不怍于人。"人能俯仰无愧，自然坦荡快乐。

初九说："震来虩虩，后笑言哑哑，吉。"此与卦辞所说相同，所以初九为主爻。在单卦的震中，初九是主爻；在重卦的震中，雷自地起，初九也是主爻。关于笑言哑哑，还可以从卦变来看。本卦由临卦（䷒）变来，由其九二与六四换位。在临卦中，初九在下卦兑中，兑为口，为言笑。现在变为震卦，使阴阳爻搭配有序，所以说笑言稳定合宜。

六二说："震来厉，亿丧贝。跻于九陵，勿逐，七日得。"意即：震动起来有危险，大量丧失了钱币。登上九重山陵，不要去追赶，七天可以失而复得。由临卦变为震卦时，六二原在上坤，坤为两串贝，代表钱币甚多，现在坤象消失，出现互坎，坎为盗，所以说"亿丧贝"。古人以"亿"为十万，大量之意。六二在互艮中，艮为山，所以说跻于九陵。六二居中行正，而震为小型复卦（䷗），复为七日来复，所以说"七日得"。

六三说："震苏苏，震行无眚。"震动得微微发抖，因为震惊而行动，就没有灾害。六三以阴爻居刚位，又在下震上爻，"震苏苏"可想而知。它在互坎中，坎为灾难，现在震为行，所以因震而行就可以免于灾难。

九四说："震遂泥。"九四困限于上下四阴爻之间，本身又形成互坎，有如水入土成泥，是为震动得落入泥中。

六五说："震往来厉，亿无丧，有事。"意思是：震动时，往来都有危险，没有大量丧失，但发生事故。六五由临卦变为震卦的过程中，守住坤卦中位，所以现在虽有互坎（为盗），也不至于有任何损失。但事故还是难免，就是失去原有的正应，变为不应。它往上是终位无比，往下是六二而无应，表示往来都有危险。《易经》特别重视中位(二与五)，因为不论发生任何事故，前有缓冲而后有支撑，省去许多困扰与挑战。"中胜于正"，居中为先而不必刻意要求当位（六二与九五）。

上六说："震索索，视矍矍，征凶。震不于其躬，于其邻，无咎。婚媾有言。"意思是：震动得浑身颤抖，惊恐得四处张望，前进有凶祸。震动不在自己身上，而在邻居那儿，就没有灾难，婚配会出现怨言。上六的处境更甚于六三（震苏苏），是震索索。"视矍矍"则取六二至上六为小型小过卦（☷☶）的飞鸟之象。"视"来自上六爻变所形成的离卦。能参考其邻六五（往来皆厉）就知道"征凶"，然后可以无咎。至于"婚媾有言"，则因本卦有震（长男）、互坎（中男）、互艮（少男），三男无女如何婚媾？临卦原有下兑，现在震卦无兑，兑为言，有言而改，是为怨言。

52. 艮卦 ䷳

实例 1：敦厚为宜

一位朋友想让小孩转学到全美语的学校。小孩五年级，活泼聪明，在原来的学校是个受欢迎的班长。现在父母担心的是，转学之后能否适应良好。

她占了一卦，得到艮卦（上下皆山，䷳，第五十二卦），变爻上九，爻辞说："敦艮，吉。"意即：笃实地止住，吉祥。简单三个字，一方面，看到"吉"就放心了，另一方面，怎样才算笃实地止住呢？

艮为山，两山重叠而位居最高，不是稳如泰山吗？我说："你的孩子转学之后，第一年务必低调稳重，先熟悉环境，赶上功课，与同学们好好相处，第二年以后就没有问题了。"这句话不靠占卦也说得出来，因为它符合常识原则。你再怎么有本事，去到一个新环境，也必须先调适心态，与人为善。这第一步没有站稳，以后相处怎么可能顺利？

朋友依言而行，谆谆告诫孩子。半年之后我问她孩子情况如何，她说非常理想，交了许多新朋友，大家相处愉快。艮卦上九为变爻，则之卦为谦卦（地山谦，䷎，第十五卦），六爻非吉则利，所以我说第二年之后就没问题了。学习《易经》占卦，可以得到不少启发，对于个人修德尤其具有参考价值。

实例 2：待机而动

一位朋友升职了，从地区经理升到总部经理。他想有些作为，提出不少革新的计划，希望一战成名。

他以筹策占卦，得出艮卦（上下皆艮，䷳，第五十二卦），没有变爻。这时先看卦辞："艮其背，不获其身。行其庭，不见其人，无咎。"意即：止住背部，没有获得身体。走在庭院中，没有见到人。没有灾难。《大象传》说："君子以思不出其位。"意即君子思考问题不超出自己的职位范围。

遇到六爻不变的情况，通常是指所占问之事在近期之内没有什么变化。何况艮卦说得很明白，要你知道停止，所思虑的不可超出自己的职务范围。公司的整体经营由老董或老总负责，你受命于人，当行则行，当止则止。现在艮卦是两座山重叠出现，提醒你不可好高骛远。只要依循此卦的指示，最后将是"无咎"。至于何时可以大显身手，最好等三个月（一个季节）过了再占。

《易经》讲究变化。现在不宜做的事，也许隔一两个月情况改变了，又适合去做了。君子应该察知几微，注意细节的差异，有如见一落叶而知秋天已近，可以早做准备。在你准备好的时候所出现的机会，就可能成为制造奇迹的契机。

艮卦的启示

艮卦是第五十二卦，卦象是上下皆艮（䷳），为八纯卦之一。卦辞说："艮其背，不获其身。行其庭，不见其人。无咎。"意思是：止住背部，没有获得身体。走在庭院中，没有见到人。没有灾难。

艮为山为止，为坚多节之木，引申为人的背脊。本卦有如二人皆面向内而背向外。它由观卦（䷓）变来，九五与六三换位而成。这一换位就使原在下卦的坤消失了，坤为母，可怀孕称"有身"，故为身。这是"艮其背不见其身"。艮卦有一互震，震为行，引申为行人；又有一互坎，坎为隐伏；艮又为门阙，二艮相叠，二门之间为庭；所以说"行其庭不见其人"。能够"止"（自我约束）到这种程度，自然无咎。

《象传》指出："时止则止，时行则行，动静不失其时，其道光明。"因卦象有艮有震，有止有行，而互震的阳爻在九三，位正故可行，亦即不失时。"其道光明"是因为震艮皆为道途，而阳爻在上也。

《大象传》说："兼山，艮。君子以思不出其位。"两座山重叠在一起，君子由此领悟，思考问题不超出自己的职位范围。《论语·宪问》有"子曰：不在其位，不谋其政"一语，接着加上曾子说"君子思不出其位"。由此可知孔子与弟子们讨论过《易经》，并且《大象传》多谈"君子"，可以代表儒家立场。

初六说："艮其趾，无咎。利永贞。"初六位于最底部，有如足趾；阴爻居刚位，又与六四不应，所以没有动力。它在艮卦，讲求的是止，所以无咎，还适宜永贞。

六二说："艮其腓，不拯其随。其心不快。"止住小腿，不抬起来又须随着动。内心不痛快。六二在人的身体部位，有如小腿，它即使想止，也须随着股（大腿）而进退。它在互坎中，坎为水为险为加忧，所以会希望九三退一步听它。"听"字亦来自坎为耳。但是九三本身也有难处。六二既中且正，处于如此不利情况并不多见。

九三说："艮其限，列其夤，厉熏心。"止住腰部，撕裂脊肉，有危险而忧心如焚。"限"指腰部，有如人身上下之分界。九三位处腰部，居上下艮之间，非止不可。但九三阳爻居刚位，又在互震之中，是非动不可。它又在互坎，坎为美脊马，在人则是背脊，如此则有背脊撕裂之苦。坎还是心病，加忧，同时由九三至上九为一大型的离卦，离为火。这一来，不是"厉熏心"吗？程颐说："行止不能以时，而定于一，其坚强如此，则处事乖戾与物睽绝，其危甚矣。"其义理也值得借镜深思。

六四说："艮其身，无咎。"止住身体，没有灾难。顺着人的身体部位，六四在腰部以上，有心脏可代表人的自身。同时九三至上九形成放大的离卦，离为大腹为有身，也可以说得通。这是以身止心，在行为上自我约束，不可从心所欲。孔子说："以约失之者，鲜矣。"人若约束自己，就少有过失了。

六五说："艮其辅，言有序，悔亡。"止住上牙床，说话有条理，懊恼消失。古人以辅为上牙床，说话有条理，"车"为下牙床。艮其辅，则是说话谨慎。六五在艮卦又在互震，可止可行。至于"言"，则是因为它在互震，震为善鸣马，引申为言说。所谓"高宗三年不言，一言而四海咸仰。威王三年不鸣，一鸣而齐国震惊"。能做到"言有序"，大概可以避免孔子所谓的"侍于君子有三愆：言未及之而言谓之躁，言及之而不言谓之隐，未见颜色而言谓之瞽"（《论语·季氏》）。

上九说："敦艮，吉。"上九居两山之上，可以笃实地止住。前面的震卦是初九吉，现在的艮卦是上九吉。这二爻各自代表一卦之主爻。以艮卦来说，到了最后能够止住，正如《小象传》所云："敦艮之吉，以厚终也。"上九处于二山之上，可以厚重地止住，完成艮卦所期许的，所以说吉。

53. 渐卦 ䷴

实例 1：循序渐进

我在杭州一家旅馆用餐时，遇一和尚能为人看相。他主动告诉我，说我还有多少年大运。我屈指一算，这几年之后正是我的退休之年。相术花样很多，一般人不轻易说出自己的秘诀，不过，学习《易经》却不必搞神秘。

我于二〇〇六年为大众介绍国学时，曾为自己占得姤卦（天风姤，䷫，第四十四卦），变爻九二与九四。当时以九四为断，爻辞是："包无鱼，起凶。"但是我也知道，三年之后会转到之卦，亦即渐卦（风山渐，䷴，第五十三卦），而渐卦有循序渐进之意，所以不必着急。我在二〇〇九年遇到这位和尚，他所说的六年即代表渐卦的六爻。

渐卦六爻中，有三个"吉"（六二、九五、上九），两个"无咎"（初六、六四），以及一个"凶"（九三），但是这个"凶"还有"利御寇"（适宜抵抗强盗）一词来搭配，所以并非无路可走。

知命之后可以乐天，对于自己的遭遇以乐观态度来面对。其实"渐"字也是人生发展的常轨，谁能不依序而行？尤其到上九时，爻辞说："鸿渐于陆，其羽可用为仪，吉"，亦即：大雁渐进到台地上，羽毛可以用在礼仪中，吉祥。以此而进，不亦宜乎？

渐卦的启示

《易经》第五十三卦是渐卦，卦象为"风山渐"（䷴）。卦辞说："女归吉，利贞。"意思是：女子出嫁吉祥，适宜正固。"渐"为循序渐进之意，程颐说："天下之事，进必以渐者，莫如女归。"本卦六爻皆以此为焦点。

渐卦由否卦（䷋）变来，是六三与九四换位而成。这一换位，就符合《彖传》所云："进得位，往有功也。进以正，可以正邦也。"这里两个"进"字的主角都是指渐卦六四而言。如此一来，二、三、四、五皆得正位，由正家而正邦。

《大象传》说："山上有木，渐。君子以居贤德善俗。"在此巽卦为风为木，所以这是木在山上，因山而高，它的成长是渐进的，也是人所共睹的。

初六说："鸿渐于干，小子厉。有言，无咎。"意即：大雁渐进到水岸边，年轻人有危险。有些责言，没有灾难。本卦六爻皆以鸿雁为喻，是因为在古人看来，鸿雁依季节迁徙而从不失信，在飞行时井然有序，并且对配偶坚贞不渝。同时，本卦有上巽及互离，为鸡为雉皆可联想到雁。"干"为水岸，因为初六之上有个互坎。"小子"则因下卦为艮为少男，面临上坎有危险。至于"有言"可以理解为"艮为反震"，震为言，有言而反，必是责言。这种由反象而做的解释也有一定的道理。初六阴柔，上无正应不会躁进，所以无咎。

六二说："鸿渐于磐，饮食衎衎，吉。"大雁渐进到磐石上，艮为山为石，而六二在艮卦中位。它也在互坎，坎为水为酒食；又与九五正应，所以有饮食和乐之象。在《小象传》说："饮食衎衎，不素饱也。"素为白，它不是白白吃饱的，而是既中且正，又有正应。说到"素饱"，有些像"不耕而食"。孟子曾受弟子质疑为"素餐"，孟子的回答是："君子居是国也，其君用之，则安富尊荣；其子弟从之，则孝悌忠信。'不素餐兮'，孰大于是？"读书人以教化为己任，"十年树木，百年树人"，对国家的贡献岂为不大？他们难道是白白吃饭的吗？

九三说："鸿渐于陆。夫征不复，妇孕不育，凶。利御寇。"大雁渐进到台地上。丈夫出征不回来，妇女怀孕不生育，有凶祸。适宜抵抗强盗。九三在艮卦又在互坎，艮为山，坎为水为平，合之为台地。在卦变时，由否卦变为渐卦，九三离开否卦上乾，形成渐卦下艮，艮为止，是夫征不复。六四形成上巽，为妇为不果，它又在互离，为大腹，这就变成妇孕不育。为何可以御寇？因为九三有互坎与互离，水火为弓轮戈兵，而互坎又是强盗，所以如此。

六四说："鸿渐于木，或得其桷，无咎。"六四已到了上卦巽，巽为木；同时它又跨越在下艮之上，艮为门阙，门阙之上为屋椽（桷）。在渐进时，随顺为佳，所以本卦上三爻皆为可喜。

九五说："鸿渐于陵，妇三岁不孕，终莫之胜，吉。"九五位置更高，到了山陵上，上卦巽为妇（长女之引申），但它又是不果（如风之吹拂不定）。三岁不孕，是因九五与六二正应，但中间互坎阻止。要等待三年，走三步，而最后因为九五与六二都是既中且正，没有人可以胜过这种组合，所以吉祥。本卦九三说"妇孕"，因为九三刚刚进入互离（为大腹）；九五说"妇不孕"，则因九五即将走出互离，并且与六二正应。

上九说："鸿渐于陆，其羽可用为仪，吉。"大雁渐进到台地上，羽毛可以用在礼仪中，吉祥。上九在上卦巽，可进可退，回到较平的台地，最觉安稳。上九在互离（为雉）上方，有如羽毛，并且巽卦也有"白"意，至于说"仪"，则指进退有序，有如男女交往历经考验，最后归于平淡而坚贞的正果。一个人位居高位而对百姓产生示范作用，由正家可以正邦，由修身而治国，皆由此道。

54. 归妹卦 ䷵

实例1：不可儿戏

我在一家电视台录节目时，为我化妆的一位女士正与男友论及婚嫁。她知道我懂一点《易经》，就拜托我为她占卦。我请助理教她以筹策占卦，而我其实是不太愿意为这么重大的事给别人出主意，就说这些纯属学术研究，我只是提供参考而已。

她占得归妹卦（雷泽归妹，䷵，第五十四卦），变爻九二，爻辞是："眇能视，利幽人之贞。"意即：眼有疾还能看，适宜幽隐的人保持正固。我的建议很简单：婚前要看清楚，婚后就不必太计较了。她自己一看爻辞，又是"眼有疾"，又是"幽隐的人"，就觉得不太理想，随口就说："这个婚干脆不结了。"我赶紧补充说："这个爻不是不好，因为《小象传》说'未变常也'，是指没有改变常道，这表示你们交往都合乎常道，所以请不要急于决定。"

我不知道这位女士后来的决定如何。我担心的是：九二变爻所造成的之卦是震卦（上下皆雷，䷲，第五十一卦），而震卦是变动剧烈的一卦，平常人未必挺得住。正如许多人结婚之后，考验才开始，变动之下能否长期坚持，还要靠双方的努力。占卦遇到这种情况，在解卦时也不可儿戏，以免别人产生偏差的念头，那就助人不成反而害人了。

实例2：推算时间

占卦之后，如何推算应验的时间呢？简单说来，如果问的是伤风感冒这种小毛病，那么一个爻位可能代表一天，要看变爻的位置何在，然后在第几步脱离本卦。如果问的是慢性疾病，需要较长的复原期，那么一个爻位可能代表一个月甚至一年。

有一次在苏州的演讲会后，主办方的一位小姐用数字占卦，得到"归妹卦"（雷泽归妹，☳☱，第五十四卦），变爻九四，爻辞是"归妹愆期，迟归有时"，意即：嫁妹妹延误了婚期，晚些出嫁也会有一定的时候。

她所占问的是"何时可以交到知心男友？"我说："变爻在九四，要走完这个卦共需三步，亦即由九四往上，经过六五、上六。并且，之卦是临卦（地泽临，☷☱，第十九卦），有来临之意。所以，你大约三年之后才会出现合适的男友。"

她听了连声说"不可思议"，因为她最近才花钱找人算命，得到的答案正是：三年之后可以找到好友。

以此为例可知，在推算时间时，像交到好友这件事，短则三个月，长则三年。既然她心里想的是将来婚嫁的对象，所以我为求慎重，说是三年。解卦要配合人情世故，此为一例。

归妹卦的启示

归妹卦是第五十四卦，卦象为"雷泽归妹"（☳☱）。卦辞说："征凶，无攸利。"乍看之下，好像难以理解。"归妹"是指嫁出女子，是终身大事，为何反而不好？理由是：这是人生大事，全力以赴都不见得妥善，此时又怎能"征"（往前进）或"利"（去做什么事）？

本卦是下兑上震。震为诸侯，诸侯娶女，关系重大。这其中的细节多属封建社会所要考虑的。今日读来不必拘泥。《彖传》说："归妹，天地之大义也。天地不交而万物不兴，归妹，人之终始也。"所谓"人之终始"，是说人类生命要求终而复始，那么就必须结婚生育，代有子孙。这是引申为适用所有人的情况。

《大象传》指出君子由本卦所领悟的是"永终知敝"，亦即要长久直到结束，知道弊端而防范。个人生命有结束，人类却要长久持续。既然如此，怎能不了解弊端而用心改善？

初九说："归妹以娣，跛能履，征吉。"嫁妹妹（指称未嫁女）时，以娣陪嫁。脚跛了还能走，前进吉祥。这是专就诸侯娶女为例。古代诸侯娶妻时，"一聘九女"，亦即：正室一人，陪嫁的娣侄二人，称为媵。"娣"为正室之妹，"侄"为正室的侄女。这三人又各有娣侄二人，使总数为九人。有娣陪嫁，将来正室过世可以继位，如此则两国（或两大家族）的姻亲关系可以长期维持。这种情况无疑是描写封建社会的统治阶级。由此可知《易经》是供政治领袖学习及遵循的准则。以本爻而言，下卦为兑为少女，亦为娣。初九居下位为足，兑为毁折，在此为跛。初九以阳爻居刚位，不但能履，并且征吉，因为向前一步可为正室。

九二说："眇能视，利幽人之贞。"意即：眼有疾还能看，适宜幽隐的人保持正固。九二有互离，离为目为明，但下卦兑为毁折。幽人为泽中之人，此因兑为泽之故。九二与六五正应，居中守常，可以自保。程颐是义理派大师，他说："男女之际，当以正礼，五虽不正，二自守其幽静贞正，乃所利也。"但是，六五虽不正，九二又何尝正呢？《小象传》说："利幽人之贞，未变常也。"理由是它没有改变常道。所谓常道，是指谨守下位之贞，以待归妹之期或其他适当时机。

六三说："归妹以须，反归以娣。"意即：嫁妹妹时，以妾陪嫁；要回去再以娣陪嫁。"须女"为星座名。《史记·天官书》正义有云："须女，贱妾之称，妇职之卑者，主布帛裁制嫁娶。"六三之位不中不正，又在下兑，故为妾。它往前是互坎，有危险，所以只好依循正途，以娣陪嫁。

九四说："归妹愆期，迟归有时。"意即：嫁妹妹延误了婚期，晚些出嫁也会有一定的时候。九四有互离与互坎，离为日，坎为月。

有日有月，表示时间漫长而未定，所以说"愆期"。九四已到上震，震为春季，为行动，表示到了春季适宜嫁娶时才会有所行动。只要结局好，迟归又有何妨？

六五说："帝乙归妹，其君之袂不如其娣之袂良。月几望，吉。"意思是：帝乙嫁妹妹，这位女君的服饰还没有娣的服饰那么华美。月亮快到满盈的时候，吉祥。商王帝乙要嫁妹妹给诸侯。诸侯之正室称女君。有关服饰问题，是因为泰卦变为归妹卦时，是九三与六四换位。泰卦原本是下乾上坤。六五在上位未动，坤为布；九二在下乾为金为玉。两者正应，可见女君尚礼不尚饰。六五互坎为月，其正应九二在下兑，兑为农历初八，接近满月，表示女君嫁至诸侯之国，须以谦自处。

上六说："女承筐无实，士刲羊无血，无攸利。"亦即：女子捧着竹筐，里面是空的；士人宰杀活羊，无法取得血，没有什么适宜的事。上六与六三不应，上卦由坤变震，是女承虚筐（震）；下卦由乾变兑，乾为士，兑为羊，坎为血，互坎在兑之上，所以说"刲羊无血"。归妹卦本身并非目的，生育子孙，终而复始才是正途，故有此象。

55. 丰卦 ䷶

实例1：明知故问

二○○七年初，北大企业家国学班邀请我在他们的年会论坛中，讲课九小时。从此以后，我多了几位一直保持联系的企业家学生。

有一位来自河南的同学，本身是做房地产的。他学会占卦之后，在解卦时缺乏信心，所以只要打听到我在北京稍做停留，一定想办法请我吃饭，饭后也一定要我帮他解几个卦。

这一次，他说占到"丰卦"（雷火丰），卦象是"䷶"，九三变爻。爻辞是："丰其沛，日中见沫。折其右肱，无咎。"意即：很大的遮蔽范围，中午见到了小星星。折断了右手，没有灾难。

要我解卦，必须先告诉我问题是什么。他说是问健康。我说："你的右手怎么了？"他有些尴尬，说："不知怎么回事，我的身体向来很好，但是从两个星期前，右手突然没力气，连公文包都提不起来了。"

事实上，他自己看到"折其右肱"，为什么还要问我呢？他希望解得更详细些。丰卦表示他的经济条件够丰盛了，却疏于照顾身体。所幸后面还有"无咎"二字，表示只要早些就医，就不会有什么灾难。占问事情要有焦点，如此集中心思一看就懂。解卦时的灵感也只是出于心思真诚而已。

实例2：了解时运

我在年初为自己的时运占卦。有一年占得丰卦（雷火丰，䷶，第五十五卦），共有三个变爻：初九、九三、九四。依朱熹的解法，三爻变则看本卦与之卦的卦辞，但以本卦为主。丰卦卦辞说："亨，王假之，勿忧，宜日中。"意即：通达，君王带来了丰盛，不用忧虑，适宜太阳在中午的时候。

以上说法代表我这一年的运势，看来将有丰盛的收获。所谓"王假之"，这个"王"在今日未必是指政治领袖，它也可以指民意，亦即我会受到民意的肯定。事后反省，发现我在这一年果然得到不少鼓励，主要是在推广国学方面。所谓"宜日中"，就表示在光天化日之下，所谈的必须是光明正大的事，那么谈国学不是恰到好处吗？

之卦是坤卦（上下皆坤，☷，第二卦），坤卦卦辞说："元亨，利牝马之贞。君子有攸往，先迷后得主。利西南得朋，东北丧朋，安贞吉。"意即：开始，通达，适宜像母马那样的正固。君子有所前往时，领先而走会迷路，随后而走会找到主人。有利于在西南方得到朋友，并在东北方丧失朋友，安于正固就会吉祥。这意思是要我顺从大势所趋，不要逞强或自以为是。了解自己的时运之后，如何待人处事就很清楚了。

丰卦的启示

丰卦是第五十五卦，卦象为"雷火丰"（☳☲）。卦辞说："亨。王假之，勿忧，宜日中。"意思是：通达。君王带来了丰盛，不用忧虑，适宜太阳在中午的时候。所谓"王假之"，是指君王须以无私之心，在日中之时没有偏斜的阴影，一切都摊在阳光下，如此才可以造就物阜民丰的美景。

《象传》说明为何"勿忧"，亦即："日中则昃，月盈则食。天地盈虚，与时消息，而况于人乎？况于鬼神乎？"自谦卦《象传》以来，又一次出现"鬼神"一词，可见此卦值得留意。其大意为：太阳到中午就会开始西斜，月亮到圆满就会开始亏蚀。天地的满盈与虚空，是随顺时势而消退及成长，更何况是人呢？何况是鬼神呢？人有智慧与德行，总要想办法"持盈保泰"，那么仔细思索丰卦的内涵吧。

《大象传》纯粹由本卦的组合来看，它说："雷电皆至，丰。君子以折狱致刑。"原象为雷火，现在火为光明为闪电。在打雷闪电时，谁能隐瞒过错，君子因此要判决诉讼，执行刑罚。《易经》在《小象传》谈到审判案件的，都有离卦。如噬嗑卦"明罚敕法"，贲卦"无敢折狱"，旅卦"明慎用刑而不留狱"，甚至中孚卦（☲）有如放大的离卦，也说"议狱缓死"。由此可见光明对于判案的重要。

初九说："遇其配主，虽旬无咎；往有尚。"遇到与自己搭配的主人，虽然彼此均等，但是没有灾难；前往会有好事。本卦为"上动下明"的象，上下卦必须配合才可生效，所以初九与九四不应却又要互为宾主，并且二爻皆为阴爻所乘。皆为阳爻，而处境亦同。"往有尚"表示双方携手合作。

六二说："丰其蔀，日中见斗。往得疑疾。有孚发若，吉。"亦即：很大的遮蔽范围，中午见到了星斗。前往会受到怀疑猜忌。有诚信而表现的样子，吉祥。六二在离卦中间，是为日中，它与六五不应，但往上看到的是一个震卦，震形为仰盂如斗，斗再转为星斗。于是，离为见，六二日中见斗。为何丰卦会有这种遮蔽的情况呢？本卦有四爻皆有类似处境，这是因为在物质享受越丰富时，人越可能看不清前景。庄子说："虚室生白。"一个房间只有在空虚时才会显得光亮。人心有如府库，若是执着于物质，则拥有的越多，它所造成的阴影也越大。

九三说："丰其沛，日中见沬。折其右肱，无咎。"意即：很大的阴暗范围，中午见到小星星。折断了右臂，没有灾难。"沛"为幡幔，"沬"为不知名的小星斗。九三直接面临上震，情况比六二严重。九三在互巽中，巽为股，在手为肱，正如我们常说的"股肱之臣"。它又在互兑中，兑为毁折，在西方居右，所以说折其右肱。至于无咎，则因有上六正应。

九四说："丰其蔀，日中见斗，遇其夷主，吉。"九四位置不当，又在离卦上方，无明可见，所以情况不佳。它的夷主是初九，可以上下搭配而行，显示"内明外动"的吉象。

六五说："来章，有庆誉，吉。"意思是：来到的是光明，有喜庆与名声，吉祥。六五与六二也须相应而行，六二在离，为光明。六五本身在互兑，兑为悦为口，所以有庆誉。

上六说："丰其屋，蔀其家，窥其户，阒其无人，三岁不觌，凶。"意思是：房屋很高大，居室被遮蔽。从门口窥视，寂静不见人。三年不能见面，有凶祸。上六到了丰卦顶部，所住之屋高大，但是距下卦离太远，什么都看不清。《小象传》说："丰其屋，天际翔也。窥其户，阒其无人，自藏也。"当你房屋高大或走到盛极之时，要到天空飞翔，亦即超然物外，追求精神上的逍遥。而另一种做法则是"自藏"，就是自己隐藏起来，善自隐晦以求平静度日。人生在世无不追求丰盛，希望功成名就，但是到了最上位时，应该如何自处？本卦的启示，可谓十分深远。

56. 旅卦 ䷷

实例 1：孔子占卦

学习《易经》，须兼顾义理与象数。

义理是做人处世的道理，儒家已经说了不少；象数是用来占卦的，占问一事之吉凶。

据说孔子也占过卦。第一次是他四十岁时，他考虑要不要从政，结果占到"贲卦"。

贲卦是"山火贲"（䷕），第二十二卦，山下有火，这表示下卦是他自己，已具备光明之德，奈何外面是山，阻止他前往，因而只能做个装饰品。贲就是饰，没有实权，无法发挥抱负。于是他退而修诗书，研究传统文化去了。

他在五十一岁时，眼见鲁国仍有希望，决定从政，五年之间，从中都宰（县长），升到小司空（建设部门副长官），再升到司寇（治安部门长官），位列大夫，甚至行摄相事（代理宰相）。但是五十五岁时，鲁定公与季桓子（手握大权的正卿）对孔子不再全力支持。

孔子再度占卦，占得旅卦，这次的卦象是"火山旅"（䷷），第五十六卦，火在山上，山不动而火不止，有旅行之象。于是孔子辞职不干，开始长达十三年多的周游列国。

如果孔子不愿放弃官位而没有周游列国，那么他的学问无法广传，他的理想也无法检验，同时他也收不到众多杰出弟子。由此观之，孔子是否真的占过这两卦，倒不是那么重要了。

旅卦的启示

旅卦是第五十六卦，卦象为"火山旅"（䷷）。卦辞是："小亨，旅贞吉。"意思是稍有通达，旅行守正就吉祥。按《序卦传》所云，"穷大者必失其居，故受之以旅。"前面的丰卦到了最后，就物极必反了，会丧失居所，到外地旅行。在火与山的合象上，山在下不动有如馆舍，火在上动而不止有如行人。旅行时要明白自身处境，守正为吉。

据说孔子在五十五岁时，身居鲁国司寇之职，见鲁定公与季桓子无心朝政，乃考虑新的生涯规划。他占到旅卦，于是下定决心周游列国。在前后将近十四年的旅途生涯中，他收录许多年轻学生，经历许多次生死考验，也再三证明自己是在顺天命而为。如果孔子不曾周游列国，则他一生事迹微不足道，经过这个旅程，则天下有识之士皆知他为"天之木铎"，而他的学说也在实践中得到验证。《象传》说："旅之时义大矣哉。"判断时机，并且顺时势而行，实在是人生大事。

《大象传》说：君子因而要"明慎用刑而不留狱"，亦即要明智而谨慎地施用刑罚，并且不滞留诉讼案件。火在山上不会停留，所谓"野火烧山，过而不留"。这句话与旅卦似乎无关，但也诫人勿耽溺于旅途风光。

初六说："旅琐琐，斯其所取灾。"意即：旅行时猥猥琐琐，这是他自取的灾害。初六在下卦艮，艮为少男为童仆。所谓"在家千日好，出门一时难"，初六位卑力弱，表现"琐琐"，它与九四正应，但本身在艮为止，无法前进，这是自取之灾。

六二说："旅即次，怀其资，得童仆，贞。"意即：旅行到了馆舍住下，身上带着旅费，得到童仆，可以正固。六二在艮，艮为止，它又居中位，旅得其所。"次"是在客舍住下。六二在互巽中，巽为近利市三倍，所以"怀其资"。至于"得童仆"，则因下卦艮为童仆，可以为六二所用。如此正固又有谁会责怪它呢？

九三说："旅焚其次，丧其童仆，贞厉。"旅行时大火烧了馆舍，失去了童仆，正固有危险。九三在互巽，巽为木；上临离卦，离为火，这等于木上有火，烧掉了馆舍。它又在互兑，兑为毁折，以致失去了在下的童仆。在外旅行时，对侍者或服务人员要尊重及感谢，否则吃亏的必定是自己。在此"贞厉"，意思是"坚持如此下去，会有危险"。"贞"字为正固，也指按照某种方式继续下去。九三阳爻在刚位，过于强势，又与上九不应，所以吃了苦头。

九四说："旅于处，得其资斧，我心不快。"旅行到了某个地方，获得旅费与用具，我心里不愉快。九四不当位，所以只能居于某个处所，无法住得安稳。它在互巽，有"资"；又在上离，离为戈兵，为"斧"。它与初六正应，但初六在下卦艮，艮为止，使它无可奈何。旅行在外，无人可以谈心，又怎么会愉快？

六五："射雉，一矢亡，终以誉命。"意思是：射野鸡，丢失一支箭，最后会有名声与禄位。六五在离卦中，离为雉，为戈兵，为矢。它又在互兑中，兑为毁折，所以一矢亡。但是六五有上九可以依靠，它本身又在互巽之上，巽为命令，这表示"终以誉命"。

上九说："鸟焚其巢，旅人先笑后号咷。丧牛于易，凶。"意即：鸟的巢被火烧掉，旅行的人先是大笑后来大哭。在边界丢失了牛，有凶祸。上九在上离中，离为雉为鸟类，又为火，有鸟焚其巢之象。旅行时还要居于高位，又怎能如意？本卦有互兑与互巽，兑为悦为笑，巽为风为哭。这不是先笑后号咷吗？"丧牛于易"，因为离为牛；又有互兑，兑为毁折；"易"为"场"为边界，下卦艮为止为界。

人生如旅，与其"先笑后号咷"，不如"先号咷后笑"。其中道理值得省思。

57. 巽卦 ䷸

实例 1：见好就收

一位朋友届龄退休，但是又心存侥幸，希望退休之后可以在原有的公司当个顾问。他在犹豫不决时，用《易经》占卦，得到巽卦（上下皆风，䷸，第五十七卦），变爻上九，爻辞是："巽在床下，丧其资斧，贞凶。"意即：随顺进入床底下，失去钱财与用具，正固有凶祸。

这是怎么回事呢？巽为风，原有顺利或一帆风顺之意，但是到了上九，表示好运到头要改变了。所谓"巽在床下"一词，在九二爻辞也出现过，但九二是"吉，无咎"，因为它在下卦，原本就要随顺时势。这就好像年轻人的低调所代表的是上进之心。但是到了上九，则低调只有一个办法，就是潇洒退休，不可眷恋，要把位置空出来，留给别人接棒。

现在这位朋友也"巽在床下"，似乎少了一份自知与自重。所谓"丧其资斧"，表示即使低调也无法保住原有的优渥条件。"贞凶"则提醒他：像这样一直下去，会有凶祸。将来如果有人翻旧账而你还在当顾问，恐怕难逃干系。

事情原本并无不可，但是既然占了卦，最好依计而行，否则何必多此一举？我们凡人只能反省过去与把握现在，对于将来之事只能靠想象，现在占卦预示了未来，让我们知所进退，长保平安。

巽卦的启示

巽卦是第五十七卦，上下皆为巽（䷸），这是八纯卦之一。卦辞说:"小亨,利有攸往,利见大人。"意思是:稍有通达。适宜有所前往,适宜见到大人。

巽为风为令,所以《象传》说:"重巽以申命。"要反复宣布命令。九二、九五皆为阳爻居中守正,初六与六四皆顺承刚强者,所以说"小亨"。本卦有互离,离为见,九五为大人,所以说"利见大人"。

初六说:"进退,利武人之贞。"意即:进退不定,适宜武人的正固。初六居下巽底部,巽为风为不定为未果,有进退之象。这时只有武人可以坚定心志。"武人"由何而来?一说是以巽卦相反覆(三爻皆变)的震卦取象,震为武人。另一说是以巽卦九二至六四为互兑,而初六往上看是到互兑,兑为虎,有如武人。初六本身难免优柔寡断,若能往上学习武人的正固,才可稳住局面。

九二说:"巽在床下,用史巫纷若,吉,无咎。"意即:随顺进入床底下,让诸史与巫觋纷纷发言,吉祥,没有灾难。巽为床,有如在剥卦(第二十三卦,☶)三度强调"剥床",因为剥卦像个放大的巽。本卦由遁卦(☰)变来,九四与六二换位成九二,形成下巽,所以说它巽在床下。同时,初六到六四形成一个正反兑卦,兑为口,表示众说纷纭。《周礼·内史》说:"凡命诸侯及孤卿大夫,则策命之。凡四方之事书,内史读之。"《周礼·司巫》说:"凡邦之大灾,则歌哭而请。"由此可知古代史巫都须靠口舌执行其任务。口说而不果,则因其在巽卦。它的吉来自位居中爻,能够秉持中道。

九三说:"频巽,吝。"频繁地重复命令,会有困难。九三在上下二巽之间,本来应该随顺,但是它阳爻居刚位,深富动力,所以有是否随顺的挣扎状况。它的心意困穷,是因为上无正应,又被六四乘刚,无计可施。

六四说:"悔亡,田获三品。"意即:懊恼消失,打猎获得三种动物。六四在原先的遁卦中是六二,初与二为三才中之地,六二由地来到,有如田猎之后造成了变化。"三品"是说现在巽卦出现了上巽（为鸡），互兑（为羊），互离（为雉）。这三种动物称为三品。六四有功，它所在的上巽是"近利市三倍"，它所在的互兑则成了有收获的喜悦。

九五说："贞吉，悔亡，无不利。无初有终，先庚三日，后庚三日，吉。"意思是：正固吉祥，懊恼消失，没有不适宜的事。没有开始但有结果。庚日的前三天，庚日的后三天，吉祥。九五居中守正，虽与九二不应，但可贞吉悔亡。古人以十天干计日，依序为：甲、乙、丙、丁、戊、己、庚、辛、壬、癸。先庚三日为丁，有如在更改（庚）之前要"叮咛告诫"；后庚三日到癸，要"揆度周详"并且正好结束十天干的周期，所以说"无初有终"。

程颐说："先庚三日，后庚三日，吉。出命更改之道，当如是也。甲者，事之端也；庚者，变更之始也。十干，戊己为中，过中则变，故谓之庚，事之改更，当原始要终，如先甲后甲之义，如是则吉也。"有关"先甲后甲"一语，可参考蛊卦（第十八卦）卦辞。

上九说："巽在床下，丧其资斧，贞凶。"意即：随顺进入床底下，失去钱财与用具，正固有凶祸。上九到了巽卦顶部已经无利可图；它又在互离之上，离为戈兵为斧。"丧其资斧"可以理解。但是为何说它"巽在床下"？《小象传》说它是"上穷也"，上面走投无路，只好回头学九二。为何学九二？因为九二是造成巽卦的主爻，在卦变时由九四下来。上九想学主爻，于是也巽在床下了。但是它忘了九二也在互兑中，兑为毁折，使它丧失资斧。"贞凶"是说：照这样走下去而不知变通，则将难免于凶祸。

58. 兑卦 ䷹

实例 1：朋友讲习

一家出版社多次向我约稿，表现十足的诚意。我认真考虑之后，还是求助于占卦，得到兑卦（上下皆泽，䷹，第五十八卦），初九与九二变爻。九二爻辞说："孚兑，吉，悔亡。"意即：诚信而喜悦，吉祥，懊恼消失。《小象传》特别提及"信志也"，是因为心意真实。

我在出书方面颇有经验。双方合作在开始时总是礼尚往来，甚至是相谈甚欢，但长期下来未必尽如人意。因为出版社要出的书很多，怎么可能特别照顾某一人呢？现在新的合作机会来了，兑卦的《大象传》说："君子以朋友讲习。"亦即君子由此领悟，要与朋友一起讨论及实践。出版事业正好符合这个卦象，这真是巧妙无比。

我决定支持这项合作计划，因为爻辞也提到"吉"，并且说了"孚兑"，正是合作的必要条件。至于"悔亡"一词，则表示将来"懊恼消失"，那么合作之初不妨多加沟通，让所谓的懊恼没有发生的机会。这二爻变了之后，之卦是萃卦（泽地萃，䷬，第四十五卦），表示人群聚集，大家相处应该更没有问题。而萃卦卦辞也出现"利有攸往"一语，表示可以往前推进。总之，在这么多卦爻辞中，就此事而论，"朋友讲习"一语最得我心。

实例 2：孩子念书

有一个朋友，挂心孩子上大学的事。她的孩子既聪明又用功，从小在澳洲长大，中英文都不错，现在想去北京念大学，不知该选什么系作为专业。

她为此占问，得到"兑卦"（上下皆为兑，☱☱，第五十八卦）。没有变爻，要看卦辞，而卦辞很简单："兑。亨，利，贞。"意即：通达，适宜，正固。这表示孩子念书没有问题。

这时可以参考兑卦《大象传》所说："君子以朋友讲习。"要与朋友一起讨论及实践。对于即将上大学的年轻人而言，可谓十分切合。兑卦象征沼泽，现在两个沼泽连在一起，可以互相滋润，互通有无，同心协力念书。所以我建议她鼓励孩子上大学之后多结交好友，一起切磋功课。

那么，念什么系较好呢？由于兑卦为口，两个兑卦表示上下皆为口，有如在讨论或辩论一般，所以不妨选择法律系。她一听眉开眼笑，因为他儿子特别喜欢的是法律与历史。现在卦象显示法律系比较合适，就这么决定了。

看到别人下定决心，换成我有些担心了。我提醒朋友："这是你自己占的卦，我只是纯粹由学术角度提供参考意见。未来如何发展还是要靠孩子自己啊！"

实例3：占禽流感

我在大学时代，只念过一小部分《易经》。其实还不算真正的《易经》，而只是《易传》中的《文言传》。《文言传》只讲"乾、坤"二卦，这样勉强算是入了门。

五十岁开始，认真研究《易经》，且学且教，收获较大。在占卦方面，依程石泉教授的著作，依样画葫芦，多次实验之后，也算找到了窍门。我第一次公开占卦，是问什么事呢？

当时立绪出版社在金石堂信义店五楼，为我开了《易经》班。社会上面临禽流感的严重威胁，同学们想知道这个问题该怎么办。

一占之下，出现兑卦（上下皆为兑），是第五十八卦。其中九四说："商兑未宁，介疾有喜。"意思是：商量而喜悦，还不能安定；

隔开了疾病，就会有好事。

原来要对付禽流感，上策果然是"隔开疾病"。后来我特地翻查了六十四卦三百八十四爻的爻辞，发现也只有这一条所说的完全符合当前的难题所需。

《系辞传》说：在卜筮时，使用《易经》来占卦，"问焉而以言，其受命也如响"，亦即：用言语去询问，它就会接受提问并且像回音一样地答复。那么，它对任何问题都会答复吗？提问时难道没有任何限制吗？要参考本书有关占卦的说明。

兑卦的启示

兑卦是第五十八卦，上下皆为兑（☱），是最后出现的纯卦。卦辞是："亨利贞"，亦即通达、适宜与正固。以四时对应来说，兑为秋，在夏与冬之间，所以只说"亨利贞"而不及"元"（代表春季）。

《彖传》说："兑，说也。刚中而柔外，说以利贞。是以顺乎天而应乎人。说以先民，民忘其劳。说以犯难，民忘其死。说之大，民劝矣哉。"意即：兑卦，是喜悦的意思。刚强者居中（九二、九五）而柔顺者（六三、上六）居外，是因为喜悦才可适宜正固。因此，要顺从天道，并且应合人心。有了喜悦再来领导百姓，百姓就会忘记劳苦。有了喜悦再去冒险犯难，百姓就会忘记死伤。喜悦的伟大作用，是要振作百姓的心志啊。孟子说："以佚道使民，虽劳不怨；以生道杀民，虽死不怨杀者。"所谓"佚道"与"生道"，皆是为民着想而得民之心者。

这里又出现"顺乎天而应乎人"一语，值得留意。《大象传》说："丽泽兑。君子以朋友讲习。"两个沼泽并列，有如二口相对，并且阴阳相遇为朋友，所以说"朋友讲习"。"两泽相丽，则水泉相益而不涸；二友相讲，则义理相益而不穷。"相对于此，则是"独学而无友，则孤陋而寡闻"。

初九说："和兑，吉。"应和而喜悦，吉祥。初九在下兑，兑为口；向上看也是个兑卦，可以互相应和。在卦变时，是由大壮卦（䷡）的六五与九三换位而成。本来只有初九与九四不应，现在各爻皆不应，所以初九的任何行动都没有猜忌。

九二说："孚兑，吉。悔亡。"在大壮卦中九二原与六五正应，现在六五成了六三，与它相比为邻，既得中又有比，所以是因诚信而喜悦。

六三说："来兑，凶。"六三是由大壮卦六五下来的，所以说"来兑"，是来到而喜悦，有刻意求悦奉承之嫌。六三位不当，又在两个阳爻之间，乘承皆刚。若是不谈卦变（卦的变成），则"来"字没有着落。六三在互巽中，巽为入为顺，看来奉承之意已明。

九四说："商兑未宁，介疾有喜。"意即：商量而喜悦，还不能安定；隔开了疾病，就会有好事。九四在上下兑之间，有如二口相对，它又在互巽，巽为进退为不果，有协商未定之象。九四的疾与初九的疑，现在因为卦变使各爻皆无正应而可以化解。有些疾病看似难治，其实只要隔开（如隔离病患）就会自然痊愈。有些朋友相处不易，但隔开一段时间，各自在生活中增加一些体验，然后误会自然冰释。九四的有庆，是因为它是四个阳爻中，唯一得到阴爻奉承的，阴阳相比邻即是有庆。这时它所处的互巽，产生了"近利市三倍"的功效。

九五说："孚于剥，有厉。"象曰：孚有剥，位正当也。意即：受到衰退的人信赖，是因为位置正确而恰当。所谓"剥"，是指上六，上六即将出局，是衰退之人。九五在大壮卦原是九三，与上六正应，现在来到九五之位，自然受到上六信赖。此时的危险，是指兑卦成为毁折，而毫无喜悦可言。我们欣赏某些人，但就近认识及观察之后，有时会有"见面不如闻名"的遗憾感觉。

上六说："引兑。"由牵引而喜悦。这也须由卦变来理解。上六现在信赖的九五，原本在大壮卦是九三，与它正应。它牵引九三而造成兑卦，其情况虽然不像现在六三的"来兑"之凶，但也有刻意求兑的问题。《小象传》说它"未光也"，是因它的路不够宽广。它在兑卦最后一爻，以阴居柔，实力有限，喜悦也接近尾声，还有什么路可走？

曾子说："君子以文会友，以友辅仁。"这句话是交友的最高原则。"文"指文艺、文学、文化，包括一切人文活动，总之就是超过功利享受之上的活动。无文如何成友？但是这个"文"并非某种学识或学历，而是心有所好在文。至于"辅仁"，则是交友的目的，要互相帮助以求走上人生正途。

59. 涣卦

实例 1：两难之间

有一位朋友，家里环境不错，在澳洲、香港与北京都有房子。我在北京时，她开着奔驰牌越野车跟着同学去电视台听演讲。有钱人也有他们的烦恼。在一次同学聚餐会中，她皱着眉头叙述自己婆婆的我行我素。

她在想，要不要离婚呢？她占得涣卦（风水涣，䷺，第五十九卦），变爻为九五与上九，上九爻辞说："涣其血，去逖出，无咎。"意即：涣散了血灾，离开而远走，没有灾难。由此来看，她的处境实在很辛苦。不过，换个角度来看，上九变爻，表示这件事已到了转变关键，也许撑过一年到明年就化解了烦恼。

于是她想知道下一步的演变。由于有九五与上九两个变爻，一变之下成为师卦（地水师，䷆，第七卦），代表将有家庭战争。将来在财产与孩子教育方面都会造成严重的争议。她说，这也是可以想象的事。她与先生的感情还好，只是先生对母亲习惯了忍让，以致很少顾到她的感受。

她看到后续的师卦就犹豫了。最后决定等明年儿子上大学再说，希望这段时间可以有些改善。她的婆婆住在香港，而她可以在北京、澳洲与香港三处跑来跑去，合不来但躲得过，这也是"离开而远走"的引申意思。

涣卦的启示

涣卦是第五十九卦，卦象为"风水涣"（䷺）。卦辞是："亨，王假有庙。利涉大川，利贞。"通达。意即：君王来到宗庙。适宜渡过大河，适宜正固。

萃卦（第四十五卦）是描述人群聚集，出现"王假有庙"一语；现在的涣卦是人群分散，也出现同样的卦辞，提醒我们在离散之时，勿忘宗教祭拜活动。说到"利涉大川"，共有七卦如此，就是需卦、同人卦、蛊卦、大畜卦、益卦、涣卦与中孚卦。这七卦的组合中，必有乾卦或巽卦。乾为刚健有力，巽为顺风而行，如此方可渡过大河。

《彖传》谈到"利涉大川"时，特别强调"乘木有功"，这是因为在"风水涣"的组合中，巽为风为木，木在水上，又有风的助阵，自然可以成行。由卦变来看，本卦由否卦（☰☰）变成，亦即否卦九四与六二换位，成为涣卦的九二与六四。这是《彖传》所说的"刚（九二）来而不穷"，"柔（六四）得位乎外而上同"。六四在上卦得其正位，并且上承九五之君。

《大象传》说："风行水上，涣。先王以享于帝，立庙。"先王由此领悟，要向上帝祭献，并且建立宗庙。九二到九五形成正反震卦，可理解为宗庙祭祀之事，这一点可参考震卦《象传》。

初六说："用拯马壮，吉。"用来拯救的马强壮，吉祥。初六居下坎，有危险所以需要拯救。坎也是美脊马。只要初六顺从九二就没有问题。九二在互震中，震为善鸣马，本身阳爻有动力，对初六的帮助很明显。

九二说："涣奔其机，悔亡。"意即：离散而奔向几案，懊恼消失。在由否卦变为涣卦时，九四下来成为九二。九四原与初六正应，现在来到九二位置，与初六比邻而居。初六位低有如几案（矮桌），可以让九二凭靠休息，如此使它虽与九五不应，但依然可以"悔亡"。古人坐卧时，有靠几案的习惯，像《庄子》书中多次提及某某人，"隐几而坐"。

六三说："涣其躬，无悔。"意即：涣散了自己，没有懊恼。六三在原本否卦中的下坤，坤为母，母可怀孕称"有身"，再转为自身。六三虽然涣其躬，在互震与互艮之间，好像进退两难，但是现在底下三爻只剩六三与上九正应，所以无悔。"无悔"是根本不必懊恼，"悔亡"则是先懊恼再消解。

六四说："涣其群，元吉。涣有丘，匪夷所思。"意即：涣散了同类，最为吉祥。涣散之后聚为山丘，不是平常所能想到的。六四在否卦原是六二，现在换位使底下三个阴爻分散，为"涣其群"。如此一来，全卦阴阳交流感通。它本身位正，上有九五相承。并且进入上巽，巽为"近利市三倍"，所以元吉。不仅如此，它在涣散同类之后，形成互艮，艮为山丘。这是先散后聚，其势更大。至于"匪夷所思"一语，与今日用法不同。今日以此描述难以想象的怪事，而它原本的意思比较单纯，是指出乎意料的好事。

九五说："涣汗，其大号涣，王居，无咎。"意即：散发广布，大的政令散发出去，君王安居，没有灾难。在人群离散时，必须发布大的政令。譬如，"商民所大病者，其政贪；散财发粟之令一出而四海服。秦民所大病者，其政酷；约法三章之令一下而万民悦。"九五居君位，巽为风为令，下有水可流布各地。如此，下无正应也可以无咎。

上九说："涣其血，去逖出，无咎。"意即：涣散了血灾，离开而远走，没有灾难。上九与六三正应，使六三想要前来依靠，但六三在下卦坎中，坎为灾难为血卦。幸好处于涣卦，可以涣其血。并且，上九已至最外边的位置，在涣离时正好顺势远走，如此可以免去灾害。

我们说过，在萃卦与涣卦都出现"王假有庙"一语。萃卦六爻皆有"无咎"，涣卦六爻亦无一"凶"或"咎"。由此可知，人群聚散为事理之常，只需存心虔诚诉诸宗庙，即可化险为夷。

60. 节卦 ䷻

实例 1：名正言顺

朋友决定买房子，但夫妻二人对于决定买哪一间房子以及用谁的名义买，却有不同的意见。妻子为此事占得节卦（水泽节，䷻，第六十卦），变爻有九二与九五。

因为是妻子在占卦，所以九二在下卦，代表占卦者，九五则是先生。这也符合相关位置，那么应该怎么办呢？

九二爻辞说："不出门庭，凶。"意即：不走出门户与庭院，有凶祸。依此看来，妻子的选择大有问题。九五爻辞说："甘节，吉，往有尚。"意即：甘美的节制，吉祥，前往受到推崇。依朱熹的解卦方法，在二爻变时，应该以本卦上爻为准，意即此处的九五。

既然夫妻二人各有主见，而占卦结果正好是二爻变。那么，卦象显示似乎应该依先生的选择并且用先生的名义购屋为宜。二爻变的之卦是复卦（地雷复，䷗，第二十四卦），代表一阳复起，买屋搬家之后一切将会从头开始。

后来朋友相告，说他们夫妻长期以来有些心结，为购屋之事更是争持不下。现在决定依先生之意来做，使二人感情有如回到开始，互相信赖与扶持，一家人又和乐如故了。《易经》占卦的奇妙就是抉发幽隐，让内心的许多念头都得到释放与化解的机会。

节卦的启示

节卦是第六十卦，卦象为"水泽节"（䷻）。卦辞是："亨，苦节不可贞。"意即：通达，苦涩的节制不能正固。若是有节制，像水在泽上，过满则溢出，不足则积累，就可以通达恒久。《象传》说："天地节而四时成。节以制度，不伤财，不害民。"天地有节制，四季才会形成。用制度来节制，就不会浪费钱财，不会祸害百姓。

至于"苦节不可贞"，是说勉强节制而不知变通，将会走投无路。《象传》又说："当位以节，中正以通。"这是指九五而言，能够居中守正，自然可以亨通。

《大象传》认为，君子要由本卦想到"制数度，议德行"。就是：制定数量上的限度，评议道德上的行为表现。本卦下坎上兑，坎为水为平；兑为口为议。为了照顾百姓生活，要制数度；为了改善社会风气，要议德行。"德行"一词依程颐所云："存诸中为德，发于外为行，人之德行，当义则中节。"

《中庸》推崇中和之道，说："喜怒哀乐之未发，谓之中；发而皆中节，谓之和。"中和是情商的极致表现，其前提是在理性认知上清

楚知道"节"之所指，否则也可能陷入"苦节"的困境。

初九说："不出户庭，无咎。"不离开门户与庭院，没有灾难。节卦有互艮（六三、六四、九五），艮为门阙，为止。初九离互艮还有两步，是"不出户庭"。《系辞上传》引孔子说："乱之所生也，则言语以为阶。君不密则失臣，臣不密则失身，几事不密则害成，是以君子慎密而不出也。"言语上守住秘密是非常困难的事，应该自行警惕。

九二说："不出门庭，凶。"不走出门户与庭院，有凶祸。九二未至互艮，原本可以节制不出，但它又在互震中，震为动为行，这时是当行而未行。《小象传》说它："失时极也"，亦即过度错过了时机。九二直接说凶的恐怕只此一处，可见"当行则行，当止则止"是儒家的处世原则。孔子对颜渊说："用之则行，舍之则藏，惟我与尔有是夫！"这只有孔子与颜回二人做得到，可见其不易。

六三说："不节若，则嗟若。无咎。"亦即：没有节制的样子，就

会出现悲叹的样子。没有责难。这要由卦变去理解。由泰卦（䷊）变为节卦时，是九三与六五换位，成为节卦的六三与九五。这个六三原来是泰卦六五，居上卦中位又有九二正应，现在成为六三，一变两失，于是发出不节之嗟。六三在下卦兑，兑为口，它上临坎卦，坎为加忧，合为嗟叹。这时不能怪别人，只能自省。

六四说："安节，亨。"安定的节制，通达。六四以阴爻居柔位，下有初九正应，上有九五可以相承，它又在互艮中，艮为止。这些合而观之，可以安节并且通达。像六四所具备的各项条件，在各卦都没有不顺的理由。

九五说："甘节，吉。往有尚。"在卦变中，九五是由泰卦九三变来的，它来到上卦坤，坤为土。依《尚书·洪范》所说："土爰稼穑"，并且"稼穑作甘"。土中长出的五谷是甘甜的，所以九五取得甘节的机会，亦即"当位以节，中正以通"，往上走是合宜的。

上六说："苦节，贞凶。悔亡。"意即：苦涩的节制，正固（这么坚持下去）会有凶祸。懊恼消失。上六与六三不应，又下承九五，它在卦变中坚持不动，有如"苦节"。"贞"字一般当正固来说，在此则另有一层意思，就是"照着前面的做法而不改变"，如此会有凶祸。它在上卦坎中，坎为险为苦难，合之则为苦节。苦节虽有凶祸，但其立意是"奢不如俭"，若以此修身，亦可"悔亡"。

以伯夷为例，他以清高自处，丝毫不肯妥协，即有"苦节"之嫌。孟子说他的表现为"隘"，几乎无路可走，而下场亦让人感叹。司马迁甚至为此质疑"天道何在！"孔子是"圣之时者"，他就可以节制得恰到好处。

61. 中孚卦 ䷼

实例 1：好高骛远

有一位年轻朋友，陆续在台大旁听我的课，长达十年左右。他上《易经》课时，正好准备参加公务员高考。占卦之后得到中孚卦（风泽中孚，䷼，第六十一卦）。变爻是上九，爻辞是："翰音登于天，贞凶。"意即：鸡啼的声音传升到天上，正固会有凶祸。

这一看，傻了眼，我也不知该如何安慰他。依爻辞所说，结果为凶。这其实不难了解。这位朋友在别的大学念到宗教学的硕士学位，但是他准备参加的考试是为政府公务人员所设计的，所要考试的科目完全与宗教或哲学无关。为了准备这项考试，他甚至参加了补习班。

但是有用吗？我问他这项考试的录取率，他说大概是百分之五。录取率这么低，竞争自然十分激烈。他的本科不是培养公务人员的，考起试来又怎能得心应手呢？

我看到他失望的表情，真希望占卜不准。但这是无可奈何的。应该怎么想呢？《易经》的"易"，是指"变化"，一时的吉与凶并不代表人生的得与失。如果能在逆境中重新思考未来的方向，调整处世的策略，选择不同的目标，说不定在凶之后将会出现吉呢！所谓"失败为成功之母"并不是口号，而是认真生活者的根本信念。祝福这位朋友成功通过人生的考验。

中孚卦的启示

中孚卦是第六十一卦，卦象为"风泽中孚"（䷼）。卦辞为："中孚。豚鱼，吉，利涉大川，利贞。"猪与鱼出现，吉祥，适宜渡过大河，适合正固。

中孚卦的卦象很特别。一方面，九二与九五为中为实，表示心中有诚意；另一方面，由全卦看来，六三与六四在中为阴为虚，表示虚心无我，可以尊重别人。心实而能虚，才可做到最大的诚信。所谓"豚鱼"，依来知德所云："豚鱼，生于大泽之中，将生风则先出拜，乃信之自然，无所勉强者也。信如豚鱼则吉。"在此，他把豚鱼当成河豚。他又说："本卦上风下泽，豚鱼生于泽而知风。"意即豚鱼的表现可得验证，不会失信。

程颐讲究义理，看法大不相同，他说："豚躁鱼冥，物之难感者也。孚信能感于豚鱼，则无不至矣，所以吉也。"他在此把豚鱼说成猪与鱼。此外，利涉大川，在《象传》说是"乘木舟虚也"，风在上，亦为木，下有互震，震为行，并且状如仰盂，如虚舟。有诚信则动静皆宜，所以也可以利贞。

《大象传》说君子由此领悟要"议狱缓死"，就是要认真讨论讼案，缓慢判决死刑。下卦兑为口为商议；上卦巽为风为不果，有缓之象。为何谈到诉讼？因为本卦有如放大的离卦（☲），离为光明，照见幽微；但在讲求诚信的本卦，总是给人生机。

初九说："虞吉，有它不燕。"可预料就吉祥，亦即要安于自身处境；若是出现其他状况，就会不安。初九往上一看，是个互震，震与下卦兑有二爻相重，有雷入于泽之象，最好安静自处。

九二说："鸣鹤在阴，其子和之。我有好爵，吾与尔靡之。"意思是：大鹤在树荫下啼叫，它的小鹤啼叫应和。我有美酒一罐，我要与你共享。本卦为放大的离卦，离为雉为鹤，鹤八月霜降则鸣。兑为正秋，所以说鹤鸣。九二以阳爻居柔位，所以说在阴。九二在互震中，震为鸣；它又在互艮中，艮为少男，所以说其子和之。爻辞所说的"子"与"尔"，皆可以指九五。因为九二到九五为正反震之象，有如鸣声相和。至于好爵，可以说互震为爵位，引申为爵为美酒，而正反震亦有共饮之象。

六三："得敌，或鼓或罢，或泣或歌。"遇到对手。或击鼓或休兵，或哭泣或唱歌。六三完成了下卦兑，往上一看是个巽卦；中间又形成互震与互艮。震为鸣为击鼓作战，艮为止为休兵罢战；巽为风为号为哭泣；兑为口为悦为唱歌。并且上下二卦有如剖成一半互相对应，为得敌。

六四说："月既望，马匹亡，无咎。"月亮已经满盈，马匹丢失，没有灾难。六四已到上卦巽，巽为农历十六以后的月亮，所以说月既望。它在互震中，震为善鸣马，但是它向上依从九五，所以《小象传》说："绝类上也。"亦即离开同类往上走。如此可以无咎。

九五说："有孚挛如，无咎。"意即：有诚信而系念着，没有灾难。这是因为九五既中且正，位置正确而恰当。它在上卦巽中，巽为绳，又在互艮中，艮为手，合之则为以手系绳以联络各爻。九五与九二虽然不应，但是九五"挛如"而九二"共靡"，依然默契十足，所以无咎。

上九说："翰音登于天，贞凶。"意思是：鸡啼的声音传升到天上，正固会有凶祸。古代祭祀对于供品有特别的称呼，如"牛曰一元大武，肥羊曰柔毛，鸡曰翰音"（《礼记·曲礼下》）。鸡啼时音质高纯而嘹亮，故称翰音。上九在巽卦，巽为鸡，它与六三正应，六三在下卦兑，兑为口，中间还有互震，所以说翰音。上九又在天位，如此则翰音登于天。但是《小象传》说："何可长也？"怎么可能长久呢？才德不足以登上高位，勉强为之何可长也？中孚卦劝人以谦虚态度实实在在做人处世，最后诚信自然会感动大家。

62. 小过卦 ䷽

实例 1：谨慎投资

一个亲戚生意做得不错，最近又要增资扩厂，就问我有无投资兴趣。他分析自己的公司，利润尚佳，前景更好。我在投资方面从来没有成功过，听了他的建议难免心动。"君子爱财，取之有道"，只要是凭正当手段赚来的钱，谁曰不可？

第二天，我特地一早起来，以筹策占卦，得到小过卦（雷山小过，䷽，第六十二卦），变爻九四，爻辞是："无咎，弗过遇之，往厉必戒，勿用，永贞。"意即：没有灾难，不要越过也会遇到；前往有危险，一定要警戒，不可以有所作为，长久保持正固。

我多次为人占得小过卦，知道它的卦辞有"不宜上，宜下"一语，意思很清楚，就是保持低调，不可躁进。现在九四的爻辞说得更清楚了，叫我"勿用"。有时考虑卦辞与爻辞时，要就自己的问题去着手思考。譬如，我现在想问投资的事，看到"勿用"二字，不是再明白不过了吗？这时如果我还继续投资，那不是跟自己过不去吗？

我只好婉拒了这个计划。即使这个计划将来赚钱，我也不必懊恼。所谓"得之我幸，不得我命"，一时的成败得失原本就不应成为我所忧心的事。

实例 2：望梅止渴

《易经》占卦可以问的事情很多，为了避免琐碎，我们特地由大家一般较为关心的四方面来介绍，就是：时运，财运，家宅，身体。不过值得一再强调的是：最重要的还是卦象本身，因为所有的解释都必须以卦象为准。

一位朋友占问未来一年的财运，得到"小过卦"（雷山小过，☳☶，第六十二卦），九三、九四、六五为变爻。依朱熹的解法，若有三爻变，则依本卦卦辞来定，并且参考之卦卦辞。

本卦卦辞是："亨，利贞，可小事，不可大事。飞鸟遗之音，不宜上，宜下，大吉。"意即：通达，适宜正固，可以做小事，不可以做大事。有鸟飞过留下的声音。不应该往上走，而应该往下走，非常吉祥。由此可知：在财运方面不可期望过高，只有小利可图。

之卦是"比卦"（水地比，☵☷，第八卦），卦辞为："吉，原筮，元永贞，无咎。不宁方来，后夫凶。"意即：吉祥，考察占筮，开始而长久正固，没有灾难。从不安定中刚刚转变过来，后到的会有凶祸。比卦是朋友相聚之象，所以财运要靠朋友帮忙，大家合作才有利可言。

实例3：交友建议

我在马来西亚上完《易经》课程之后，主办单位几位负责人请我共进晚餐。席间一位女经理说，她年近四十而没有知心男友，因此想占问交友及婚姻之事。

她占得小过卦（雷山小过，☳☶），但六爻皆不变。这时要参考卦辞说些什么。原文是："小过，亨，利贞。可小事，不可大事。飞鸟遗之音。不宜上，宜下，大吉。"意思是：小过卦，通达，适宜正固，可以做小事，不可以做大事。有鸟飞过留下的声音。不应该往上走，而应该往下走，非常吉祥。

我依此提供建议："你年纪尚轻，就当到经理，可见能力不凡。但是在交友方面或许应该调整心态，所谓的'宜下不宜上'，就是眼光不要太高。也许你身边有些人的能力比不上你，但不妨从情感角度以平等心态交往，说不定真的可以'大吉'。"

解卦要根据卦辞或爻辞，但是由于事先设定了问题，所以阅读这些语句时就须抓住焦点，而不必要求每一个字都有明确的指意。譬如这位女士的疑问，不正是"不宜上，宜下"这五个字在答复吗？小过卦有飞鸟之象，鸟飞得再高，终究还是要回到地面。交朋友同样不可好高骛远。

实例4：购屋不宜

上海电视台一位节目主持人，听我介绍《易经》好像头头是道，就在休息空档学习用筹策占卦。他正想买房子，看准了一间公寓。

他占得小过卦（雷山小过），卦象是"䷽"，第六十二卦。变爻为九三，爻辞说："弗过防之，从或戕之，凶。"意即：不要越过而要防范，跟着去可能受到伤害，有凶祸。

他觉得难以置信，因为在二〇〇六年九月的当时，上海房价一路飙升，先买先赚，怎么会凶呢？我对他说："既然占了，最好相信。不要着急，先缓一缓再说。"

就在他占卦之后的第二天，上海市长被撤换，上海房价也开始冻结，长达一年之久。

第二年我又去他主持的文化节目当来宾，我问他有关买房子之事，他说："上次还好，没有买那公寓，因为后来才知道那块建地原来是个坟墓地。住进那栋大厦的朋友都觉得很不自在。"

像这么复杂的情况，实在不是我们一般人凭正常的理性所能预知或判断的。因此，学习《易经》占卦，无异于多了一位明智长者，以其卦辞爻辞提醒我们如何进行抉择。我们在某些事情上请教专家，专家未必会说清楚各项细节，但我们依然深信不疑，那么对《易经》占卦不是至少也应该如此吗？

小过卦的启示

《易经》第六十二卦是小过卦，卦象是"雷山小过"（䷽）。卦辞说：

"亨，利贞。可小事，不可大事。飞鸟遗之音。不宜上，宜下，大吉。"
意思是：通达，适宜正固。可以做小事，不可以做大事。有鸟飞过留下的声音。不应该往上走，而应该往下走，非常吉祥。

本卦横着看，中间二阳爻有如鸟身，外边各二阴爻有如鸟翅，所以说有飞鸟之象。四阴二阳，小者（阴）过多，并且占住六二与六五两个中位，所以"可小事不可大事"。艮为黔喙之属为鸟；震为雷为鸣为音，所以说飞鸟遗之音，因向下传入人耳，向上则散开消解，所以宜下不宜上。明白这些道理并且依此而行，就会大吉。本卦有"亨"与"大吉"，但是六爻竟有三爻为凶。三爻为凶的卦有五个，就是：师卦、剥卦、颐卦、恒卦与小过卦。小过卦有如放大的坎卦（☵），坎为险为陷阱为心忧，也值得人们警惕。

《大象传》说：君子由此所领悟的是"行过乎恭，丧过乎哀，用过乎俭"。意即：行为要超过一般的恭敬，丧事要超过一般的哀伤，用费要超过一般的节俭。"小过"意即稍有超过，那么这三方面"过恭，过哀，过俭"无疑是合宜的。无论如何，像孔子所说"躬自厚而薄责于人，则远怨矣"，总是大家认同的做法。

初六说："飞鸟以凶。"意思是：飞鸟会带来凶祸。初六在下卦艮中，艮为鸟；它的位置在鸟的翅膀外面的部分，本身位置不中不正，一上场就想"飞"，怎能如愿？下卦艮为止，初六与九四正应，九四在上卦震，震为行，这两者相应反而陷于矛盾中。

六二说："过其祖，遇其妣。不及其君，遇其臣。无咎。"意思是：越过了祖父，遇到了母亲。没有赶上君王，遇到了臣子。没有灾难。王弼说："祖，始也，谓初也；妣者居内履中而正者也。过初而履二位，故曰过其祖而遇其妣。"六二越过初六，来到中位，所以有此说法。并且六二与六五不应，是为"不及其君"。遇其臣则是它安于臣位。六二在下卦艮中，必须止住，所以无咎。

九三说："弗过防之，从或戕之，凶。"意即：不要越过而要防范，跟着去可能受到伤害，有凶祸。九三在下卦艮，艮为止，所以说"弗过"。它以阳爻居刚位，有能力自保，可以"防之"。但是它与上六正应，想要跟着去（从）。一从就会进入上卦震，震为行。结果又陷入行与止之间的冲突。并且九三往上形成互兑，兑为毁折，使它受到伤害。

九四说："无咎，弗过遇之，往厉必戒。勿用，永贞。"意即：没有灾难。不要越过也会遇到；前往有危险，一定要警戒。不可以有所作为，长久保持正固。"无咎"一词很少先说，这儿是因九四位置不当，但正好阳与阴相调和，使它不至于像九三那么莽撞。本卦二个阳爻都有"弗过"，意在提醒人们"宜下不宜上"。九四遇六五，但仍不可贸然前往；否则进入互兑，兑为毁折，怎能不戒？即使进入上卦震，也要收敛。

六五说："密云不雨，自我西郊。公弋取彼在穴。"意即：浓云密布而不下雨，从我西边的郊野飘聚过去。王公射箭猎取穴中之物。六五在互兑中，兑为泽，在上为云；兑又为西方，而震在东方，有如云自西向东飘过去。六五为王公，底下有互巽，巽为绳，有弋象（弋为箭后附有生丝者）所要取的是六二。这要跨过两个阳爻，并且用箭射取穴中之物也不合常理，最后将一无所获。

上六说："弗遇过之，飞鸟离之，凶。是谓灾眚。"意即：没有相遇，越过去了。飞鸟陷入罗网，有凶祸。这叫作天灾人祸。上六与初六一样，位在鸟翅外部。上六居最高位置，有违"宜下不宜上"的原则。"离"为罗网，此象取自上六爻变，形成离卦。鸟飞得太高，不但难以持久，并且难逃弓矢罗网之灾。灾自外来，眚由内生，两害并至，徒呼奈何。

63. 既济卦 ䷾

实例 1: 好谋而成

一位朋友看准了节能减碳的趋势，计划投资汽车锂电池的生产。他分析此一产业的每个环节，说得头头是道，光是听他这一番话，就会对他的投资充满信心。

不论信心如何坚定，人还是希望从占卦获得一些启发。他以筹策占之，得到"既济卦"（水火既济，䷾，第六十三卦），变爻有初九与九三。九三爻辞说："高宗伐鬼方，三年克之，小人勿用。"意即：殷高宗讨伐鬼方，三年才打败他，不可任用小人。

我依此论断说："你的工作深具挑战性，所谓讨伐鬼方，表示与外国企业将有激烈竞争。不过，别担心，三年之后可以成功。在此一过程中，小心用人，以免被小人拖累。"

他听完我的解说，面露得意之色，开始叙述他是如何结合国内各方面人才，与外国又展开何种斗智过程。现在人才与资金皆已到位，不久就要投入生产行列。据他初步推算，大概三年后即可获利。

再看之卦，初九与九三变了之后，成为"比卦"（水地比，䷇，第八卦），表示合作团队配合得不错。一个成功的企业家，不能忽略孔子所说的"临事而惧，好谋而成"。做到这一步，占卦的结果又怎能不好呢？

实例 2: 慎始慎终

我在广州开过两个班，先是《易经》，后是《论语》。《易经》班不到三十人，《论语》班则刚好五十人。

主办的朋友学过《易经》，懂得怎么用筹策占卦。因此在《论语》班开课时，特地占了一卦，看看这个班的情况如何。占得"既济卦"（水火既济，䷾，第六十三卦）。没有变爻，这时要看卦辞："既济，亨小，利贞，初吉终乱。"意即：通达小的方面，适宜正固，起初吉祥，最后混乱。

看到"初吉终乱"一词，他不免担心起来，问我该怎么办。我说："既济卦，代表事情已经办成了，所以六爻由下而上都'当位'（由下往上，一阳一阴）。但是《易经》是讲究变化的，各爻不可能一直维持在固定的位置上，稍一变动不是乱掉了吗？"

我于是建议："为了避免'终乱'，要特别照顾初次来上课的，尤其是远道而来的同学。让他们不要觉得陌生与孤立。因为后续还计划开别的课，如此也有助于下一次的招生。"

学员中有来自河北唐山、河南郑州、安徽及上海的。他们如此好学，所学的是国学，我们自然应该发挥国学的精神，大家共同体会，"有朋自远方来，不亦乐乎！"

既济卦的启示

既济卦是第六十三卦，卦象为"水火既济"（䷾）。卦辞是："既济。亨小，利贞。初吉，终乱。"意思是：通达小的方面，适宜正固。起初吉祥，最后混乱。

本卦十分特别，由下往上六爻皆当位，也有正应，好像变化到此可以告终。既济即是一切完成之意。但是易道不离变化，若是终止则无易可言，所以说："初吉，终乱。"至于"亨小"，则指在本卦是三阴分别在三阳上，对阴爻（称小）为亨。《象传》说："终止则乱，其道穷也。"最后停止就会混乱，是因为这条路走到了尽头，再怎么美好的局面也是穷，接着必须"穷则变，变则通，通则久"。

《大象传》说：君子由此领悟，要"思患而豫防之"，要考虑祸害而预先防范。这是《易经》的大原则，要居安思危。人没有水火不能生活，但是水火对人造成的灾难也层出不穷。有一利就有一弊，不能预先防范，只能等灾难发生而事后后悔了。一个社会长治久安并非易事，未雨绸缪才是明智之举。

初九说："曳其轮，濡其尾，无咎。"意思是：拉住车轮，浸湿尾巴，没有灾难。初九位居底部，上有互坎。坎为曳马为弓轮，所以说"曳其轮"；位居底下为尾，在互坎之下，是濡其尾。坎为狐，此象在未济卦（第六十四卦）较为清楚。狐渡河必扬其尾，濡尾则湿而重，极易下沉。这说明不可轻举妄动。初九在既济卦，能够谨慎勿动，守成稳住，就可以做到无咎。

六二说："妇丧其茀，勿逐，七日得。"意思是：妇人丢了头饰，不用寻找，七天可以失而复得。"茀"为妇人头饰，也可解为车帘，妇人无此车帘则不能出门乘车，正如没有头饰不能出门一般。本卦由泰卦（☷☰）变成，由其六五与九二换位。此一换位，使乾坤二象改变。坤为女为妇，乾为首为头饰。六二代表坤卦，使下乾消失，为"妇丧其茀"。六二在互坎中，坎为盗，所以要考虑"逐"。六二居中守正，又有九五正应，终究会有好的结果。"七日得"一词，代表某一周期。一卦六爻，从本爻出发再回到本爻，须经七步。复卦（☷☳）有"七日来复"之说，可供参考。

九三说："高宗伐鬼方，三年克之。小人勿用。"意即：高宗讨伐鬼方，三年才征服。不可任用小人。九三在下离上坎之间，也在互离互坎之中，讨伐之战难以避免。它向上所见的坎卦，位在北方称鬼方，这因为《说卦传》提及坎为"万物之所归"，于人为鬼，所以曰鬼方。这里所说的符合历史资料。《后汉书·西羌传》说："及殷室中衰，诸夷皆叛，至于武丁（高宗）征西戎鬼方，三年乃克。"坎卦又为劳苦之卦，疲惫可以想见。至于"小人勿用"，则指与它正应的上六。

六四说：“繻有衣袽，终日戒。”意即：彩色绢帛也会变成破旧衣服，整天都在警戒。在泰卦变为既济卦时，六五与九二换位。乾坤二象皆消失。乾为衣，坤为布，由新变旧，有如消失一般。六四进入坎卦，也在互离之中；离为日为终日，坎为加忧，合之则为“终日戒”。

九五说：“东邻杀牛，不如西邻之禴祭，实受其福。”意即：东邻杀牛举行大祭，还比不上西邻的简单禴祭，可以真正受到福佑。这段爻辞也许反映了史实。商纣都城在东，而岐周在西。杀牛为大祭，九五入于坤中，坤为牛；九五也在互离，离为戈兵。合之有杀牛之象。九五位居上坎中位，坎为水，引申为禴祭所用的水菜。献礼虽薄但居中而有诚意，可受其福。

上六说：“濡其首，厉。”初九为尾，上六为首。濡其尾，尚可无咎；濡其首，则有危险。上六位居坎卦上位，又以阴乘阳（九五），所以陷于水中而未能脱困。此时浸湿了头，就会像《小象传》所说的，“何可久也？”怎么能够长久呢？许多卦到了上六或上九都有类似的感叹，实在发人深省。

64. 未济卦 ䷿

实例1：自我节制

近年我所出版的光盘以介绍国学为主。我的学习范围还包括西方哲学，那么要不要也制作介绍西方哲学的光盘呢？

我在思考这个问题时，正好有出版社征询我在这方面的意愿。我认为兹事体大，就以筹策占了一卦，得到"未济卦"（火水未济，䷿，第六十四卦）变爻上九，爻辞是："有孚于饮酒，无咎。濡其首，有孚失是。"意即：有诚信而去喝酒，没有灾难。浸湿了头，有诚信也无法没有灾难。《小象传》说："饮酒濡首，亦不知节也。"意即：喝酒而浸湿了头，也是不知节制的缘故。

看到上九是变爻，我难免有些担心，因为上爻有四分之三是不理想的。《象传》特别提醒我要知道节制，表示时机尚未成熟。那么要等到何时呢？今年不宜，明年或许可行。上九一变，之卦成为解卦（雷水解，第四十卦），表示事情将会顺利解决。

既然如此，也就不着急了。如果大家尚未充分欣赏及消化国学，我就贸然推出西方哲学的光盘，即使由市场考虑也会有些困难。我准备从这个角度劝阻出版社的构想。时机与位置若是无法配合，做任何事都将更为吃力。与其如此，不如自我节制，修身以俟之。

未济卦的启示

《易经》的最后一卦，亦即第六十四卦，是未济卦，卦象为"火水未济"（䷿）。卦辞说："亨。小狐汔济，濡其尾，无攸利。"意思是：通达。小狐狸快要渡过河，浸湿了尾巴，没有适宜的事。

这个卦也非比寻常，六爻皆不当位，但同时又六爻皆有正应。坎为狐，在下卦，所以说"小狐"。这可以由坎为心病为多疑，而狐为多疑的动物去联想。《彖传》说："未济，亨，柔得中也。小狐汔济，未出中也。濡其尾，无攸利，不续终也。虽不当位，刚柔应也。"六五取得中位，而小狐狸没有离开中位，因上面的互坎也到六五为止，未能抵达上九。所以说它"没有适宜的事，因为不能继续游到终点"。

《大象传》说：君子由此领悟，要"慎辨物居方。"就是要慎重分辨物类，使它们各居其所。这里所谓"物"与"方"，就是《系辞上传》一开头所说的："方以类聚，物以群分。"同样类别的东西会聚在一起，不同群组的事物会分途发展。正如火水各有性质，火在上而向上烧，水在下而向下流，二者分途发展，以待下一步的组合与变化。未济卦是最后一卦，以"尚未完成"为训，表示"终则有始"，下一步还会重新展开不同的格局。

初六说："濡其尾，吝。"浸湿了尾巴，有困难。初六在下坎中，与它正应的九四也在互坎中，所以濡其尾。它以阴爻居刚位，缺乏动向，好像小狐狸看到前面一条条河流而失去冲劲，以致浸湿了尾巴。其困难在于它不知道渡河是有终点的。

九二说："曳其轮，贞吉。"意即：拉住车轮，正固吉祥。九二与六五正应，它以阳刚居下卦之中，上临阴柔之主而有所警惕。这时身处下坎，坎为弓轮为曳马，此为"曳其轮"。九二居中可以正固，能安分就吉祥。

六三说："未济，征凶。利涉大川。"意即：尚未渡过，前进会有凶祸。适宜渡过大河。六三在下坎与互坎中，前后皆水，尚未渡过。此时贸然前往，怎能不凶？坎为劳卦为灾难，让人警惕。至于"利涉大川"一语，则许多学者认为应该是"不利涉大川"。六三确实不当位，但是它与上九正应，到了上九即可脱离互坎，坎为水，这不是利涉大川吗？但是，"征凶"与"利涉大川"是否矛盾？前进有凶祸，这与适宜渡过大河，未必矛盾。因为后者可以专门指称渡河（包括交通之事），而前者则可泛指做事时勇往直前，将会带来凶祸。

九四说："贞吉，悔亡，震用伐鬼方。三年有赏于大国。"意思是：正固吉祥，懊恼消失，振奋起来讨伐鬼方。三年后成功，受到大国封赏。本爻爻辞与既济卦九三的相似，大概也是描述史实。周朝的季历（文王之父）也曾讨伐鬼方。《后汉书·西羌传》说："及武丁暴虐，犬戎寇边。周古公踰梁山而避于岐下。及子季历，遂伐西落鬼戎。"九四已至上卦，面对下卦坎，坎为鬼方。由上伐下较为顺手。九四本身有互离互坎，水火战争之象明显。它有初六正应，六五也须倚重它，可行其志而得赏赐。

六五说："贞吉，无悔，君子之光。有孚，吉。"六五居上卦离的中位，正是光明的所在，守正则吉，无悔可言。它有九二正应，使下坎上离配合，坎为月，离为日，日月辉映，自能吉祥。

上九说："有孚于饮酒，无咎。濡其首，有孚失是。"意即：有诚信而去喝酒，没有灾难。浸湿了头，有诚信也无法没有灾难。喝酒误事的例子很多。上九与六三正应，把下坎（水酒）带上来。《小象传》说："饮酒濡首，亦不知节也。"意思是；喝酒而浸湿了头，也是不知道节制的缘故。《易经》有六十四卦，三百八十四爻，而在结束时提醒我们要"知节"，确实用心良苦。若想由《易经》受益，达到"乐天知命"的境界，也须由"知节"开始修养自己。